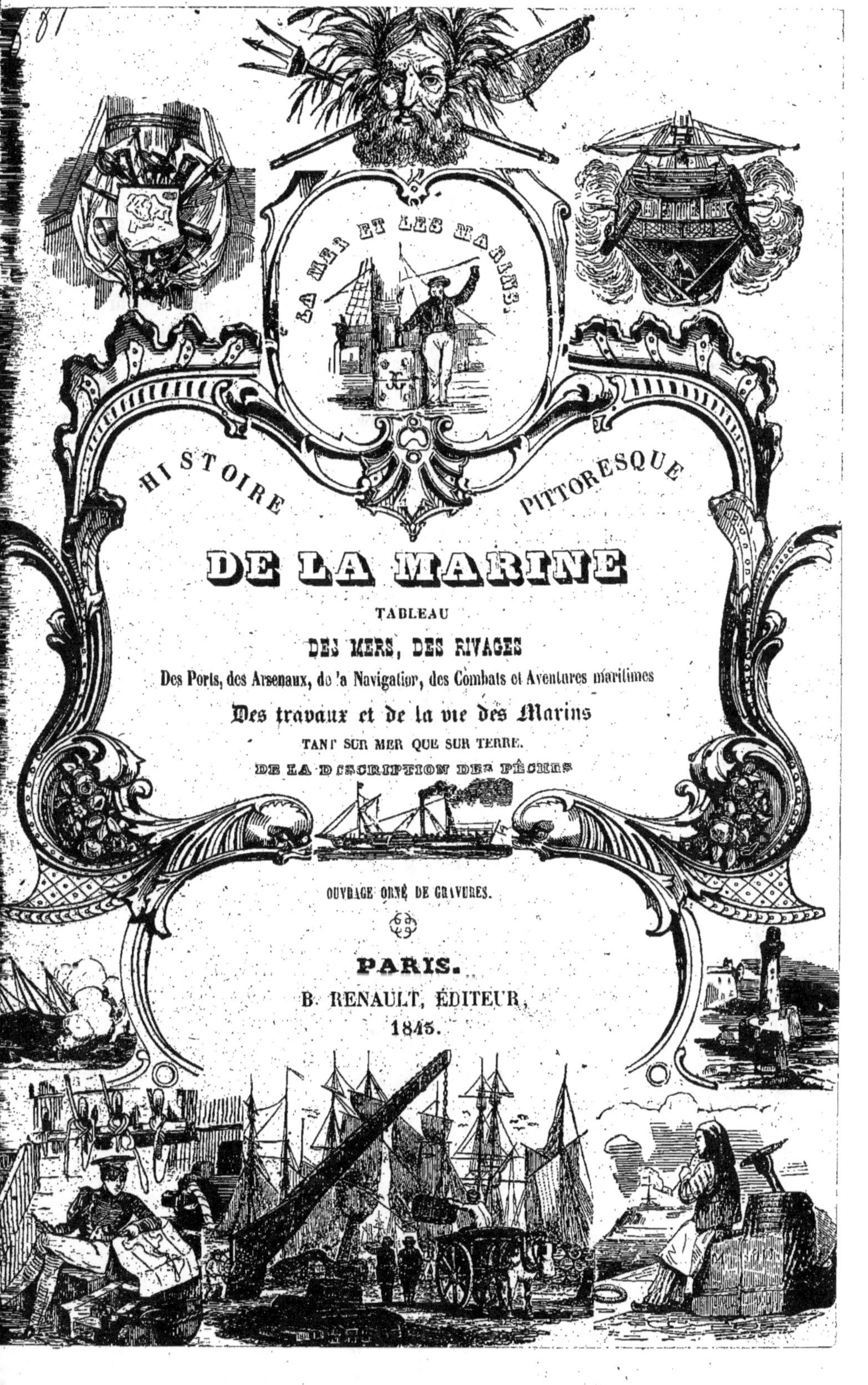

LA MER ET LES MARINS.
HISTOIRE
PITTORESQUE
DE LA MARINE
TABLEAU
DES MERS, DES RIVAGES
Des Ports, des Arsenaux, de la Navigation, des Combats et Aventures maritimes
Des travaux et de la vie des Marins
TANT SUR MER QUE SUR TERRE.
DE LA DESCRIPTION DES PÊCHES
OUVRAGE ORNÉ DE GRAVURES.
PARIS.
B. RENAULT, ÉDITEUR,
1845.

DE LA MARINE

TABLEAU

DES MERS, DES RIVAGES

DES

PORTS, DES ARSENAUX, DE LA NAVIGATION

DES COMBATS, DES AVENTURES MARITIMES

Des travaux et de la vie des Marins tant sur Mer que sur Terre.

OUVRAGE ORNÉ DE GRAVURES.

PARIS

B. RENAULT, LIBRAIRE-ÉDITEUR.

1845.

Amiral.

Soldat de Marine

Une flottille.

Une frégate.

Vaisseau à trois ponts.

LA MER

ET SES ACCIDENTS.

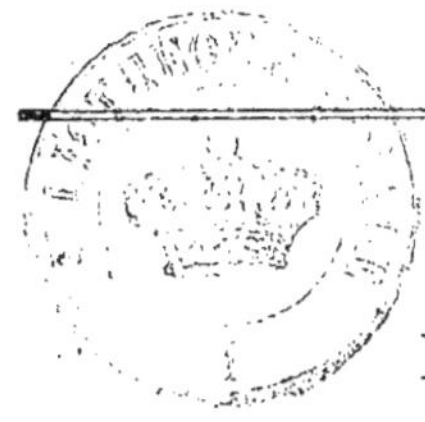

INTRODUCTION.

L'Océan. — Les mers. — Leurs divers aspects et leurs accidents.

La mer est cette vaste étendue d'eau qui couvre la plus grande partie de notre globe : ses flots entourent les îles et séparent les continents en roulant librement de l'un à l'autre pôle. La pesanteur spécifique de l'eau de la mer excède d'environ un 35me celle de l'eau douce ; cette différence est due aux sels qu'elle contient.

Océan est le nom générique de cette immense masse de liquide dont la teinte varie suivant les localités et l'état du ciel. Les désignations de l'Océan varient suivant la situation géographique des espaces qu'il couvre. Les eaux comprises entre l'Amérique, l'Europe et l'Afrique, prennent le nom de *Grand Océan* ou de *Mer océane*; elles ont flux et reflux sur la plupart des côtes qui les bornent. De l'équateur au pôle nord s'étend l'*Océan atlantique* ou Mer du nord. On appelle *Grand Océan austral* celui qui baigne l'Australie ou Nouvelle-Hollande ; *Grand Océan boréal*, celui sur lequel règne une partie des côtes du Mexique et de la Californie ; *Océan indien* celui que bordent l'Arabie et l'Indoustan. Sous le pôle nord, la mer s'appelle *Océan glacial* ou Mer blanche, à cause des glaces énormes qui la remplissent. Aux environs de la Suède et du Danemarck, après avoir passé le détroit du Sund, elle prend le nom de *mer Baltique*; en venant du Sund vers l'Angleterre, c'est la *Mer d'Allemagne*, et entre l'Angleterre et la côte de Bretagne, on lui donne le nom de *Mer britannique*. Après cela, au delà du détroit de Gibraltar, en-

1

tre l'Europe, une partie de l'Asie et les côtes d'Afrique, on trouve la *Méditerranée*, de laquelle dépendent les *Mers de Toscane*, *Adriatique*, golfe de *Venise*, *Ionique* et *Égée* vers la Grèce, *Marmara* entre l'Hellespont et le Bosphore ; au delà c'est la mer *Noire* ou *Majeure*, autrefois le *Pont-Euxin*.

D'autres amas d'eau, sans communication avec l'Océan, reçoivent le nom de *mer* : tel est le lac Asphaltite et la *mer Caspienne*, qui n'est qu'un lac. Dans la *Mer des Indes*, comprise entre l'Afrique et ses îles du côté de l'est, et les côtes et îles de l'Asie, on trouve la *mer Rouge*, qui entre dans les terres et va jusqu'à Suez, à vingt-cinq lieues environ du fond de la *mer Méditerranée*. La *mer Arabique* est comprise dans l'espace que l'on voit depuis l'entrée de la *mer Rouge* jusqu'à celle du golfe de Perse et au delà vers le nord.

Des observations suivies ont appris les vents, les courants, les temps et les variétés que les changements de saisons apportent sur les *mers* de toutes les parties du globe. La mer est *haute* l'orsque le flux est arrivé à son plus haut point ; *basse*, lorsqu'elle est près de remonter ; *montante*, lorsqu'elle s'élève vers les côtes ; *dépendante*, lorsqu'elle se baisse. *Mer courte*, c'est une *mer* agitée par des lames qui se succèdent coup sur coup sans interruption. La *mer* est ordinairement courte sur les açores des bancs. *Mer longue*, c'est une *mer* élevée par des lames qui viennent de loin, et qui se suivent à grande distance. Les lames sont longues dans l'Océan à une grande distance des terres lorsqu'elles n'ont rencontré ni hauts fonds, ni îles dans leur chemin.

Lorsque la mer ne monte ni descend, entre le flot et le jusant elle est ce qu'on appelle *étale* ; elle est dite *en rapport ou rapportant*, lorsqu'après les mortes eaux, elle augmente de flot et de jusant, montant plus haut et descendant plus bas, jusqu'au temps des grandes marées. La *mer-battue*, est celle où les lames amoncelées sous des coups de vent qui se sont contrariés, s'entrechoquent sans cesse avec des clapotements ; elle est *creuse* si les lames médiocrement élevées, montrent en se déferlant au commencement de leur brisant une cavité sous le sommet de la lame, de sorte qu'elle ne brise qu'en tombant, et qu'elle peut engloutir tout ce qui se trouve sous sa chûte ; dans ce cas les embarcations sont toujours en danger. *Mer brisante et mer qui brise*, est celle dont les lames fort élevées se déferlent en brisant avec fracas, comme dans une tempête. La *mer perd*, c'est-à-dire commence à baisser, après le coup de la pleine *mer* ; quand elle a perdu de moitié, il y a mi jusant. *Mer de calme*, c'est la *mer* lisse, parce qu'il n'y a point de vent pour rider sa surface. La *mer* est *grosse* et *élevée*, quand les lames sont grosses et fort hautes ; elle est *mâle*, si elle devient de plus en plus *mauvaise*. La *mer est de bout*, quand la lame prend le vaisseau par l'avant ; de l'arrière, quand elle le prend par la poupe. La *mer* tombe, c'est-à-dire que la lame commence à diminuer ; elle est *roulante*, si les lames se brisent en roulant, et écumant avec bruit ; c'est ce qui se voit tous les jours le long des côtes, où la *mer* se deploie sur le sable ; et en pleine *mer*, lorsque le vent commence à pousser les lames avec une certaine force, qui fait se déployer toujours la même direction en moutonnant. La *mer* moutonne, quand les lames se déferlent dans la direction du vent, en blanchissant et écumant par intervalles ; c'est le temps de la plus belle navigation parce que le vent est bon frais, et que la *mer* n'est pas trop agitée. *Mer sans fond*, c'est un parage où on ne trouve pas de fond en sondant à cent ou cent-cinquante brasses de ligne ; s'il s'agit de mouiller , on dit qu'il n'y a pas de *fond*, parce qu'on ne laisse guère tomber l'ancre par une profondeur plus grande que soixante brasses. *Mer changée ;* lorsqu'on entre sur un banc, ou sur la sonde d'une côte, on voit alors la *mer* d'une autre couleur que quand on est au large, quoiqu'il y ait quelquefois deux cents brasses d'eau de profondeur ; on dit que la *mer* est *ridée* lorsqu'après un calme profond, il s'élève un petit vent qui la fait sillonner en petites lames à sa surface unie.

On ne doute plus maintenant que le volume des eaux de la *mer* ne diminue. On a observé que presque partout la *mer* abandonne peu à peu les côtes qu'elle baignait, et que ses limites se resserrent de plus en plus. La *mer* Baltique offre un exemple frappant de ce retrait de la *mer* et de l'abaissement de sa surface. Des bourgs et des villes qui étaient anciennement sur ses bords, en son maintenant à la distance de plusieurs lieues. On trouve des ancres et des débris de vaisseaux fort avant dans les terres. Des rochers qui étaient sous l'eau ou à fleur d'eau, au commencement du siècle dernier, sont aujourd'hui élevés de plusieurs pieds au-dessus de son niveau. On a calculé que la Baltique baissait chaque année de quatre lignes et demie, et par conséquent de quatre pieds cinq pouces tous les cent ans.

La mer a baigné anciennement les plus hautes sommités du globe. La prodigieuse quantité de copuilles , de squelettes de poissons et d'autres corps marins qu'on trouve dans la plupart des montagnes à de grande hauteurs , le prouve invinciblement. La Cordilière des Andes, dans la province de Wanca-Velica, par 13 ou 14° de latitude

australe , présente à une hauteur de plus de 4,500 mètres
au-dessus du niveau de la mer un banc immense de fossiles
marins. Cette retraite de la mer ne se fait pas partout également ; il y a même des côtes d'une très grande étendue
sur lesquelles elle gagne, en sorte qu'elle se retire et se déplace en même temps. En vertu de son mouvement général
d'orient en occident, elle fait continuellement effort contre
les côtes orientales de l'Asie et contre les côtes orientales
de l'Amérique, les ronge, les détruit, s'empare du terrain
qu'elles lui abandonnent, et en perd en même temps sur
les côtes occidentales de ces continents ; et comme le mouvement dont il s'agit est plus grand entre les tropiques,
non-seulement par lui-même, mais encore parce qu'il est
augmenté par le vent d'est qui souffle constamment, c'est
entre les tropiques que la mer gagne le plus.

Si l'on excepte quelques autres endroits où la mer gagne
aussi du terrain par des causes particulières, elle en perd
partout ailleurs, tant par la diminution de son volume que
par l'effet, plus sensible et plus prompt, des différents mouvements qu'elle éprouve sans cesse ; c'est particulièrement
sur les côtes plates ou peu inclinées qu'on s'apperçoit des
pertes qu'elle fait ; continuellement agitée, elle détache de
son fond des matières de toute espèce, de la vase, de la
terre, du sable, des coquilles, des plantes marines, etc., les
transporte fort loin, poussée par les vents, sur les terrains qu'elle baigne deux fois le jour ; souvent même, aux
matières détachées de son fond, elle joint celles qu'elle détache d'autres côtés. Ces terrains doivent donc s'élever peu
à peu par les dépôts successifs que la mer accumule. Les
vents de terre contribuent aussi à cette élévation continuelle, en transportant la poussière, les sables, les terres
sablonneuses qu'ils trouvent sur leur route ; c'est sans doute
par cette raison que les espaces abandonnés par la mer forment par la suite des éminences.

La mer souffre aussi des pertes de la part des fleuves par
les limons, les sables et les terres qu'ils transportent dans
son sein, à plus ou moins de distance, suivant qu'ils ont plus
ou moins de rapidité. Ces matières se déposent au fond de
la mer, s'y accumulent et deviennent des bancs qui vont
jusqu'à former, à l'embouchure de quelques fleuves, des
îles fertiles et habitées. Ainsi s'est formée, à l'embouchure
du fleuve de Nankin, l'île de Trong-Ming qui a plus de
vingt lieues de longueur sur cinq ou six de largeur.

Il paraît certain que la Suède, la Norwége, la Laponie et
la partie de la Russie qui lui est contiguë, ont été abandon-

nées par la mer dans des temps qui ne sont pas fort éloignés du nôtre. La mer abandonne ces contrées d'une manière trop sensible pour qu'on puisse en douter; elles n'ont même dû former autrefois qu'une île; ce que font assez connaître le lac Ladoga et le lac Onéga, qui indiquent que le golfe de Finlande a été joint à la Mer Blanche. La hauteur de la mer diminue, sur les côtes de Suède, de quarante-quatre ou quarante-cinq pouces par siècle. En supposant que la progression a toujours été la même, ce royaume était encore submergé il y a deux mille ans, ou du moins toutes les montagnes n'étaient que des îles. Si la diminution continue dans la même proportion, la mer sera à sec dans quatre mille ans; sur les côtes de Danemarck, la mer éprouve une diminution semblable.

Il paraît que la Poméranie et la Prusse étaient sous les eaux, il y a deux mille ans. Pline, sur la foi d'anciens historiens, place dans ces contrées une mer morte et des îles qui n'existent plus.

La Sibérie paraît être sortie récemment de dessous les eaux. M. l'abbé Chappe, qui en traversa une partie en 1761, ne trouvait que des rochers nus et des déserts de sable sur lesquels on n'apercevait d'autres traces d'êtres vivants qui y eussent existé que des dents de poissons inconnus et des débris de coquillages. D'ailleurs, ce vaste pays, à partir du cinquantième degré de latitude, va toujours en s'abaissant vers la mer Glaciale; en général, la partie septentrionale de la Russie est basse, plate et fort en pente vers la mer Glaciale, surtout la Sibérie qui s'y incline presque tout entière. Enfin, on ne peut douter que ses habitants ne soient un peuple tout neuf; lorsque les Russes la conquirent en 1583, ils n'y trouvèrent que deux grands villages : ainsi tout prouve que la mer a couvert autrefois cette vaste contrée.

La mer Caspienne, qui ne forme maintenant qu'un bassin isolé de trois cents lieues de long sur cinquante de large, est un reste de l'Océan abandonné sur la partie la moins élevée de l'Asie et extrêmement diminué; ses dernières communications avec l'Océan ont été par la mer Septentrionale, par la mer Noire et par le golfe Persique, qui s'étendaient vers elle beaucoup plus qu'à présent. Voici quelques preuves de cette vérité.

Cette mer n'est point formée par les fleuves qui s'y jettent; car ses eaux sont salées comme celles de l'Océan, et de plus, à l'exception du Volga, il sont tous très peu considérables.

Elle diminue tous les jours d'étendue; vers le quinzième

siècle, elle était encore réunie avec le lac Aral, qui a environ cent lieues de long sur soixante de large et qui reçoit dans son sein le Sideroïas et l'Oxus. Il existe d'anciennes cartes géographiques, où cette réunion est si précise que le lac même n'est pas indiqué.

Des ingénieurs envoyés par le czar Pierre pour lever la carte de cette mer, découvrirent entre elle et le lac Aral un vaste désert de près de trois cents lieues de long sur environ quinze cents de large, qui portait toutes les marques d'une terre vierge et lentement abandonnée par les eaux.

Au rapport de Ptolémée, de son temps, c'est-à-dire au milieu du second siècle de l'ère vulgaire, la mer Caspienne avait près de six cents lieues, d'occident en orient. Ainsi, dans l'espace de quinze siècles, elle a perdu cinq cent cinquante lieues dans ce sens-là.

Il paraît que c'est du côté de la Circassie que sa diminution a été la plus grande, et tout porte à croire que cette mer communiquait avec la mer d'Azof au nord de l'endroit où le Caucase prend naissance ; car les voyageurs qui ont parcouru la plaine qui sépare Astracan de Terki n'y ont trouvé que de longues bruyères qui produisent du sel en abondance. Entre l'endroit où le Caucase prend naissance et la mer d'Azof, tout le terrain est plat ; la plus petite distance entre le Don, qui se jette dans la mer d'Azof, et le Volga, qui se décharge dans la mer Caspienne, n'est que de dix-huit milles géographiques. Il faut donc conclure que les terres qui séparent les deux mers au nord du Caucase ne sont point élevées. Ces mers ont donc pu les couvrir autrefois. Suivant un texte de l'empereur Constantin Porphyrogénète, il n'y avait, au neuvième siècle, qu'une très petite contrée entre la mer Caspienne et le Caucase. Cette mer était donc alors très étendue vers l'occident. Comme la mer d'Azof devait l'être vers l'orient plus qu'elle ne l'est actuellement ; il y avait donc bien moins d'intervalle entre les deux mers qu'il n'y en a aujourd'hui. Ainsi dans des temps qui probablement n'étaient pas fort éloignés de celui-là, la mer Caspienne avait communiqué avec la mer d'Azof.

Cette mer a encore fait de grandes pertes vers le nord ; suivant Strabon, Pomponius Mela, Pline, etc., elle communiquait autrefois par un détroit avec l'Océan septentrional. Quoique du temps de Ptolémée elle fût déjà bien moins avancée vers le nord qu'elle n'avait dû l'être lorsqu'elle communiquait avec l'Océan, elle l'était cependant beaucoup plus qu'à présent. Cet astronome met l'embouchure du

Volga au quarante-neuvième degré de latitude, tandis qu'elle n'est aujourd'hui que vers le quarante-sixième ; mais si la mer Caspienne avançait alors beaucoup plus vers le nord qu'aujourd'hui, la mer Blanche pénétrait davantage dans les terres qui forment le gouvernement d'Archangel et de Novogorod. On doit d'autant moins en douter que tout indique que le lac Onéga en a fait partie, et que, depuis le soixantième degré de latitude, la Russie a une pente continuelle vers la mer Septentrionale. Si donc, du temps de Ptolémée, les limites de la mer Caspienne et de la mer Blanche étaient beaucoup plus proches qu'elles ne le sont aujourd'hui, on doit en conclure qu'elles ont pu se confondre dans des temps antérieurs, et par conséquent que la première de ces deux mers a pu communiquer autrefois avec la seconde.

Comme la Mer du Nord a autrefois couvert la Sibérie, il est aussi presque probable que la mer Caspienne a communiqué de ce côté-là avec cette mer.

La mer Caspienne ayant eu autrefois beaucoup plus d'étendue qu'elle n'en a aujourd'hui, tant vers le nord que vers l'orient et vers l'occident, il est naturel de penser qu'elle en a eu beaucoup plus vers le sud. Il paraît qu'elle a communiqué avec le golfe Persique qui a dû pénétrer plus avant dans la Perse.

Après tout ce qu'on vient de voir, on ne peut s'empêcher de convenir que, dans des temps qu'on doit regarder comme modernes, en comparaison de ceux où les eaux étaient élevées au-dessus des montagnes, la mer Caspienne couvrait une grande partie de l'Asie.

La Méditerranée, le golfe de Venise et la mer Noire sont de même des restes de l'Océan qui a couvert autrefois l'Europe et l'Afrique. Ces mers ont perdu beaucoup de terrain et continuent d'en perdre. La Basse-Égypte, où est maintenant le Delta, n'était autrefois qu'un grand golfe de la Méditerranée, comme nous l'apprennent Hérodote, Diodore de Sicile et Aristote. On lit, dans le Timée de Platon, dans Pline et dans Sénèque, qu'il fallait aux vaisseaux un jour et une nuit pour arriver de Pharos en Égypte ; cependant cette île communique actuellement avec Alexandrie par un pont. Hérodote vit aux murs de Memphis des anneaux auxquels quelques siècles auparavant on attachait les vaisseaux qui abordaient jusqu'au pied des murailles de cette capitale, dont la mer s'était déjà éloignée de son temps.

La mer qui, en 1692, n'était qu'à une demi-lieue de Rosette, en est aujourd'hui à près de deux lieues. La ville de

Foa qui était, il y a trois cents ans, à l'embouchure de la branche canonique du Nil, en est présentement à plus de huit milles. Damiette, qui était autrefois port de mer, est maintenant éloignée de la mer de dix à onze milles.

Les noms donnés par les gens du pays aux déserts situés à l'ouest du Nil, prouvent que la mémoire du séjour de la mer sur la Basse Égypte s'est conservée parmi eux ; ils appellent ces déserts de sables *mer de Bareu, mer de Cyrène, mer d'Ammon;* le plus célèbre d'entre eux, qui se trouve à deux journées du Nil, est nommé par les Arabes *Bahar-Bellomoah,* c'est-à-dire *mer sans eau.* La tradition de ces mers sans eau s'est tellement conservée qu'on voit la plupart de ces déserts désignés sous le nom de mers dans les cartes des anciens géographes.

Ce n'est pas seulement sur les côtes de l'Égypte que la mer Méditerranée perd beaucoup de terrain. Aigues-Mortes, qui était un port du temps de saint Louis, est actuellement à plus d'une lieue et demie de la mer ; Psalmodi, qui était une île en 815, est aujourd'hui dans la terre ferme, à plus de deux lieues de la mer ; il en est de même de Maguelonne ; il y a moins d'un siècle, la plus grande partie du vignoble d'Agde était couverte par les eaux de la mer ; en Espagne, la mer s'est retirée considérablement depuis peu de Blanes de Badalona, vers l'embouchure de la rivière Vobregat, vers le cap de Torresa, le long des côtes de Valence.

En France, le crau de la Provence est un terrain abandonné par la mer, et même la mer s'est éloignée insensiblement à l'embouchure du Rhône, depuis 1665 ; en Italie, il s'est formé de même un terrain considérable à l'embouchure de l'Arno, et Ravenne n'est plus un port de mer.

L'Océan s'éloigne pareillement en beaucoup d'endroits des côtes de France, d'Angleterre, de Hollande, d'Allemagne. La mer qui, dans le xviiᵉ siècle, baignait les murs de Brouage, en est maintenant fort loin, et bientôt la Rochelle cessera d'être un port. Elle abandonne de même les côtes vers Dunkerque, Gravelines, Calais et Boulogne ; en Angleterre, les grands marais de Lincoln et l'île d'Ély sont des terrains abandonnés par la mer. Toute la Hollande est un terrain nouveau. Dans le pays de Liége, Hubert Thomas dit, au rapport de Buffon, que la mer baignait autrefois les murailles de la ville de Tongres, qui maintenant en est éloignée de trente-cinq lieues. Sur la montagne de Stella, en Portugal, il y a un lac dans lequel on a trouvé des débris de vaisseaux, quoique cette montagne soit éloignée de la mer de plus de douze lieues. En 1460, on trouva dans une mine des Alpes un vaisseau avec ses ancres.

L'Amérique porte partout l'empreinte d'une terre récemment abandonnée par la mer. Entre les terrains qu'elle couvrit, on peut citer la province de Jucatan, péninsule dans le golfe du Mexique qui s'étend à cent lieues dans la mer et qui en a ving-cinq dans sa plus grande largeur ; en y ouvrant la terre, on trouve partout une grande quantité de coquillages ; les basses terres de la Martinique et des autres Antilles ne sont pas moins riches en débris marins.

La mer s'abaisse généralement, mais, outre cela, elle se déplace, et ses usurpations ne sont pas sans importance dans les révolutions du globe. Son mouvement général d'orient en occident est incontestable ; mais d'autres causes : les vents, les courants, les flux et reflux ont pu contribuer aux irruptions de la mer sur les continents. Varenius regarde comme probable que les golfes et les détroits ont été formés par l'effort réitéré de l'Océan contre les terres.

L'Angleterre a dû autrefois tenir à la France ; ce qui le prouve, c'est que les lits de terre, de pierre et de craie, se trouvent absolument les mêmes et à même hauteur, le long des côtes de Douvres et de celles entre Calais et Boulogne, et que le canal a peu de profondeur.

Buffon dit, d'après Varenius, que les habitants de Ceylan croient que leur île a été séparée de la presqu'île de l'Inde par une irruption de l'Océan ; que l'on croit aussi que l'île de Sumatra a été séparée de Malaye, ce que semble prouver le grand nombre d'écueils et de bancs de sable qu'on trouve entre eux ; enfin, que les Malabares assurent que les îles Maldives faisaient partie du continent de l'Inde.

Quelle peut être la cause de ce décroissement des mers ? la réduction graduelle de la quantité d'eau qui existe à la surface du globe. Comment s'opère cette réduction ? Voici les raisonnements des physiciens amateurs d'hypothèses: Il est certain, disent-ils, qu'une partie de l'eau qui contribue à l'accroissement et à la nutrition des corps organisés dont la terre est couverte, se transforme en une très grande portion de leur substance solide. Or, toutes les eaux douces qui se trouvent à la surface de la terre proviennent de la *mer* par une évaporation naturelle et continue. Elles sont le produit des vapeurs qui s'en élèvent sans cesse, et qui, transportées sur la terre par les vents, se répandent en pluie, en neige, en grêle, en brouillard. Puis donc que les corps organisés s'en approprient une partie, elles ne rentrent donc pas toutes dans son sein. Les fleuves, les rivières, les torrents, etc., lui en restituent toujours moins que la terre n'en a reçu. Son volume doit donc diminuer continuellement.

On peut donc affirmer qu'à la longue les *mers* disparaîtront. Celles qui ont peu de profondeur disparaîtront les premières et surtout celles qui reçoivent de grands fleuves, à cause des terres et des sables qu'ils y charient continuellement et qui en élèvent le fond. La *mer* Caspienne qui, après avoir fait anciennement partie de l'Océan, n'en est plus qu'un faible reste, isolé et solitaire, disparaîtra probablement une des premières. La *mer* Noire, la Baltique, la Méditerranée, etc., n'auront pas vraisemblablement une existence beaucoup plus longue.

Une particularité assez remarquable c'est que la mer n'est point également salée dans toute son étendue. Elle l'est plus dans les pays chauds que dans les pays froids, beaucoup plus sous la zone torride que vers les pôles.

On a cherché à expliquer d'où la salure des eaux de la mer tire son origine; mais tout se réduit jusqu'à présent à des conjectures vagues. Au surplus la solution de cette question n'a que peu d'intérêt dans un ouvrage consacré à l'histoire de la marine.

La surface des eaux dans les mers vastes et profondes s'abaisse et s'élève régulièrement deux fois dans l'espace de 24 heures 49 minutes. Les eaux montent pendant environ six heures; puis, après quelques minutes de repos, elles redescendent pendant six autres heures, se reposent de nouveau et remontent encore. Ainsi s'opèrent le flux, mouvement ascendant, et le reflux, mouvement descendant. Pendant le flux, les eaux des fleuves sont refoulées par celles de la mer, et elles ne commencent à reprendre leur cours qu'à l'instant du reflux. L'ensemble des deux mouvements ascendants et descendants est ce qu'on appelle la marée qui monte plus ou moins à certaines époques prévues et déterminées pour un grand nombre de ports. Sur tous les points du littoral où la marche des eaux n'est pas gênée par des îles, des caps, des détroits ou par d'autres obstacles, la marée présente trois périodes distinctes, la période journalière, la période menstruelle et la période annuelle.

La période journalière est, comme on vient de le voir, de 24 heures 49 minutes.

La période menstruelle correspond aux nouvelles et pleines lunes, à l'époque desquelles les marées sont plus grandes que quand la lune est en quartier. Dans chaque lunaison, les plus hautes marées ont lieu quand la lune est à 18 degrés au-delà des pleines et nouvelles lunes ; les marées les plus basses, au contraire, quand elle est à 18 degrés au delà du premier et du dernier quartier.

La période annuelle se manifeste aux équinoxes et aux solstices. Aux équinoxes, les marées qui concordent avec la nouvelle et pleine lune sont plus hautes que dans les autres lunaisons, tandis que celles qui coïncident avec les quartiers sont plus basses. Dans les solstices, au contraire, les marées des nouvelles ou pleines lunes sont moins hautes que dans le reste de l'année, et celles des quartiers moins basses.

L'observation de cette coïncidence entre le mouvement de la lune, l'heure des marées et leur plus ou moins d'élévation indique déjà que le flux et le reflux est sous l'influence de cet astre, en même temps que ce phénomène se combine avec le mouvement de la terre autour du soleil. On en a conclu que la lune et le soleil, mais surtout la lune, sont la cause du flux et reflux, et l'on a cherché à expliquer comment cette cause opère.

Mais avant de donner cette explication, nous allons dire ce qui se passe, suivant les parages, aux trois périodes des marées.

Dans la période journalière, la haute mer arrive aux rades orientales plutôt qu'aux rades occidentales. Entre les deux tropiques, le mouvement paraît aller de l'est à l'ouest ; dans la zône torride, à moins de quelque obstacle particulier, la haute mer arrive en même temps aux endroits qui sont sous le même méridien ; dans les zones tempérées, elle arrive plutôt à une moindre latitude qu'à une plus grande, et, au-delà du soixante-cinquième degré, le *flux* n'est pas sensible.

Dans la période menstruelle, les marées vont en croissant des quartiers à la pleine ou nouvelle lune, et en décroissant, de celles-ci aux quartiers, quand la lune est ou pleine ou nouvelle, ou qu'elle est entrée dans un de ses quartiers. La haute mer arrive trois heures après son passage au méridien et, hors de ce temps, en moins de trois heures, si elle va de son plein ou de son nouveau vers les quartiers, et en plus de trois heures dans le cas contraire ; soit que la lune se trouve dans l'hémisphère austral ou dans le boréal, le temps de la haute mer n'arrive pas plus tard aux plages septentrionales.

Enfin, dans la période annuelle, les marées du solstice d'hiver sont plus grandes que celles du solstice d'été ; les

marées sont d'autant plus grandes que la lune est plus près
de la terre ou plus près de l'équateur ; en général, les plus
grandes de toutes les marées arrivent quand la lune est à la
fois dans l'équateur, le plus près possible de la terre et nouvelle ou pleine ; enfin, dans les contrées septentrionales, les
marées des nouvelles et pleines lunes sont en été plus grandes le soir que le matin, et en hiver, plus grandes le matin
que le soir.

Les anciens soupçonnaient que le soleil et la lune étaient
la cause du flux et reflux. Galilée pensa que cette alternative régulière était une preuve du double mouvement de la
terre par rapport au soleil ; mais la manière dont ce grand
homme fut traité par l'odieux tribunal de l'inquisition, à
l'occasion de son opinion sur le mouvement de la terre, ne
l'encouragea pas à approfondir, d'après ce principe, les
causes du *flux* et *reflux*. Jusqu'à Descartes, personne n'avait
entrepris de donner une explicaiion détaillée de ce phénomène ; il était parti pour cela de son ingénieuse théorie des
tourbillons. Selon lui, lorsque la lune passe au méridien, le
fluide qui est entre la terre et la lune, ou plutôt entre la
terre et le tourbillon particulier de la lune, fluide qui se
meut aussi en tourbillon autour de la terre, se trouve dans
un espace plus resserré. Il doit donc y couler plus vite ; il
doit de plus y causer une pression sur les eaux de la mer ;
delà le *flux* et *reflux*. Cette explication a deux grands dé-
fauts : le premier, d'être appuyé sur l'insoutenable hypo-
thèse des tourbillons ; le second, d'être directement contraire aux phénomènes ; car, selon Descartes, le fluide qui
passe entre la terre et la lune doit exercer une pression sur
les eaux de la mer ; cette pression doit donc refouler les
eaux de la mer sous la lune, ainsi ces eaux devraient s'abaisser sous la lune, lorsqu'elle passe au méridien ; or, c'est
précisément à ce moment qu'elles s'élèvent.

Il est difficile d'expliquer sans calculs comment a lieu le
flux et reflux. Cependant nous allons essayer de faire comprendre par le seul raisonnement à quoi est dû l'élévation
des eaux. Supposons que la lune soit en repos, et que la
terre soit un globe solide également et en repos, couvert,
jusqu'à telle hauteur qu'on voudra, d'un fluide homogène,
rare et sans ressort, dont la surface soit sphérique ; supposons de plus que les parties de ce fluide pèsent, (comme
elles font en effet), vers le centre du globe, tandis qu'elles
sont attirées par le soleil et par la lune ; il est certain que,
si toutes les parties du fluide et du globe qu'il couvre, étaient
attirées avec une force égale et suivant des directions paral-

lèles, l'action des deux astres n'aurait d'autre effet que de mouvoir ou de déplacer toute la masse du globe et du fluide, sans causer d'ailleurs aucun dérangement dans la situation respective de leurs parties. Mais, suivant les lois de l'attraction, les parties de l'hémisphère supérieur, c'est à dire de celui qui est le plus près de l'astre, sont attirées avec plus de force que le centre du globe ; et au contraire les parties de l'hémisphère inférieur sont attirées avec moins de force ; d'où il s'ensuit que le centre du globe étant mu par l'action du soleil ou de la lune, le fluide, qui couvre l'hémisphère supérieur, et qui est attiré plus fortement, doit tendre à se mouvoir plus vîte que le centre, et par conséquent s'élever avec une force égale à l'excès de la force qui l'attire sur celle qui attire le centre ; au contraire, le fluide de l'hémisphère inférieur étant moins attiré que le centre du globe, doit se mouvoir moins vîte : il doit donc fuir le centre pour ainsi dire, et s'en éloigner avec une force à peu près égale à celle de l'hémisphère supérieur. Ainsi, le fluide s'élèvera aux deux points opposés qui sont dans la ligne par où passe le soleil ou la lune : toutes ses parties accourront, si on peut s'exprimer ainsi, pour s'approcher de ces points, avec d'autant plus de vîtesse qu'elles en seront plus proches.

On explique par là avec la dernière évidence, comment l'élévation et l'abaissement des eaux de la mer se fait aux mêmes instants dans les points opposés d'un même méridien.

Le mouvement des eaux de la mer, au moins celui qui nous est sensible, et qui ne lui est point commun avec toute la masse du globe terrestre, ne provient donc point de l'action totale du soleil et de la lune, mais de la différence qu'il y a entre l'action de ces astres sur le centre de la terre, et leur action sur le fluide, tant supérieur qu'inférieur, c'est-à-dire aux deux extrémités opposées d'un même diamètre de notre globe.

Nous avons vu que les eaux doivent s'élever simultanément au-dessous de l'endroit où est la lune, et au point de la terre diamétralement opposé à celui là ; par conséquent à 90 degrés de ces deux points, elles doivent s'abaisser ; de même l'action solaire doit les faire élever à l'endroit au-dessus duquel est le soleil, et au point de la terre diamétralement opposé ; et par conséquent elles doivent s'abaisser à 90 degrés de ces points. En raison de cette double action, l'élévation des eaux, en un même endroit, doit être sujette à de grandes variétés, soit pour la quantité, soit pour l'heure à laquelle elle arrive, selon que la lune et le soleil seront différemment placés relativement à cet endroit.

En général, dans les conjonctions et oppositions du soleil et de la lune, la force, qui fait tendre l'eau vers le soleil, concourt avec la pesanteur qui la fait tendre vers la lune; car, dans les conjonctions du soleil et de la lune, ces deux astres passent en même temps au-dessus du méridien; et, dans les oppositions, l'un passe au-dessus du méridien dans le temps que l'autre passe au-dessous; et par conséquent ils tendent dans ces deux cas à élever en même temps les eaux de la mer. Dans les quartiers de la lune au contraire, l'eau élevée par le soleil se trouve abaissée par la lune; car, alors, la lune est à 90 degrés du soleil; donc les eaux qui se trouvent sous la lune sont à 90 degrés de celles au dessus desquelles se trouvent le soleil; donc la lune tend à élever les eaux que le soleil tend à abaisser, et réciproquement; donc, dans les pleines et nouvelles lunes, l'action solaire conspire avec l'action lunaire à produire le même effet, et au contraire elle tend à produire un effet opposé dans les quartiers : il faut par conséquent en général que les plus grandes marées arrivent dans les pleines et nouvelles lunes, et les plus basses dans les quartiers.

Dans le cours de chaque jour naturel, il y a deux *flux* et *reflux* qui dépendent de l'action du soleil, comme dans chaque jour lunaire il y en a deux qui dépendent de l'action de la lune, et toutes ces marées sont produites suivant les mêmes lois; mais celles que cause le soleil sont beaucoup moins grandes que celles que cause la lune : la raison en est que, quoique le soleil soit beaucoup plus gros que la terre et la lune ensemble, l'immensité de la distance fait que l'action solaire est beaucoup plus petite que l'action lunaire. Newton estimait que l'action de la lune était dans ce cas quatre fois plus forte que celle du soleil; et on se rend facilement compte de cette différence, si l'on réfléchit que le soleil éloigné des eaux, qu'il regarde directement de 20,625 rayons terrestres, du centre de la terre de 20,626; et des eaux opposées à celles qu'il regarde de 20,627; tandis que la lune n'est qu'à 59 rayons terrestres des eaux qu'elle regarde, à 60 du centre de la terre, et à 61 des eaux opposées à celles qu'elle regarde.

En général, plus la lune est près de la terre, plus son action pour élever les eaux doit être grande, et il en est de même du soleil. C'est une suite des lois de l'attraction, qui est plus forte à une moindre distance.

Faisant abstraction pour un moment de l'action du soleil,

la haute marée devrait se faire au moment du passage de la
lune par le méridien, si les eaux n'avaient pas, (ainsi que
tous les corps en mouvement), une force d'inertie, par
laquelle elles conservent l'impression qu'elles ont reçue :
mais cette force doit avoir deux effets ; elle doit retarder
l'heure de la haute marée, et diminuer aussi en général
l'élévation des eaux. Pour le prouver, supposons un moment
la terre en repos et la lune au-dessus d'un endroit quelconque de la terre ; en faisant abstraction du soleil, dont
la force pour élever les eaux est beaucoup moindre que
celle de la lune, l'eau s'élèvera certainement au-dessus de
l'endroit où est la lune. Supposons maintenant que la terre
vienne à tourner ; d'un côté, elle tourne fort vite, par rapport au mouvement de la lune ; et d'un autre côté, l'eau
qui a été élevée par la lune, et qui tourne avec la terre,
tend à conserver, par sa force d'inertie, l'élévation qu'elle
a acquise, quoiqu'en s'éloignant de la lune, elle tende en
même temps à perdre une partie de cette élévation ; ainsi,
ces deux effets contraires se combattant, l'eau transportée
par le mouvement de la terre, se trouvera plus élevée à
l'orient de la lune qu'elle ne devrait être sans ce mouvement ; mais cependant moins élevée qu'elle ne l'aurait été
sous la lune, si la terre était immobile. Donc le mouvement
de la terre doit en général retarder les marées et en diminuer
l'élévation.

Après le *flux* et le *reflux*, la mer est un peu de temps sans
descendre ni monter, parce que les eaux tendent à conserver
l'état de repos et d'équilibre où elles sont dans le moment
de la haute marée, et dans celui de la marée basse ; et qu'en
même temps le mouvement de la terre déplaçant ces eaux,
par rapport à la lune, change l'action de cet astre sur ces
eaux, et tend à leur faire perdre l'équilibre ; ces deux
efforts se contrebalancent mutuellement pendant quelques
moments. Il faut y joindre la ténacité des eaux, et les obstacles de différentes espèces qui doivent en général retarder
leur mouvement, et empêcher qu'elles ne passent brusquement de l'état d'élévation à celui d'abaissement.

La lune passe au-dessus des rades orientales avant que
de passer au-dessus des rades occidentales. Le *flux* doit
donc arriver plutôt aux premières.

Si la lune restait toujours dans l'équateur, il est évident
qu'elle serait toujours à 90 degrés du pôle, et que par conséquent il n'y aurait au pôle ni *flux* ni *reflux* ; donc dans les
endroits voisins des pôles, le *reflux* serait fort petit et même
tout-à-fait insensible, surtout si on considère que ces en-

droits opposent beaucoup d'obstacle au mouvement des eaux, tant par les glaces énormes qui y nagent, que par la disposition des terres. Or, quoique la lune ne soit pas toujours dans l'équateur, elle ne s'en éloigne que de 28 degrés; il ne faut donc point s'étonner que, près des pôles et à la latitude de 65 degrés, le *flux* et le *reflux* ne soit pas sensible.

Supposons maintenant que la lune décrive, pendant un jour, un parallèle à l'équateur, on voit : 1° que l'eau sera en repos au pôle pendant ce jour, puisque la lune demeurera toujours à la même distance du pôle ; 2° que, si le lendemain la lune décrit un autre parallèle, l'eau sera encore en repos au pôle pendant ce jour-là, mais plus ou moins abaissée, selon que la lune sera plus près ou plus loin du zénith ou du nadir des habitants du pôle ; 3° que, si on prend un endroit quelconque entre la lune et le pôle, la distance de la lune à cet endroit sera plus différente de 90 degrés en défaut lorsque la lune passera au méridien au-dessus de cet endroit, que la distance de la lune à ce même endroit ne différera de 90 degrés en excès, lorsque la lune passera au méridien au-dessous de ce même endroit. Voilà pourquoi, en général, en allant vers le pôle boréal, les marées de dessus sont plus grandes quand la lune est dans l'hémisphère boréal et celles de dessous plus petites, et, en s'avançant même plus loin vers le pôle, il ne doit plus y avoir qu'un *flux* et qu'un *reflux* dans l'espace de 24 heures, parce que, quand la lune est au-dessous du méridien, elle n'est pas à beaucoup près à 180 degrés de l'endroit dont il s'agit et qu'elle se trouve au contraire à une distance assez peu différente de 90 degrés, pour que les eaux doivent s'abaisser alors au lieu de s'élever. Le calcul démontre évidemment toutes ces vérités que nous ne pouvons ici qu'énoncer en général.

Comme il n'arrive que deux fois par mois que le soleil et la lune répondent au même point du ciel ou à des points opposés, l'élévation des eaux (telle qu'on la trouve même en négligeant l'inertie) ne doit se faire pour l'ordinaire ni immédiatement sous la lune, ni immédiatement sous le soleil, mais dans un point milieu entre ces points ; ainsi quand la lune va vers ses quartiers, c'est-à-dire, lorsqu'elle n'est pas encore à 90 degrés du soleil, l'élévation la plus grande des eaux doit se faire plus au couchant de la lune ; c'est le contraire quand la lune s'éloigne des quartiers. Donc, dans le premier cas, le temps de la haute mer doit précéder les trois heures lunaires ; car, d'un côté, l'inertie des eaux

Marine marchande.

Une rade.

Navires Hollandais.

donne l'élévation trois heures après le passage de la lune au méridien ; et, d'un autre côté, la position respective du soleil et de la lune donne cette élévation avant le passage de la lune au méridien. Au contraire et par la même raison, dans le second cas, le temps de la haute marée doit arriver plus tard que les trois heures.

Les différentes marées qui dépendent des actions particulières du soleil et de la lune ne peuvent être distinguées les unes des autres, mais elles se confondent ensemble. La marée lunaire est changée tant soit peu par l'action du soleil, et ce changement varie chaque jour à cause de l'inégalité qu'il y a entre le jour naturel et le jour lunaire.

Comme il arrive quelque retard aux marées par l'inertie et le balancement des eaux qui conservent quelque temps l'impression qu'elles ont reçue, par la même raison les plus hautes marées n'arrivent pas précisément dans la conjonction et dans l'opposition de la lune, mais deux ou trois marées après. De même les plus petites marées ne doivent arriver qu'un peu après les quartiers.

Comme dans l'hiver le soleil est un peu plus près de la terre que dans l'été, on observe en général que les marées du solstice d'hiver sont plus grandes que celles du solstice d'été.

Voilà l'explication des principaux phénomènes du *flux* et du reflux ; les autres ont besoin du calcul ou demandent quelques restrictions. C'est par le calcul qu'on peut prouver : 1° que l'intervalle d'une marée à l'autre est le plus petit dans les pleines ou nouvelles lunes, et le plus grand dans les quartiers ; 2° que dans le premier cas l'intervalle des marées est de 24 heures 35 minutes, et qu'ainsi les marées priment de 15 minutes sur le mouvement de la lune ; 3° qu'au contraire, dans le second cas, les marées retardent de 35 minutes sur le mouvement de la lune ; 4° que l'intervalle moyen entre deux marées consécutives, lequel intervalle est de 24 heures 50 minutes, est le plus petit près des quartiers ; ces différentes lois souffrent quelque altération, selon que la lune est à sa plus grande ou à sa plus petite distance de la terre ; 5° que les changements dans la hauteur des marées sont fort petits tant aux pleines et nouvelles lunes qu'aux quartiers ; cela doit être en effet, car les marées sont les plus grandes dans le premier cas et les plus petites dans le second ; or, quand des quantités passent par le *maximum* ou par le *minimum*, elles croissent ou décroissent pour l'ordinaire insensiblement avant et après l'instant où elles passent par cet état ; 6° que les plus grands changements dans la hauteur des marées se feront plus près des quartiers que des pleines ou nouvelles lunes.

Telles seraient régulièrement toutes les marées, si les mers étaient partout également profondes; mais les bas-fonds qui se trouvent en certains endroits et le peu de largeur de certains détroits où doivent passer les eaux sont cause de la grande variété que l'on remarque dans les hauteurs des marées, et l'on ne saurait rendre compte de ces effets sans avoir une connaissance exacte de toutes les particularités et inégalités des côtes, c'est-à-dire de la position des terres, de la largeur et de la profondeur des canaux, etc.

Ces effets sont visibles dans les détroits, entre Portland et le cap de la Hogue en Normandie, où la marée ressemble à ces eaux qui sortent d'une écluse qu'on vient de lever, et elle serait encore plus rapide entre Douvres et Calais si elle n'y était contre-balancée par celle qui fait le tour de l'île de la Grande-Bretagne.

L'eau de la mer, après avoir reçu l'impression de la force lunaire, la conserve longtemps et continue de s'élever fort au-dessus du niveau de la hauteur ordinaire qu'elle a dans l'Océan, surtout dans les endroits où elle trouve un obstacle direct et dans ceux où elle trouve un canal qui s'étend fort avant dans les terres et qui se rétrécit vers son extrémité, comme elle fait dans la mer de Severn, près de Chepstow et de Bristol.

Les bas-fonds de la mer et les continents qui l'entrecoupent sont aussi cause en partie que la haute marée n'arrive point en plein Océan dans le temps que la lune s'approche du méridien, mais toujours quelques heures après, comme on le remarque sur toutes les côtes occidentales de l'Europe et de l'Afrique, depuis l'Irlande jusqu'au cap de Bonne-Espérance, où la lune, placée entre le midi et le couchant, cause les hautes marées. La même chose a lieu sur les côtes occidentales de l'Amérique.

Les vents et les courants irréguliers contribuent aussi beaucoup à altérer les phénomènes du *flux* et du *reflux*.

L'élévation des eaux devant être d'autant moindre que la mer a moins d'étendue, on conçoit que les marées soient presque insensibles dans la mer Noire, dans la mer Caspienne, et très petites dans la Méditerranée. Elles doivent être encore moindres dans les mers Blanche et Baltique, à cause de leur éloignement de l'équateur. Dans le golfe de Venise, la marée est plus sensible que dans le reste de la Méditerranée; mais cela doit être attribué à la figure de ce golfe, qui le rend propre à élever davantage les eaux en les resserrant.

Les marées qui arrivent dans le port de Tunking à la Chine sont les plus extraordinaires de toutes. Dans ce port, on ne s'aperçoit que d'un *flux* et d'un *reflux* qui se fait en 24 heures. Quand la lune s'approche de la ligne équinoxiale, il n'y a point de marée du tout, et l'eau y est immobile ; mais quand la lune commence à avoir une déclinaison, on commence à s'apercevoir d'une marée qui atteint son plus haut point lorsque la lune approche des tropiques, avec cette différence que, la lune étant au nord de la ligne équinoxiale, la marée monte pendant que la lune est au-dessus de l'horizon, et qu'elle descend pendant que la lune est au-dessous ; de sorte que la haute marée y arrive au coucher de la lune et la basse marée à son lever. Quand la lune, au contraire, est au midi de la ligne équinoxiale, la haute marée arrive à son lever et la basse à son coucher ; de sorte que les eaux se retirent pendant tout le temps que la lune est au-dessus de l'horizon.

On a donné différentes explications plausibles de ce phénomène. Newton l'attribue au concours de deux marées, dont l'une vient de la grande mer du Sud, le long des côtes de la Chine, et l'autre de la mer des Indes.

La première de ces marées, venant des lieux dont la latitude est septentrionale, est plus grande quand la lune est au nord de l'équateur au-dessus de l'horizon que quand elle est au-dessous. La seconde, venant de la mer des Indes et des pays dont la latitude est méridionale, est plus grande quand la lune décline vers le midi et se trouve au-dessus de l'horizon que quand elle est au-dessous ; de sorte que, de ces marées alternativement plus grandes et plus petites, il y en a successivement deux des plus grandes et deux des plus petites qui viennent tous les jours ensemble.

La lune s'approchant de la ligne équinoxiale et les *flux* alternatifs devenant égaux, la marée cesse, et l'eau reste sans mouvement ; mais la lune ayant passé de l'autre côté de l'équateur, et les *flux*, qui étaient auparavant les moindres, étant devenus les plus considérables, le temps, qui était auparavant celui des hautes eaux, devient le temps des eaux basses, et le temps des eaux basses devient celui des hautes eaux ; de sorte que tout le phénomène de cette marée singulière du port de Tunking s'explique naturellement et sert encore à confirmer la certitude de toute la théories des marées.

Le flux prend aussi le nom de flot dans le langage du marin ; il commence aussitôt que la mer commence à monter.

Le demi-flot c'est la moitié du temps compris entre la marée basse et la marée haute. Mais il ne faut pas confondre le flot avec *les flots* ; ces derniers sont les inégalités mouvantes que le souffle des vents produit à la surface de l'eau. Dans les tempêtes, les *flots* sont élevés, les vagues roulent les unes sur les autres en s'entre-choquant, et les lames brisent avec bruit en écumant ; lorsqu'il vente peu, la mer est agitée par de petites ondes, qui ne sont jamais fatigantes pour les vaisseaux.

Sous un vent furieux, les vagues s'amoncellent, se grossissent, se poursuivent et se dévorent les unes les autres ; elles accourent en se couronnant d'écume et s'élancent en se brisant. Les vagues sont alors devenues des *lames*. On dit que la *lame* vient de l'avant ou debout, quand elle vient à la rencontre du vaisseau ; qu'elle vient de l'arrière, si elle le prend par la poupe en suivant la même direction que lui ; qu'elle le prend en hanche ou par le travers, lorsqu'elle arrive sur le flanc. La *lame* va contre le vent ou cherche le vent, c'est-à-dire que son mouvement est dans une direction contraire à celle du vent actuel ; cela arrive dans un changement subit du vent après une tempête, et c'est souvent ce qu'il y a de plus dangereux à la mer pour les vaisseaux, qui sont alors extrémement tourmentés, si la *lame* est élevée. *Lames* longues, ce sont des *lames* qui viennent de loin, qui se succèdent à distances égales et qui ne brisent point. *Lames* courtes, ce sont des *lames* qui se succèdent vivement de près à près, qui se brisent souvent les unes sur les autres et sont clapoteuses.

Enfin, le vent s'est apaisé, mais la mer éprouve encore longtemps une agitation ; elle ne se dessine plus en lames à la crête recourbée, mais de longs plis onduleux propagent leurs mouvements d'un bout à l'autre de l'horizon : cet état de la mer s'appelle la *houle*. Une fois établie, la houle dure encore après que des vents opposés ont commencé à lever de nouvelles vagues ; et souvent, dans une tempête, des lames puissantes se dressent sur le flanc d'une grosse houle accourue d'un autre point.

Les vagues et les lames, en battant une côte, interceptent toute communication avec le rivage ; lors même que le calme règne, si la houle rencontre une terre escarpée, ses longs rouleaux, animés d'un mouvement régulier et monotone, déferlent avec fracas contre l'obstacle qui s'oppose à leur développement et le couvrent d'écume. Ses ondulations viennent-elles échouer sur une plage en pente douce, leur sommet, toujours doué de la même vitesse, surplombe

la base que le fond retarde, leur flanc verdi se raye d'é-
cume, leur crête se hérisse, se penche en avant et brise en
étendant au loin sur le rivage une nappe blanche que le sable absorbe et qu'une autre vient incessamment remplacer.

Cette houle, effrayante à la voir du rivage, ne fait au
large courir aucun danger. Ainsi, sur les côtes de Suède,
pendant la belle saison, la mer, à peine agitée par une brise
légère, est couverte de milliers d'embarcations qui la sillonnent sans inquiétude et se jouent au sein d'une houle
qui, vue de terre, se dessine en brisants impétueux : cinq
lames se succèdent rapidement, la dernière s'élance au loin
sur la plage. A Madras, à Pondichéry, il est impossible aux
canots européens de franchir cette barre ; les *chelingues*, au
fond plat, aux bords élevés ; le *catimaron*, radeau insubmer-
sible, peuvent seuls l'affronter. Leurs équipages de *lascars*
accompagnent de chants plaintifs le mouvement de leurs
avirons. Leurs cris de *yaldi !* ordinairement si monotones, se
répètent avec l'accent de la plus vive terreur au moment où
la lame enlève sur sa crête l'embarcation qu'il n'est plus
possible de diriger, et qu'elle roule quelquefois dans ses
tourbillons mêlés de sable et d'eau. Quelquefois, par un
calme plat, sans cause apparente, une houle prolongée
plisse la surface des eaux ; alors les lames du rivage deviennent infranchissables, et jusque par vingt mètres de profondeur les ondulations de la houle, gênées dans leur développement, se changent en brisants monstrueux ; le fond de la
mer en est remué ; les ancres, solides jusque-là, glissent sur
un sol mouvant. Cet inexplicable mouvement est le *ras de
marée*, ou plutôt le *ras de courant*, qui se fait aussi sentir loin
des côtes. A l'île de Bourbon, aux Antilles, dans l'Inde, partout où les bâtiments *mouillent* en *pleine côte*, un sort funeste
attend le marin qui n'aura pas su prévoir le *ras de marée* et
profiter des plus légers souffles de brise pour s'éloigner de
la terre ; trop heureux encore, en abandonnant son ancre
et sa chaîne, ou son câble, s'il réussit à sauver son navire,
son équipage et sa cargaison !

On sait que la mer est parfois lumineuse ; ce phénomène
est surtout remarquable par un temps couvert et lorsqu'elle
est grosse et dure. Alors les vagues et la houle s'agitent et
se promènent avec l'apparence des flammes bleuâtres. Il
semble que l'Océan se soit changé en une vaste plaine d'al-
cool ; c'est comme un punch immense auquel on aurait
mis le feu ; les physiciens du siècle dernier, Vianelli et
l'abbé Nollet, attribuèrent cette lumière à des myriades d'a-
nimalcules phosphoriques répandus à la surface ; mais cette

opinion, reproduite il y a peu de temps par quelques extravagants micrographes qui préten!ent tout expliquer par la présence de petites bêtes que l'œil nu ne peut apercevoir, ne supporte pas l'examen. Aujourd'hui on a acquis la preuve que cette lumière n'est due qu'à l'électricité. On peut l'observer par un temps calme, mais alors il se prépare quelque orage, ou bien l'atmosphère est dans des conditions particulières. En temps ordinaire, c'est-à-dire par un vent réglé quelque fort qu'il soit et quelque grosse que soit la mer, jamais elle ne paraît lumineuse; c'est qu'alors elle n'est pas assez violemment agitée pour être électrisée. Il faut qu'il se rencontre à la fois plusieurs lames qui se choquent en sens contraire, comme cela arrive dans le canal de Mozambique où la mer est une des plus orageuses que l'on connaisse, où l'on ne trouve, en la traversant pendant environ trois cents lieues, que des temps épouvantables, des mers monstrueuses et qui viennent se choquer dans des directions tout-à-fait contraires.

Le *courant* est une des plus notables circonstances de mer. On entend par courant un mouvement progressif souvent assez rapide, qui s'accomplit dans une direction horizontale. Il y a des courants dont la direction et la vitesse sont à peu près invariables ; d'autres dont la direction et la vitesse changent tous les six mois; d'autres qui dépendent du mouvement de la lune ; d'autres enfin qui sont tout-à-fait irréguliers ; il y a aussi des courants doubles ou tels qu'à la surface les eaux se meuvent dans un sens et vers le fond dans un sens contraire.

Le courant général d'orient en occident est le plus remarquable par son étendue et sa régularité parmi ceux qui sont constants. Buffon l'attribua au mouvement alternatif du flux et reflux ; mais il est beaucoup plus naturel de l'attribuer au mouvement de rotation de la terre en 24 heures, qui se fait, comme on sait, d'occident en orient. Quant aux courants qui changent de direction tous les six mois, leur marche dépendant uniquement des saisons et de la position du soleil, il est évident qu'ils ne peuvent être produits que par l'action de cet astre, action entièrement isolée de celle de la lune, dont le résultat se manifesterait de mois en mois. Le soleil échauffant les eaux sous l'équateur beaucoup plus que vers les pôles, elles y doivent être plus dilatées, et par conséquent avoir moins de pesanteur spécifique que vers les pôles ; ce qui est confirmé par les observations. Il faut donc, pour l'équilibre, que les eaux s'élèvent un peu sous l'équateur, et s'abaissent un peu vers les pôles. Mais comme alors la mer deviendrait bientôt plus haute vers les pôles, tandis que ce doit être le contraire, il s'établit sous le courant qui se fait de l'équateur au pôle un contre-courant des pôles à l'équateur, produit par l'excès du poids des colonnes d'eau, qui, en vertu du premier courant, sont plus pesantes près des pôles que sous l'équateur.

Si le courant général d'orient en occident et les courants qui changent de direction tous les six mois ne peuvent être considérés comme des effets du flux et du reflux, il n'en est pas de même de la plupart des courants particuliers, puisque ordinairement ils suivent les marées. Tout ce qui peut changer soit la direction, soit la vitesse du mouvement des eaux, comme le gisement des côtes, les montagnes du fond de la mer, les bancs de sable, les îles, etc., donne lieu à ces courants. Le mouvement des marées éprouvant par la variété de ces obstacles des changements de toute espèce, quelquefois les eaux sont portées du même côté pendant plusieurs jours de suite. Dans quelques endroits pourtant, les eaux coulent constamment du même côté et forment des courants sujets à des inégalités périodiques dépendantes des mouvements de la lune.

Quant aux courants variables irréguliers, et en quelque sorte accidentels, il sont produits en général par les vents qui impriment nécessairement aux eaux du mouvement dans la direction suivant laquelle ils soufflent, surtout lorsqu'ils ont régné longtemps venant du même point. Ces mouvements souffrent comme tous les autres, dans leurs directions et dans leur vitesse, des changements à l'infini par le gisement et la configuration des côtes, par les inégalités du fond de la mer, par les îles, etc.; comme les eaux poussées par les vents doivent être remplacées, le remplacement pourra causer, par un second effet, d'autres courants accidentels, lesquels ne doivent pas être considérés comme produits immédiatement par les vents, puisque ces seconds courants peuvent être hors des limites des vents. Si les eaux entraînées par les vents ne sont pas remplacées librement, comme cela arrive aux bords de la mer du Sud, elles s'abaisseront aux endroits d'où elles sont forcées de couler; cet abaissement est quelquefois assez considérable et dure assez de temps pour détruire les effets du flux de la mer, en sorte qu'il paraisse y avoir un reflux continuel de plusieurs jours de suite.

Les grandes variations barométriques peuvent aussi occasionner des courants accidentels : cette cause accompagne souvent celle dont nous venons de parler; mais elle agit par un autre principe : si le baromètre vient tout d'un coup à baisser considérablement, il faut que la mer s'élève au même endroit ; et comme les variations barométriques s'étendent ordinairement fort loin , les eaux doivent couler du milieu de tout cet espace, dans l'étendue de 30 ou 40 degrés.

Parmi les courants qui ont le plus d'étendue et de rapidité, on compte ceux qu'on a observés dans la mer Atlantique, près de la Guinée, lesquels vont depuis le Cap-Vert jusqu'à la baie Fernando-Poo, et même plus loin : leur mouvement est d'orient en occident, et par conséquent contraire au mouvement général de la mer. Ces courants sont si violents, que les vaisseaux peuvent venir en deux jours de Moura à Rio-de-Benin, éloigné de 150 lieues, et qu'il leur faut six ou sept semaines pour y retourner ; encore ne peuvent-ils sortir de ces parages qu'en profitant des vents orageux qui s'élèvent tout-à-coup dans ces climats. Ces courants ne s'étendent guère qu'à vingt lieues de distance de ces côtes. Auprès de Sumatra il y a des courants rapides qui coulent du midi vers le nord, et qui probablement ont formé le golfe qui est entre Malaye et l'Inde ; on en trouve de semblables entre l'île de Java et la terre de Magellan ; il y en a aussi de très grands entre le cap de Bonne-Espérance et l'île de Madagascar, et surtout sur la côte d'Afrique entre la terre de Natal et le Cap ; dans la mer Pacifique, sur les côtes du Pérou et du reste de l'Amérique, la mer se meut du midi au nord , mouvement qui paraît occasionné par un vent de midi, qui y règne constamment. On observe ce même mouvement du midi au nord sur les côtes du Brésil , depuis le cap Saint-Augustin jusqu'aux Antilles ; à l'embouchure du détroit de Manille ; aux Philippines et au Japon, dans le port de Kibuxia.

Dans la mer voisine des Maldives, et entre ces îles, il y a des courants très violents qui coulent constamment pendant six mois d'orient en occident, et qui vont en sens contraire pendant les six autres mois ; ils suivent la direction des vents qui soufflent dans cette mer, six mois de l'est à l'ouest, et six mois de l'ouest à l'est.

Il y a aussi un courant très rapide dans le canal de Bahama, qui coule du midi vers le nord : sa vitesse est d'environ une lieue par heure. Les courants sont très irréguliers et souvent très forts dans la mer de Danemarck, et même entre les côtes de la Norwége et du Jutland ; il y en a beaucoup qu'on ne peut attribuer à l'action des vents. Près d'Elseneur, le courant change de direction deux fois en vingt-quatre heures ; sa vitesse est de deux tiers de lieue par heure. Dans le détroit du Sund , la vitesse du courant est de plus d'une lieue. Au reste, ce n'est que vers les côtes que ces courants ont cette rapidité.

Sur la côte d'Afrique, depuis le cap Spartel jusqu'au Cap-Vert, les courants portent dans la partie du sud ; ils suivent d'abord la direction de la côte depuis le cap Spartel jusqu'à Salé et au delà ; et ensuite ils participent de l'ouest à proportion qu'ils se rapprochent du cap Vert, où ils portent à l'ouest ; leur vitesse, en différents endroits est très grande ; depuis le cap Spartel jusqu'à Salé, particulièrement dans les nouvelles et pleines lunes, elle est quelquefois d'un tiers de lieue, ou même d'une demi-lieue par heure.

Outre le *courant* qui porte à l'est, dans le détroit de Gibraltar, il en existe un autre qui porte à l'ouest ; il est présumable qu'il occupe la partie du détroit qui touche à la côte d'Afrique : car en l'admettant dans cette partie du détroit, comme on y est autorisé par les faits, on explique très heureusement le courant qui porte dans le sud, depuis le cap Spartel jusqu'au-delà de Salé, en suivant la direction de la côte, en disant que c'est celui-ci qui continue de suivre la direction de la côte d'Afrique lorsqu'il est entré dans l'Océan, parce que ses eaux, refoulées par celles de l'Océan, sont forcées de couler le long de cette côte.

Ce second courant explique aussi d'une manière très simple pourquoi les eaux ne s'élèvent pas sensiblement dans la Méditerranée. Il n'est pas même nécessaire de le supposer aussi étendu, aussi rapide que celui qui porte à l'est ; car l'évaporation enlève plus d'eau à cette mer qu'elle n'en reçoit par les fleuves et les rivières qui y portent leurs eaux.

On sent combien il serait avantageux pour la navigation d'avoir une connaissance exacte des courants ; mais c'est une connaissance qu'il est difficile d'acquérir faute de méthode pour déterminer les courants avec exactitude ; celles que l'on a se réduisent aux suivantes.

Quand la mer a assez peu de profondeur pour qu'on puisse rendre fixe la position du vaisseau par le moyen de ses ancres, on trouve assez bien la direction et la vitesse du courant en jetant le loch.

Quand on ne peut pas jeter l'ancre, on met à la mer un canot ou une chaloupe qu'on rend fixe, autant qu'il est possible, au moyen de quelque corps pesant qu'on fait descendre aussi profondément qu'on peut, afin qu'il atteigne la région des eaux calmes. La chaloupe obéit ainsi le moins qu'il est possible au courant et acquiert une sorte de fixité ; alors on jette le loch, dont la vitesse et la direction donnent celles du courant.

Cette méthode est loin d'être exacte ; mais du moins on est assuré que la vitesse du courant n'est pas moindre que celle qu'elle donne.

Il est superflu d'ajouter que ces méthodes exigent, comme toutes celles qu'on pourrait imaginer, que la mer soit tranquille et unie. Il existe, soit en mer, soit dans les fleuves, des endroits très dangereux. Là sont des gouffres ou virevire, qu'on appelle aussi abîmes ou tournants. C'est le point d'un courant où l'eau tourne avec une extrême rapidité et forme des espèces d'entonnoirs qui, en tournant sur eux-mêmes, entraînent tous les corps qui approchent de leur tourbillon et les précipitent au fond. Un navire peut souvent y être compromis, s'il y est emporté en tournant; sa vitesse ne le préservera pas toujours de faire un tour entier. Les tournants que l'on voit à l'embouchure des fleuves, surtout aux détours des pointes, s'appellent aussi remous du courant. Lorsque les rivières sont profondes, le remous est moins marqué et plus uniforme que lorsqu'il y a peu d'eau, parce que la résistance des inégalités du fond ne peut se manifester avec autant de force sur la superficie de l'eau, à cause de la grande distance ; d'ailleurs il se fait des entonnoirs très marqués qui s'en vont avec le cours de l'eau et qui subsistent tant que le tourbillon existe avec plus ou moins d'étendue, selon la force de l'eau pour tourner. C'est ce remous des rivières qui les rend quelquefois dangereuses aux vaisseaux qui se trouvent dans le tourbillon que forme le confluent de deux rivières qui se joignent ou de deux courants qui ont un cours différent par le reflux que produit une pointe en détournant le cours de l'eau; si un homme tombe à l'eau dans un fleuve, il est rare qu'il en réchappe, si c'est près d'un tourbillon ; il est presque toujours entraîné et noyé.

Le *vent* est une portion de l'air atmosphérique qui se meut comme un courant avec une vitesse sensible et dans une direction déterminée. Le vent prend différents noms, selon les différents points de l'horizon d'où il vient. Souffle-t-il du nord, du sud, de l'est ou de l'ouest, on l'appelle vent de nord, de sud, d'est, d'ouest. On l'appelle vent de nord-est s'il tient le milieu entre le nord et l'est; vent de nord-ouest s'il tient le milieu entre le nord et l'ouest, etc. On connaît trente-deux aires ou rombs de vent, c'est-à-dire trente-deux directions définies et marquées sur la rose de la boussole.

On compte quatre espèces de vents : 1° les vents généraux et constants qui soufflent sans cesse du même côté et dans la même partie de l'atmosphère ; 2° les vents périodiques, qui commencent et finissent toujours à des époques déterminées de l'année ; 3° les vents de terre et de mer, les premiers s'élevant d'ordinaire le soir, les seconds le matin ; 4° les vents variables qui n'ont ni direction, ni vitesse, ni durée fixes.

Les vents généraux soufflent entre les deux tropiques et un peu au delà. Ils règnent dans la mer Atlantique, la mer d'Éthiopie, la mer Pacifique, et dans une partie de la mer de l'Inde.

Le vent d'est règne toute l'année dans la mer Atlantique et dans la mer d'Éthiopie entre les deux tropiques, mais de manière qu'il semble souffler en partie du nord-est dans la mer Atlantique, et en partie du sud-est dans la mer d'Éthiopie.

En effet, passé les îles Canaries, par le 28° degré de latitude septentrionale, et à 80 milles de ces îles, il règne un vent de nord-est qui prend rarement beaucoup du nord, qui en certain temps prend davantage de l'est, et qui devient ouest-nord-ouest. Ce vent est quelquefois nord-ouest en cet endroit, et il est alors de peu de durée ; souvent il y a des intervalles où sa force éprouve une notable diminution, lorsque le soleil approche de l'équinoxe d'automne. Le vent d'est est plus constant, lorsque le soleil va du tropique du capricorne à l'équateur, et la navigation est très heureuse dans cette partie de l'Océan. Lorsque le vent est nord-est et que le soleil se trouve dans les signes méridionaux, le ciel est serein dans la partie septentrionale de la terre, depuis le 28° degré de latitude jusqu'à l'équateur ; mais lorsque le soleil est dans les signes septentrionaux, le ciel est couvert en cet endroit, tandis qu'il est serein dans l'hémisphère méridional. Soit que ces vents soient nord-est ou sud-est, ils soufflent toujours avec une force modérée depuis leurs premières limites, qui sont à la latitude de 28 ou 30 degrés jusqu'au 23° degré de latitude ; mais ils soufflent avec beaucoup plus de violence depuis ce 23° degré jusqu'au 12° ou 14° ; et dans toute cette étendue ils sont constamment nord-est et est.

Ceux qui vont aux îles Caraïbes trouvent que ce vent de nord-est prend d'autant plus de l'est qu'il approche davantage des côtes d'Amérique ; en sorte qu'il devient quelquefois est, et même qu'il tend à devenir sud-est ; il est cependant un peu nord-est, et il ne cesse de mollir. Vers les rivages de Surinam, le vent d'est commence à souffler avec l'aurore ; sur les neuf heures, il devient plus faible jusqu'au coucher du soleil.

Les limites de ce vent sont moins resserrées sur les côtes d'Amérique que sur celles d'Afrique. Il s'étend sur les côtes de l'Amérique jusqu'à 30 ou 32 degrés, il diminue et devient insensiblement plus faible jusqu'au 40° degré où il cesse tout-à-fait. La même chose a lieu sur les côtes méridionales de l'Amérique où les vents généraux s'étendent plus loin vers le sud que le cap de Bonne-Espérance.

Les vents qui viennent de l'est pénètrent aussi dans le golfe du Mexique par les intervalles des Antilles, et c'est pour cela qu'on observe ces vents de la Martinique à Curaçao et à Carthagène; mais ils sont moins constants, et le ciel y est moins serein.

On remarque dans l'Océan atlantique, à 170 milles de la Martinique et dans le golfe du Mexique, au delà des îles dont on vient de parler, des tourbillons de vent auxquels les vents ordinaires succèdent. Ces tourbillons sont précédés de vents faibles et sont très dangereux.

Les vents d'est soufflent plus modérément dans le golfe du Mexique ; aussi la mer y est-elle peu agitée ; le ciel y est serein ; cet effet cependant n'a lieu que dans la bonne saison, cardans la mauvaise le ciel y est souvent couvert de vapeurs.

Le temps est plus inconstant depuis les Iles-du-Vent jusqu'au golfe du Mexique. La surface de la terre y porte dans l'atmosphère une plus grande quantité de vapeurs qui y dérobent la vue du ciel, en sorte qu'on n'y voit alors que des nuages. Les rayons du soleil parviennent cependant à s'y faire jour çà et là.

Les vents de nord-est et de sud-ouest soufflent ordinairement depuis Carthagène jusqu'à Porto-Bello ; les vents de nord-est qu'on appelle *bises* commencent vers le milieu du mois de novembre. Ils sont constants, au moins au commencement ou au milieu de décembre, et l'on regarde ce temps comme celui de l'été. Ils commencent de souffler jusque vers le milieu de mai. Ils sont alors remplacés par ceux de sud-ouest qu'on n'observe qu'à la latitude de 12 ou 13 degrés ; car les vents d'est se font toujours remarquer à une plus grande latitude.

Lorsque les vents du sud-ouest soufflent, les tempêtes et la pluie sont fréquentes, mais de peu de durée ; elles sont quelquefois suivies de temps où le vent est très faible ; insensiblement le vent de sud-ouest revient. On observe la même chose vers la fin d'octobre et au commencement de novembre, parce que la direction des vents n'est pas encore devenue constante.

Depuis le 4° degré de latitude septentrionale jusqu'au

28e degré de latitude méridionale, il souffle toujours un vent de sud-est qui devient quelquefois presque est, mais auprès de l'Afrique ce vent prend toujours plus du sud que près des côtes du Brésil ; car, plus on approche de ces côtes, plus le vent de sud-est prend du véritable est.

Ces vents sont sujets à quelques variations suivant la saison, car ils suivent le soleil ; en effet, lorsque le soleil se trouve entre l'équateur et le tropique du cancer, le vent de nord-est, qui règne dans la partie septentrionale de la terre, prend davantage de l'est, et le vent de sud-est, qui règne dans la mer d'Éthiopie, prend davantage du sud ; au contraire, lorsque le soleil se trouve entre l'équateur et le tropique du Capricorne, les vents de nord est de la mer Atlantique prennent davantage du nord, et les vents de sud-est de la mer d'Éthiopie prennent davantage de l'est.

Il convient cependant de remarquer ici qu'il souffle un vent de sud sur les côtes d'Afrique, savoir, sur la côte de Cafrerie, d'Angola, de Congo. Les tempêtes sont fréquentes auprès d'Angola, et elles changent le cours du vent ; lorsqu'elles cessent, il survient un fort calme. A dix lieues de la côte de Guinée, le vent de sud-est se change en sud, et lorsqu'on approche plus près de cette côte, le vent de sud se change en sud-ouest. Auprès des côtes de la Nigritie, le vent de nord-est se change en nord-ouest.

Le vent d'est en général se fait sentir plus près des côtes orientales, telles que les côtes d'Afrique, et cesse à une plus grande distance des côtes de l'Amérique ; car il ne souffle qu'à cent lieues de distance de ces dernières, et on commence à le sentir dès qu'on est à 30 lieues du rivage africain, surtout dans l'hémisphère boréal ; on remarque cependant qu'on ne commence à le sentir qu'à une plus grande distance de ces côtes dans l'hémisphère austral, si on en excepte le vent d'est qui souffle à huit lieues du promontoire nommé Lavela, lors même qu'un vent d'ouest souffle dans cet endroit.

Les vents qui soufflent contre les côtes d'Afrique, qui sont plus méridionales, ne soufflent point dans une direction parallèle à ces côtes, mais dans une direction oblique, et ils font avec elles un angle de 22 degrés environ, et à proportion que le continent forme différentes inflexions, ces vents suivent ces inflexions, en s'en écartant cependant plus ou moins. On remarque la même chose à l'égard des vents qui règnent le long des côtes de l'Amérique, telles que celles du Chili et du Pérou ; ces vents soufflent avec force toute l'année.

Vers la partie boréale de l'équateur, entre le 4ᵉ et le 10ᵉ degré de latitude, et entre les méridiens qui s'étendent au delà des îles Hespérides, il y a un endroit de la mer où l'on remarque presque toujours du tonnerre, des éclairs, des ouragans, des pluies, des espèces de calmes. Tous ces effets s'y succèdent rapidement, tandis que les vents semblent souffler en même temps de toutes parts. Ces effets ont lieu entre les mois d'avril et de septembre, et à peine se passe-t-il un jour pendant lequel le ciel soit serein ; mais lorsque le soleil est parvenu vers le tropique du Capricorne, le temps y est moins orageux.

Le ciel est serein sous l'équateur lorsque le soleil est dans les signes méridionaux, et le passage de la ligne est sûr alors ; mais aussi lorsque le soleil est dans les signes septentrionaux, on éprouve sous la ligne de fréquentes tempêtes, et l'on y remarque des trombes qui se forment et se détruisent promptement. Les tempêtes sont terribles ; mais elles n'ont lieu que dans la partie orientale de l'Océan atlantique.

On observe le même vent général sur la mer Pacifique que sur l'océan Atlantique et la mer d'Ethiopie, car le vent de nord-est souffle dans l'hémisphère boréal, et le vent de sud-est dans l'hémisphère austral, et ces vents s'étendent des deux côtés de l'équateur jusqu'au 28ᵉ ou 30ᵉ degré. Ces vents sont doux auprès de l'équateur, depuis le mois de mars jusqu'au mois de septembre ; c'est pourquoi les vaisseaux espagnols partent d'Acapulco après la moitié de mars pour se rendre aux Manilles.

Mais, vers le mois de janvier, il survient en cet endroit de fortes tempêtes. Les vents qui règnent sur cette mer sont constants et plus forts que ceux qui règnent dans l'Océan atlantique et dans la mer des Indes, parce que cette mer a plus d'étendue et qu'il ne s'y trouve qu'un petit nombre d'îles.

Cependant on y essuie de fréquentes tempêtes depuis le vingtième ou le vingt-troisième degré de latitude australe en allant vers le sud, et elles sont d'autant plus impétueuses que la latitude devient plus grande.

Vers le golfe d'Arica, entre les 16ᵉ, 19ᵉ et 23ᵉ degrés de latitude, il y a des calmes de deux ou trois jours ; ils s'étendent jusqu'à 30 ou 40 lieues au delà des côtes.

Vers Lima, sur les confins du royaume du Pérou, on éprouve un vent constant, quoique cependant sujet à quelques variations ; pendant tout le cours de l'année il est assez modéré, et n'est jamais assez fort pour être nuisible.

Le vent de sud souffle continuellement depuis Lima jusqu'à Guajaquil ; mais, depuis novembre jusqu'en mai, il devient sud-ouest. A l'approche de la terre, on éprouve un vent faible de sud-est. Pendant tout ce temps le vent de sud souffle à une plus grande distance des côtes; il y est doux et interrompu par des calmes. Mais celui qui se fait sentir intérieurement à 140 ou 150 lieues de la côte prend insensiblement de l'est; en sorte qu'à la distance de 200 lieues, on peut dire que le vent est constamment sud-est.

Dans la baie de Panama, les marins qui vont à Guajaquil éprouvent des vents variables, peu constants et très faibles par intervalles.

On sent un vend de nord, de nord-ouest et de nord-est depuis Ponta-Mala jusqu'au port Saint-Matthieu : lorsqu'on est en vue de ce port, le vent est nord ; et de là jusqu'à Manta, on éprouve les vents de sud-est, de sud, de sud-ouest et ceux qu'on nomme zéphyrs avec toutes leurs variétés; de Manta à Cabo-Blanco, ce sont les mêmes vents qui règnent.

Lorsque le vent a commencé à s'élever vers Panama, il se développe et s'étend insensiblement, et il lutte contre le vent de sud jusqu'à ce qu'il l'ait emporté sur lui : ces mouvements ne se font point ordinairement observer du côté de la partie méridionale de l'équateur où ils ne sont que peu sensibles et souvent interrompus par des calmes ou d'autres vents invariables. Quelquefois on les observe et ils se font sentir jusqu'à l'île de la Plata, et ceux qui sont plus proches de Panama sont plus forts que les autres Ce vent, qui est nord et qui devient ensuite nord-est, balaie les nuées de l'atmosphère et dissipe les brouillards vers les bords de la mer : il n'est point accompagné de pluie ; mais il excite de fréquentes trombes, depuis le promontoire Saint-François jusqu'à la baie de Panama.

Quand ces moussons viennent à cesser, d'autres vents commencent à s'élever : ce sont des vents de sud-est et de sud-ouest, et non des vents de sud, et même en certains temps ils diffèrent plus du véritable vent de sud que des autres : lorsqu'ils sont presque sud-est, ils sont accompagnés d'orages et de tempêtes, mais qui durent peu.

Lorsque ces vents du midi règnent, les côtes sont couvertes de brouillards qui les dérobent presque à la vue et qui ne se montrent point pendant les moussons.

Les vents d'ouest soufflent constamment depuis le dixième jusqu'au vingtième degré de latitude boréale sur les côtes du Mexique, à moins que ces vents ne soient interrompus par des tempêtes qui pour l'ordinaire surviennent sous d'autres directions.

Depuis la terre d'Eson jusqu'au 23ᵉ degré de latitude boréale, les vents du nord soufflent fréquemment : ces vents sont les mêmes que dans les parties septentrionales.

Mais les marins qui partent de Manille pour se rendre à Acapulco dans la Nouvelle Espagne éprouvent pendant les mois de juin, juillet et août, un vent d'ouest même lorqu'ils s'élèvent jusqu'au 28ᵉ degré de latitude boréale.

Le vent général d'est règne aussi dans la mer des Indes ; mais on y observe d'autres vents périodiques qui soufflent pendant l'espace de six mois du même côté et pendant les six autres mois du côté opposé : on donne à ces vents le nom de *moussons*.

Le sud-est et le nord-ouest règnent vers le cap de Bonne-Espérance ; les autres vents qu'on y observe ne sont pas constants ; ils ne font que changer de sud-est en nord-est, et de nord-ouest en sud-est. Les vents d'est et de nord-ouest s'y font remarquer plus rarement. Le nord-ouest amène les tempêtes dans les mois d'avril, mai, juin, juillet et août. Le vent de sud-ouest y amène des pluies et des nuages. Il y souffle dans tous les mois de l'année, mais surtout depuis le mois de septembre jusqu'au mois d'avril : ce vent est froid et sec, et pendant qu'il souffle le ciel est calme et pur. Cependant si, lorsqu'il commence à souffler, le zéphyr, accompagné de nuages, souffle aussi dans la partie supérieure de l'atmosphère, il donne alors de la pluie. Le vent de sud-est commence à s'élever vers les 4, 5 ou 6 heures après midi ; il augmente sur le soir ; il diminue depuis 10 heures et cesse à minuit. Souvent ce vent commence à s'élever peu de temps après midi, et souffle jusqu'à trois ou quatre heures après minuit ; mais vers le matin il s'élève dans la rade du Cap un vent de nord-ouest modéré, et ce vent diminue peu à peu et cesse entre dix heures du matin et midi. Lorsqu'il pleut, ou que le ciel est couvert, pendant les mois de janvier et de février, le vent de sud-est souffle violemment pendant quelques jours de suite. Son impétuosité est sujette à des interruptions qui sont suivies par des calmes ; ces calmes diminuent insensiblement, et le vent devient alors continu ; mais ces calmes reviennent lorsque le vent tire sur sa fin. Ce vent est très fort ; il enlève beaucoup de sable, il dessèche les terres, il courbe les arbres, il nuit à leur accroissement ; il n'est jamais si violent que lorsqu'il aborde de la mer vers le continent ; mais plus il s'enfonce dans les terres du côté du nord, plus il faiblit ; cesse-t-il, il pleut pendant trois ou quatre jours et alors les vents sont variables.

Entre le dixième et le trentième degré de latitude australe, et depuis l'île de Saint-Laurent ou de Madagascar jusqu'à l'île de Java et les îles adjacentes qui sont plus orientales, et la Nouvelle-Hollande, il souffle toute l'année un vent de sud-est qui, en certain temps, approche un peu plus du véritable est, et qui quelquefois paraît nord-est.

Il y a aussi des vents de mer et de terre qui soufflent assez régulièrement de manière cependant que sur certaines côtes les vents de mer se portent pendant le jour de la mer vers les terres, et qu'ils tombent pendant la nuit; au lieu que les vents de terre cessent pendant le jour et soufflent vers la mer pendant la nuit, ce qui dure toute l'année.

Les vents de mer s'élèvent vers les neuf heures du matin, quelquefois plus tôt, quelquefois plus tard; ils soufflent doucement vers la terre, en sorte qu'ils rendent la mer unie, ou que s'ils l'agitent, ce n'est que fort légèrement : une demi-heure après qu'ils ont gagné terre, ils se renforcent sensiblement jusqu'à midi qui est le temps où ils soufflent avec plus de vigueur; ils continuent avec la même force jusqu'à trois heures; ils mollissent ensuite peu à peu jusqu'à cinq ou un peu plus tard : alors ils tombent tout-à-fait pour ne reparaître que le lendemain matin. Ces vents commencent à paraître vers la surface de la mer, et ils se portent ensuite vers le rivage, dont ils s'approchent d'abord obliquement, ensuite directement, en suivant la direction des côtes; après cela la partie la plus élevée de l'athmosphère étant mise en mouvement, il survient un vent qui peut souffler plus librement contre les endroits les plus élevés au-dessus de la surface de la terre. Ce vent aborde donc alors plus directement vers le rivage et vers la terre, surtout lorsque le ciel est serein, temps où ces vents sont plus réguliers; car ils retardent ordinairement d'un jour ou deux lorsque le temps est humide.

Ces vents sont plus sensibles sur les éminences des caps, où le sol est plus échauffé de tous côtés par les rayons du soleil; ils sont plus faibles dans les golfes, parce que l'air qui repose sur la surface de l'eau est moins échauffé par le soleil, et que d'un côté ils se portent directement contre le rivage; ces vents règnent aussi autour des îles.

Les vents de terre succèdent aux vents de mer; ils se lèvent ordinairement vers les six heures du soir; ils soufflent pendant toute la nuit jusqu'à six, sept ou huit heures du matin, suivant la saison de l'année, et ils soufflent plus ou moins longtemps suivant la situation des rivages.

3

Ces vents viennent des terres, et si c'est une île, ils commencent au milieu et se répandent tout autour vers la mer ; ils s'étendent en mer à trois ou quatre milles ; quelquefois ils ne s'écartent point du rivage ; mais plus ils s'étendent et moins ils durent.

Les vents de terre et de mer sont plus faibles dans les pays qui sont les plus exposés au vent général.

Les vents de terre qui viennent des caps sont aussi moins violents ; ceux qui règnent dans les golfes et dans les baies sont les plus forts.

Ces vents de terre et de mer règnent sur les côtes et dans les îles qui sont situées entre les deux tropiques, c'est-à-dire dans les contrées sur lesquelles les rayons du soleil tombent perpendiculairement et qui, par conséquent, éprouvent une très grande chaleur. Les vents de mer qui sont portés vers le continent diminuent la trop grande chaleur du terrain et rendent habitables des pays où les hommes et les animaux seraient suffoqués par une chaleur trop forte. Ces contrées éprouvent encore un très grand refroidissement par la longueur des nuits ; en sorte qu'on y observe de grandes vicissitudes de chaud et de froid. Ces vents se font aussi sentir sur la Méditerranée, car on observe qu'il ne fait point de vent le matin et le soir dans l'île Minorque, que vers le milieu du jour le vent s'élève vers la partie orientale de cette île, qu'il suit ensuite le cours du soleil, qu'il augmente jusqu'à deux ou trois heures après midi, et qu'il diminue ensuite sensiblement. On remarque aussi la même chose vers les confins du Languedoc.

Les vents variables ont lieu depuis les tropiques jusqu'aux pôles. Ces vents ne suivent aucune règle, soit par rapport aux temps où ils se font sentir, soit par rapport à leur durée, soit par rapport à leur force et à leur vitesse, etc. On peut les comparer à des fleuves d'air de différentes largeurs et longueurs, qui coulent tantôt avec lenteur, tantôt avec impétuosité, mais toujours plus rapidement vers le milieu de leur lit que vers les bords.

Si l'on connaît assez bien l'histoire des vents, nous ne sommes pas, à beaucoup près, aussi avancés dans ce qui a rapport à leurs causes, et jusqu'ici tout ce qu'on en a dit se borne à des conjectures plus ou moins plausibles.

Nous avons dit que les moussons sont des vents périodiques qui soufflent pendant six mois du même côté et pendant six autres mois du côté opposé. Il est remarquable qu'au nord de la ligne, dans toutes les mers d'Asie, depuis l'Afrique jusqu'aux Philippines, la mousson de l'est a lieu lorsque la mousson de l'ouest a lieu au sud, et que la mousson de l'ouest règne lorsque la mousson de l'est règne au sud, et que ces vents de moussons sont alors des brises fortes et constantes qui font faire beaucoup de chemin en peu de temps. Les moussons se manifestent dans cette vaste étendue de mer comprise entre les côtes orientales de l'Afrique du côté de l'ouest, les Philippines, les Mollusques et l'Océanie du côté de l'est.

Depuis le 10ᵉ degré de latitude australe jusque dans le voisinage de l'équateur, entre les îles de Java, de Sumatra et de Madagascar, il règne un vent de sud-est de mai en octobre et un vent de nord-ouest de novembre en mai. Au delà du 10ᵉ degré jusqu'au 30ᵉ degré de latitude australe, le vent de sud-est souffle toute l'année.

Entre les côtes d'Ajan, d'Arabie et celles de Malabar, et dans le golfe de Bengale jusqu'à l'équateur, il souffle, depuis le mois d'avril jusqu'au mois d'octobre, un vent de sud-ouest impétueux, accompagné de nuées fort épaisses, d'orages et de grosses grêles. Depuis le mois d'octobre jusqu'au mois d'avril, il y règne un vent moins violent que le précédent et accompagné d'un beau temps. Ces deux vents soufflent avec bien moins de violence dans le golfe de Bengale que dans la mer des Indes, quoique le nord-est soit très violent après les huit ou dix premiers jours du mois d'octobre sur la côte de Coromandel, à Masulipatan, à Paliacate, où il interrompt toute navigation. Les vents ne tiennent pas cependant la même route dans ces parages; mais ils soufflent obliquement, suivant la direction du contour des côtes. On remarque aussi que, dans les golfes profonds comme dans celui de Bengale, le vent qui souffle sur une côte est différent de celui qui souffle sur une autre.

On observe que le temps est sec à la côte de Coromandel lorsque le vent de sud-ouest souffle, c'est-à-dire depuis le mois d'avril jusqu'au mois d'octobre, et que lorsque le vent de nord-est règne, c'est-à-dire depuis le mois d'octobre jusqu'au mois d'avril, le temps est pluvieux. On remarque tout le contraire à la côte de Malabar.

Entre la côte de Zanguebar ou Zanzibar et l'île de Madagascar, il règne un vent de sud-est depuis octobre jusqu'en mai, et depuis mai jusqu'en octobre, il y règne un vent d'ouest et même de nord-ouest, qui, vers l'équateur, au delà de l'île de Madagascar, se change en vent de sud-ouest, lequel prend un peu du vent du sud. Lorsque ce vent commence à changer, il devient froid, on a de la pluie et de l'orage; les vents d'est sont toujours plus doux.

Entre les côtes de la Chine, Malaca, Sumatra, Bornéo et les îles Philippines, il règne, depuis avril jusqu'en octobre, un vent de sud-ouest déclinant un peu vers le sud, et depuis octobre jusqu'en avril, il souffle un vent de nord-est qui ne diffère pas beaucoup du vent de nord, et même ce vent devient nord et nord ouest entre les îles de Java, Timor, la Nouvelle-Hollande et la Nouvelle-Guinée, et, au lieu d'un vent de sud-ouest, il y souffle un vent de sud-est qui se change en nord-est par rapport aux golfes et aux courbures que forment Timor, Java, Sumatra et Malacca.

Les moussons se font encore sentir dans les mers du Japon, au nord des Philippines où l'on trouve une grande mer libre entre elles et les côtes de la Chine ; mais les Philippines étant fort élevées, elles arrêtent les vents de mousson, qui sont obligés de se fixer à ces îles sans pouvoir pénétrer plus loin.

Dans l'Océan occidental, c'est-à-dire entre l'Afrique et l'Amérique et dans la mer du sud, on n'observe rien de semblable entre les tropiques. Il ne règne, dans cet espace et même jusqu'à 28 ou 30 degrés de part et d'autre de l'équateur, que des vents réglés et constants, connus sous le nom de vents *alisés* qui viennent de la partie de l'est. Ces vents sont nord-est à peu près au nord de l'équateur, et à peu près sud-est au sud. Au reste, ces deux espèces de vents ne finissent pas précisément à l'équateur, particulièrement dans l'Océan occidental, et leurs limites sont sujettes à varier. Lorsque le soleil est dans l'hémisphère austral, le vent du sud-est s'étend jusqu'à 5 à 6 degrés au nord de l'équateur, et lorsque le soleil est dans l'hémisphère boréal, il s'étend jusqu'au 10e degré de latitude nord, et le vent de nord-est ne commence qu'à cette latitude. Mais alors ce que le vent du sud-est gagne du côté du nord, il le perd du côté du sud ; car il ne s'étend alors que jusqu'au 18 ou 19e degré de latitude australe, et jusqu'au 28 ou 30e degré, on ne trouve que des calmes et de petits vents qui sont très souvent nord est.

Il y a le coup de vent comme il y a le *coup de mer*. Ce dernier est le choc violent de la lame contre le vaisseau par un gros temps ; il est parfois fort dangereux, et l'on a vu un coup de mer enfoncer tout un plat bord. Le coup de vent n'est pas tout-à-fait la tempête, car il a moins de durée, et sa direction est déterminée et unique. Un coup de vent est toujours un fâcheux évènement à la mer, de quelque partie qu'on le reçoive, mais il est moins redoutable quand on l'a en poupe ou grand largue, parce qu'on fait sa route si on n'est pas proche de terre et qu'en fuyant devant le temps on se soustrait en partie à l'impulsion du vent et au choc de la mer, qui s'élève presque toujours par de grosses lames qui brisent en se déployant selon le cours du vent. Quelquefois les coups de vent prennent subitement par un grain, et ceux qui se déclarent ainsi ne sont pas ordinairement de longue durée, quoique très vifs ; d'autres fois ils se manifestent d'avance et de manière à se prévenir de plusieurs heures, d'un jour, de deux et trois. Dans ce cas, ils sont souvent de longue durée et violents, augmentant gradativement en soufflant par sautes de différents points de la boussole, ce qui est toujours l'inconvénient le plus dangereux d'une tempête, surtout quand la saute est complète de seize points ; souvent les coups de vent sont orageux.

Les tourbillons sont encore de graves accidents à la mer. Un tourbillon est le résultat d'une action de l'air agité en tournant sur lui-même, pendant qu'il s'avance en même temps avec une grande rapidité suivant une direction déterminée. Lorsqu'un tourbillon passe sur terre, il enlève la poussière et le sable en colonne et en forme quelquefois un nuage qui s'étend et obscurcit le soleil. Les tourbillons de cette espèce se voient fréquemment dans les déserts d'Arabie et quelquefois aux côtes de Malabare et de Coromandel. Si un tourbillon tombe sur des bois de haute futaie, des taillis ou des forêts, il renverse souvent les plus gros arbres, tord et rompt leurs branches dans un instant et fait un dégât épouvantable. S'il passe sur la mer, il soulève les eaux, en les faisant écumer et voler devant lui comme de la fumée qu'un vent ordinaire emporte ; très souvent il les enlève en trombe et en forme une pompe considérable qui est la source abondante d'un très grand nuage qui s'étend à mesure que l'eau monte en bouillonnant. Si on y fait attention, on remarque l'augmentation sensible de la grandeur, et de l'épaisseur du nuage formé par le tourbillon. On a vu jusqu'à dix ou douze de ces trombes formées par des tourbillons qui devenaient autant de nuages distincts d'où tombait ensuite une grande quantité de pluie d'eau douce, quoiqu'il n'y eût pas plus d'une demi-heure qu'elle fût pompée de la mer. Lorsqu'un vaisseau est atteint par un tourbillon, il perd ordinairement ses voiles et quelques-uns de ses mâts ou vergues, parce que le vent est si violent qu'il n'est pas de manœuvre si prompte qu'elle puisse y parer.

La tempête, la tourmente et l'ouragan sont trois variétés du même accident de mer. La tempête n'est souvent qu'une suite de coups de vent impétueux qui se déchaînent avec

plus ou moins de furie et ont une certaine durée. La tourmente est la tempête avec plus de violence; c'est un coup
de vent venant constamment du même côté avec des redou-
blements prolongés, des saccades, des raffales terribles et
souvent du tonnerre et des éclairs. L'ouragan est la tempête orageuse, pluvieuse et plus terrible encore que la tourmente par la force et la variété du vent qui change à tout
moment de direction. La mer en est bouleversée depuis sa
surface jusqu'en ses profondeurs; les navires sont soulevés et menacés d'être engloutis ou brisés; les mâts et les vagues craquent de toutes parts. On est plus particulièrement
exposé à cette furie des éléments déchaînés dans toutes les
mers des zônes brûlantes, entre les tropiques et peu au delà.
Les ouragans éclatent ordinairement aux reversements des
moussons et plus particulièrement aux approches des équinoxes qui sont toujours des temps à craindre pour les vaisseaux qui ne sont pas au large des terres; car si on est pris
d'un ouragan à l'ancre, il y a mille à parier contre un qu'on
n'y résistera pas; les plus gros vaisseaux périssent sur leurs
ancres, si les câbles ne rompent pas ou si les ancres ne chas-
sent point : ce qui est à peu près égal pour les équipages,
car il n'y a guère de salut pour eux au rivage. Si les vaisseaux vont au plein, la mer y brise avec tant de violence
qu'elle engoutit tout. On a vu de ces ouragans anéantir les
plus gros vaisseaux; en 1748, il y en eut un à la côte Coromandel qui fit périr, devant le fort Saint-David, le long de
la côte, plus de vingt vaisseaux anglais dont trois vaisseaux
de ligne, le *Namur*, le *Pimbroc* et un autre, sans qu'il se sau-
vât un homme; devant Pondichéry, trois vaisseaux de la
compagnie périrent aussi. En 1761, un autre ouragan passa
encore à Pondichéry, qui fit périr trois vaisseaux de guerre
qui faisaient le blocus de cette place, et l'année précédente,
en 1760, l'Ile-de-France (aujourd'hui île Maurice) en essuya un terrible qui mit douze vaisseaux de guerre au plein
dans le port, qui ravagea toute l'île et bouleversa toutes les
plantations; le vent était si violent qu'un homme ne pouvait se tenir debout quelques efforts qu'il fît.

Le grain de vent que le matelot appelle tout simplement
le *grain*, est une espèce de coup de vent qui ne fait que passer; il s'annonce presque toujours par un petit nuage que
l'on voit poindre à l'horison ou au-dessus, qui monte plus
ou moins vite selon la force du vent. A l'approche d'un
grain, il faut toujours serrer ou au moins amener les voiles
hautes et les huniers. Le grain change presque toujours la
direction du vent, et quelquefois il est le prélude d'un fort

coup de vent de plusieurs heures ; d'autres fois il est accompagné de pluie d'orage, et, au lieu de donner du vent, il produit du calme et des variétés dans le temps. Enfin, il y a des grains de toutes espèces, des grains secs et de calme, parce que ce ne sont que des nuages orageux qui passent sans pluie ni vent ; des grains de vent qui le font souffler avec force et qui sont souvent dangereux, quand on ne s'est pas précautionné contre eux ; des grains mouillés en calme ou vent, selon qu'ils font augmenter ou diminuer le vent et qu'ils sont accompagnés d'une pluie plus ou moins abondante. Le grain, en général, dénote un changement de temps et est très commun dans tous les parages où les vents changent de direction, comme entre les vents généraux et les vents alisés, entre ceux-ci et les vents de mousson et dans tous les temps où les moussons changent, etc. On dit qu'un grain est pesant, lorsqu'il vente avec force pendant sa durée, et, s'il est accompagné de pluie, il est pesant et pluvieux. On reconnaît un grain pesant à la vitesse avec laquelle il monte sur l'horison et s'approche, à l'impression qu'il fait sur la surface des eaux en les faisant blanchir et quelquefois aux tourbillons d'eau qu'il emporte en faisant voler la cîme des lames en une petite pluie entièrement fine. Le grain orageux est celui qui s'accompagne d'éclairs et de tonnerres.

Les trombes se forment sur la terre comme sur la mer. Il y a des trombes de vent et des trombes d'eau. Ces dernières se constituent et deviennent des vapeurs semblables à une grosse nuée très épaisse, qui descend en s'allongeant d'un gros nuage, ou qui monte de la même manière pour aller joindre un nuage supérieur qui a la forme d'une colonne cylindrique ou celle d'un cône renversé. De cette colonne qui se meut avec un bruit semblable à celui d'une mer agitée jaillissent des torrents d'eau, des grêlons, des éclairs, des éclats de tonnerre. Ordinairement elle s'avance sous l'impulsion d'un vent impétueux. Alors sur son passage elle inonde, renverse, brise tout : les arbres, les maisons, les mats, et elle submerge les vaisseaux. Aussi les marins qui savent tous le danger dont ils sont menacés, dès qu'ils aperçoivent une trombe, font-ils tout leur possible pour s'en éloigner, et s'ils ne croient pas en avoir le temps ils tâchent de la rompre à coups de canon avant qu'elle ait abordé leur navire.

Le phénomène est beaucoup plus rare sur terre que sur mer, dans les régions froides que dans les régions chaudes. Il a lieu assez généralement après des calmes et des grandes chaleurs. Les trombes sont plus ou moins volumineuses; on en a vu dont le diamètre avait plus de trois cents pieds; plus elles sont grandes plutôt elle se dissipent, rarement une trombe est une heure sans crever.

Lorsqu'une trombe qui s'est formée au-dessus de la mer s'approche lentement de sa surface, cette surface s'élève et semble faire effort pour la rencontrer.

Toutes les trombes ne viennent pas des nuages, il y en a qui s'élèvent au contraire de la surface des eaux pour se mettre en contact avec les nuages. On donne à celle-ci le nom de *trombes ascendantes*, et aux autres le nom de *trombes descendantes*. Dampierre observa une trombe ascendante, sur la côte de la Nouvelle-Guinée, et voici comment il raconte le fait dans la relation de ses voyages : « Nous avions un très beau temps et un bon vent, qui soufflait avec modération du sud-est à l'est par nord. Mais à la pointe du jour on commença à voir flotter des nuages, et il éclaira beaucoup à l'est-nord-est. Au lever du soleil, le ciel parut fort rouge à l'est près de l'horison, avec beaucoup de nuages noirs, tant à son sud qu'à son nord. Environ un quart-d'heure après le soleil levé, il vint sur nous une bouffée à contre-vent, et dans l'instant un de nos gens qui était sur le château d'avant cria qu'il apercevait quelque chose sur l'arrière, mais qu'il ne pouvait dire quoi. J'y jetai les yeux, et j'aperçus aussitôt une trombe qui se formait à moins d'un quart de mille de nous, précisément dans le vent. Nous étions alors directement sur sa ligne. Elle s'avança très rapidement, faisant monter l'eau en tourbillonnant, en forme d'un pilier de 5 ou 7 verges de haut. Cependant, comme je ne voyais aucun nuage suspendu au-dessus, d'où elle pût provenir, j'espérais qu'elle perdrait bientôt sa force. En 4 ou 5 minutes de temps, elle arriva près de nous, à la distance de la longueur d'un cable, et passa en longeant sous notre vent ; et je vis alors un long courant pâle qui descendait sur le tournant d'eau. Ce courant avait à peu près la largeur d'un arc-en-ciel; l'extrémité supérieure semblait d'une hauteur prodigieuse, et ne provenait d'aucun nuage obscur, ce qui me parut d'autant plus étrange que je n'avais jamais rien vu de semblable jusqu'alors. Elle passa à un mille environ de nous au-dessous du vent, et elle y creva. Ce n'était qu'une petite trombe, qui ne fut ni forte ni durable; cependant je reconnus qu'il s'y faisait un grand vent lorsqu'elle passa près de nous. »

Les trombes sont des phénomènes d'électricité. Le fluide électrique étant répandu dans les corps, chacun d'eux en contient la quantité qui lui est propre. Y a-t-il excès dans l'un, cela ne peut avoir lieu qu'aux dépens des corps environnants. Or, le fluide électrique, tendant comme tous les autres fluides à reprendre son équilibre, le corps qui a le plus cède à celui qui a le moins ; le corps où le fluide est en excès, est dit *électrisé positivement*, celui qui n'en a pas assez, est dit *électrisé négativement*. Ainsi se présentent les nuages, électrisés tantôt positivement, tantôt négativement. Un nuage qui est dans un état positif vient-il à se trouver à une distance convenable de la terre, il se déchargera sur les corps qui sont à sa surface, lesquels sont alors moins électriques que lui, du fluide surabondant qu'il possède ; il s'établira par conséquent du nuage vers la terre un courant de matière électrique qui entraînera avec elle les particules de vapeurs qui composent le nuage. Il résultera donc dans ce cas une trombe descendante. Si le nuage est dans un état négatif, ou est moins électrique que la partie de la terre au-dessus de laquelle il est suspendu, le fluide électrique que la terre a de trop l'abandonne pour se porter dans le nuage et rétablir l'équilibre, et emporte avec lui une quantité plus ou moins considérable de particules d'eau, si le nuage est suspendu au-dessus de la surface d'une eau qui ait de l'étendue ; en sorte que c'est une trombe ascendante qui a lieu alors.

Il est évident que plus le nuage est fortement électrisé en plus ou en moins, plus le courant de fluide électrique est rapide, et plus par conséquent le bruit et l'espèce de fumée qui accompagnent ce météore, ainsi que son action sur tout ce qu'il rencontre, sont considérables.

La figure ordinairement conique que prend la trombe s'explique tout naturellement. Les rayons de fluide électrique, partant d'un corps électrique, sont d'abord divergents ; mais à l'approche d'un corps non électrique, ils deviennent convergents ; et la même chose doit arriver aux particules qu'ils entraînent avec eux, soit lorsqu'ils partent du nuage, soit lorsqu'ils partent de la surface des eaux.

Le *siphon* est une des variétés de la trombe. Alors l'eau de la mer s'élève en manière de colonne, à la hauteur de cent brasses, en tournant spiralement sur une étendue diamètrale de huit à dix mètres, comme si elle montait par un siphon, ou était engagée dans la vis d'Archimède. On remarque d'abord en l'air une petite nuée de la grosseur du poing. Elle vient du côté du sud au cap de Bonne-Espérance, aux côtes de Barbarie, et aux plages orientales de l'Amérique. Les mariniers l'appellent dragon, ou grain de vent; les levantins, tiphon ou siphon; et ceux qui naviguent dans les mers d'Amérique, puchot. On l'appelle encore pompe de mer. Du temps de Pline, les matelots versaient du vinaigre pour apaiser ce tourbillon quand il approchait. Aujourd'hui, ils croient le repousser en ferraillant et en escrimant sur le tillac avec grand bruit.

Le calme lorsqu'il est absolu est encore un des dangers de la mer; du moment que tout vent a cessé, les voiles tombent à plat sur leurs mats. On éprouve alors ce qu'on appelle un calme plat. Souvent un calme plat en suspendant trop longtemps le cours d'une navigation a fait périr les équipages par la famine. C'est dans de si fatales circonstances que l'on a vu sur un bord les marins tirer au sort pour savoir celui qui serait mangé. C'est aussi pendant un calme plat que se produit l'horrible *caloriture*, dont furent victimes les infortunés naufragés de la Méduse. Dans cette affreuse situation, qui ne se produit heureusement que sous les ardeurs d'un soleil brûlant, l'homme en proie à une fièvre délirante et furieuse est dupe d'un mirage perfide. Souvent la faim le consume en même temps que la soif le dévore, et il croit voir à la place des flots de riantes et vertes prairies, des arbres chargés de fruits délicieux, il ne peut résister à cet attrait et il se précipite dans les flots qui l'engloutissent.

Le vent, après une certaine violence, peut cesser tout-à-coup et la mer être encore longtemps grosse et élevée; alors les navires fatiguent beaucoup. C'est là un calme agité; dans le calme plat, au contraire, la lame a tombé et la mer est unie. La navigation à la vapeur redoute peu les calmes plats, mais pour tous les navires qui n'ont d'autre moteur que la force du vent, le calme peut être aussi dangereux que la plus violente tempête. Un bâtiment, longtemps en calme, consomme ses provisions d'eau et de vivres, et peut se trouver réduit à la plus triste extrêmité. L'air, n'étant plus renouvelé par les courants qu'occasione le vent, se corrompt et cause des maladies funestes, entre lesquelles le scorbut n'est pas une des moins terribles. L'ennui s'empare de tout le monde et ajoute encore au mal. Si c'est un endroit où le mouillage soit impossible, les courants qui règnent presque partout entraînent le navire loin de sa route ou l'attirent sur des écueils. Le péril est des plus éminents et souvent il est inévitable lorsqu'un bâtiment est pris de calme près d'une côte où portent les courants et où, en raison de la grande profondeur, il n'y a pas moyen de jeter l'ancre, comme cela arrive sur les côtes de la Norwége, sur quelques points des côtes de l'Espagne, dans le golfe de Gascogne et dans la Méditerranée. Si le calme surprend un navire dans un chenal, c'est-à-dire dans le seul passage qui lui soit ouvert entre des bancs de sables, des roches, des îles, et que ce passage soit long et profond, il n'y a plus à attendre aucune espèce de salut. Le baromètre nautique peut être d'une grande utilité dans ces circonstances pour indiquer quand il faut s'éloigner de la terre et quand on peut la rallier sans risques. Certains parages sont sujets à des calmes fréquents et de longue durée. Dans une assez vaste étendue de mer, près de l'équateur, entre l'Afrique et l'Amérique, mais plus près de l'Afrique, le temps se partage entre le calme et l'orage. Plusieurs routiers indiquent des calmes habituels sur la route du cap Negro, au lieu nommé *Angra da negro* (Port des nègres), à la côte occidentale d'Afrique, par les 15° et 16° de latitude sud. Dans plusieurs de ces endroits, le calme est à craindre à cause des courants auxquels il vous livre ; dans d'autres, la mer est aussi immobile que l'air, et le vaisseau y est comme à l'ancre.

Si un bâtiment passe sous une terre haute et de dessus laquelle vient le vent, il peut tout-à-coup s'y trouver en calme et être exposé à périr par l'effet des courants, à moins que la hauteur de ses mâts ne le mette à même de recevoir encore le vent par ses voiles les plus hautes. Quelquefois en approchant jusqu'à un certain point d'une terre haute avec un vent qui y porte, on se trouve subitement en calme ; c'est qu'alors il y a conflit entre l'air qui chasse vers la côte et celui qui l'entoure et s'appuie contre elle. Dans ce cas, un navire court encore de plus grands dangers.

Si, pour sortir d'un port, d'une rade, le vent est à peine favorable, s'il est faible, si les accessoires du temps donnent lieu de craindre des alternatives de calme, si l'on doit passer sous des terres hautes qui peuvent en produire ou détourner le vent de manière à le rendre contraire à la route, si l'on est informé qu'il l'est au-dehors, malgré l'apparence du dedans, la prudence exigera que l'on attende des circonstances plus propices. Dans de telles conjonctures, il n'y a que les vapeurs qui puissent sortir sans rien abandonner au hasard.

C'est lorsqu'il y a incertitude, que l'on sent tout le prix de l'utile et ingénieuse invention du baromètre. Un convoi, une escadre sont encore en rade, le temps paraît devenu à peu près favorable, partiront-ils ? Non, car le baromètre annonce que cette apparence flatteuse va bientôt faire place à du calme, ou à des temps affreux et tout-à-fait contraires. Qu'elle les laisse passer, elle arrivera plutôt en partant un peu plus tard et ne risquera pas de périr ou d'être la proie de l'ennemi après avoir été maltraitée et dispersée par la tempête.

Dans plusieurs parages, le calme subit qui termine un coup de vent lorsqu'il était encore dans sa force, annonce un changement soudain de la direction du vent, ou, comme disent les marins, *une saute de vent*. Dans les parages septentrionaux de l'Europe, s'il survient un tel calme, lorsqu'on éprouve un coup de vent du sud, du sud-ouest ou des environs, on doit s'attendre à voir le vent sauter au nord-ouest ou à peu près, ce qui est toujours annoncé par une ascension plus ou moins grande du mercure dans le vide du baromètre. Plus cette ascension est grande, et moins ce nouveau coup de vent est fort; plus elle est rapide, et plutôt il cesse. Mais si après avoir ainsi monté avec rapidité, le baromètre ne continue pas à monter lentement; s'il s'arrete tout-à-coup, on doit s'attendre à le voir bientôt redescendre et le coup de vent recommencer du nord ou environ, s'il descend peu, du sud ou environ, s'il redescend beaucoup.

L'état de l'air et de l'eau se caractérise par diverses désignations qui toutes se rapportent au *temps*, pris dans le sens de constitution atmosphérique. Le *gros* temps est un temps où l'on est forcé de prendre les ris aux huniers; la mer est alors grosse et agitée. Le gros temps donne souvent de la pluie par grains et du vent plus fort, mais jamais de tempête décidée. *Grand* temps, c'est un temps favorable qui conduit à route avec force par un temps fait et nourri. Temps *embrumé*, l'air est chargé de petits brouillards qui bornent la vue à une certaine distance. Cependant on peut encore distinguer les objets à une lieue. Le temps *affiné* est celui qui s'est éclairci. Le temps est *embrouillé*, lorsqu'il se charge de vapeurs et qu'il s'épaissit par des brumailles. Le temps *orageux*, c'est un temps chaud dont l'air est chargé et pesant, étant rempli de matières propres à produire les éclairs et le tonnerre. Il fait souvent de la pluie et du vent par grains, lorsque le temps est orageux. Le temps *à perroquets* est un temps de vent fait, qui souffle médiocrement et donne la plus grande vitesse au vaisseau en lui permettant de porter toutes voiles hautes. Ce temps est clair et des plus gracieux pour la navigation. Le temps *sombre et couvert* ou temps *bas* est un temps pendant lequel le soleil est presque toujours caché par les nuages qui se trouvent à une petite distance de terre. Le temps *doux* est un temps à petit vent faible, ni trop chaud ni trop frais, pendant lequel le soleil ne se montre pas dans toute sa force. Le temps *clair* ou temps *fin* est un temps dégagé de toutes matières hétérogènes, de sorte que la vue s'étend aussi loin qu'il est possible. Le temps *fait* est un temps de vent égal et soutenu avec apparence de continuation. Le temps *nourri* est un temps fait, mais plus chargé et le vent plus fort avec une apparence décidée de continuation.

Le temps que dure un vent fait est ce qu'on appelle une *nuaison*. Lorsque, par exemple, en Europe, on voit le vent se ranger au nord et au nord-est en *beauture*, c'est-à-dire avec apparence de beau temps durable, on dit que la nuaison du nord commence, parce qu'ordinairement on voit le vent souffler de cette partie pendant plusieurs jours de suite. On l'a vu s'y tenir un mois, deux et trois; mais rarement les nuaisons sont-elles de plus de quinze à vingt jours.

Une augmentation soudaine de la force du vent, s'élevant par bouffée et durant quelques minutes sans trop grande agitation de l'air, soit avant, soit après, est ce qu'on nomme une *rafale*. En pleine mer, les rafales sont occasionées par de petits nuages qui passent avec rapidité, sans être cependant dans le cas de compromettre un vaisseau. Le long des côtes élevées et montagneuses, on reçoit des rafales en passant vis-à-vis les coulées et les gorges des montagnes, parce que le vent s'y trouvant resserré et arrêté aux environs par l'élévation des montagnes, débouche et sort avec force par les intervalles; ainsi, lorsqu'un vaisseau file le long d'une côte où les rafales se font sentir, on tient toujours les drisses des perroquets et des huniers à la main pour les riser à la rafale et même les carguer, si elle est trop forte.

La *bourrasque* est une rafale exagérée; c'est un grain de vent subit et violent mais de peu de durée. Si une bourrasque surprend un bâtiment couvert de ses voiles, le moins qu'il ait à craindre, c'est qu'elles soient emportées, ou s'il est fort de côté, que sa mâture vienne à bas. S'il ne l'est pas il peut chavirer par l'effet du grain, et alors il n'y a pas de salut pour personne. L'observation du baromètre nautique est des plus utiles, quand on veut se prémunir contre de si redoutables accidents.

La *brise* est un vent modéré qui rafraîchit l'air et frise la surface de l'eau. Elle a lieu périodiquement pendant un certain nombre de jours et à des heures assez réglées. Tantôt la brise vient de terre et tantôt de la mer. Dans le premier cas, elle se nomme *brise de terre* ; dans le second, *brise du large*. Quelquefois aussi elle souffle d'un point de l'horizon qui ne peut se rapporter ni à la terre, ni au large ; alors on la désigne par son point d'origine. Ainsi l'on dit la brise de l'*ouest*, du *sud*, etc. Lorsque la brise manque au milieu des roches, on est souvent obligé d'y mouiller, bien que le navire soit exposé à y être horriblement fatigué par les brisans. Ces derniers sont à la fois à la mer une occasion de salut et un danger ; les brisans sont des vagues qui se forment et se grossissent par l'effet du choc de la mer contre les côtes, les rochers ou des bancs de sables très élevés. En ce sens, les brisans peuvent être utiles, car ils avertissent de la presence du danger ; ils peuvent l'être encore en écartant le bâtiment de ce même danger par le mouvement rétrograde qui lui est imprimé par leur choc. Mais les brisans sont à craindre, surtout pour les petits navires qu'ils tourmentent beaucoup. Ils empêchent tous les bâtiments de gouverner, en amortissant leur air. Ils peuvent rendre impraticable l'entrée d'une baie, d'une rade, d'un port, l'abord d'une côte ; enfin la levée qu'ils donnent aux bâtiments leur rend périlleux le passage sur des hauts-fonds, où, sans cette circonstance, ils auraient eu assez d'eau.

Souvent la brise de terre alterne avec celle du large ; dans les intervalles de l'une à l'autre, il est assez ordinaire qu'il y ait un petit calme. La brise dont il est ici question est un vent tout pacifique ; mais il est une autre brise qui l'est moins, celle-là a reçu le nom de brise *carabinée*. Elle souffle avec une telle violence qu'elle peut être dangereuse aux petits bâtiments et, au moins, incommode aux grands. Lorsqu'elle s'élève, ils ne peuvent porter que les basses voiles, tous les ris pris dans les huniers. Les brises de terre ou de mer passent ordinairement à cet état de violence lorsque leur durée se prolonge au delà du terme ordinaire. Il serait sans doute très avantageux de pouvoir prédire ces brises avec excès de force ; le baromètre nautique offrira peut-être un jour le moyen certain de les annoncer. Les brises ordinaires manquent quelquefois ; d'autres fois elles sont avancées ou retardées ; il serait important de connaître d'avance ce qu'il en sera. Ici encore c'est le baromètre nautique qui doit tout prévoir.

Un vent *frais*, c'est un vent médiocre qui tient les voiles tendues et qui permet de porter tout ce qu'il est possible d'avoir de voilure. *Bon frais*, c'est le plus favorable de tous les vents ; on ne porte pas de perroquets volants, ni de bonnettes de perroquet d'un bon frais, mais on peut avoir toutes les autres voiles, de sorte que c'est par un bon frais qu'on peut faire le plus de chemin et courir avec la plus grande vitesse. *Petit frais* est entre le calme et le vent frais; et grand frais est un vent qui commence à forcer, qui oblige de serrer les voiles hautes, qui ne permet que de porter les quatre voiles majeures, une voile d'étai de hune, le grand foc et le perroquet de fougue; le *grand frais,* tous les ris dans les huniers, est un vent forcé qui fait rester sous les quatre voiles majeures tous les ris pris. Brise est fraîche, c'est-à-dire qu'elle est passablement forte; on peut aussi entendre par là qu'il fait froid. Par cette expression *le vent fraîchit*, on veut toujours dire que la force des vents augmente n'importe leur direction; et lorsqu'on parle d'une *fraîcheur* qui s'est élevée, on qualifie ainsi une petite brise qui commence doucement et qui fait rider la surface des eaux auparavant unie par l'immobilité du calme. On voit d'après tout ce qui vient d'être dit que le vent n'est autre chose que l'air.

Son mouvement trop impétueux ou trop déréglé ou son entière cessation sont des périls pour le marin. L'air étant un fluide très délié, les voiles dans lesquelles on le reçoit doivent être d'une toile assez serrée pour qu'il n'en passe au travers que le moins possible; car tout ce qui passe au travers est autant de perdu pour la vitesse du navire. On évite cette perte en mouillant les voiles pour les resserrer. Un navire sur lequel ce moteur a le plus de puissance est dit avoir de *l'air*, et par extension on caractérise de la même manière la vitesse d'un canot, quoique pour le manœuvrer on ne se serve que de l'aviron. Donner de l'air à un bâtiment sous voile, c'est le faire arriver du plus près où il navigue; c'est exposer en plein toute sa voilure à la force du vent; on a dit aussi donner de *l'air* ou de *l'erre*. Dans le sens du premier mot, cela signifie dévorer l'espace ou la superficie; dans le sens du second, c'est marquer fortement la trace; en effet, plus un vaisseau va vite, plus la trace qu'il laisse après lui est sensible. On a adopté ces trois mots, mais généralement le mot *air* a été adopté. Un bâtiment conserve son air quoique la cause de son mouvement ait cessé, ce qui provient de sa force d'inertie qui, comme on le sait est en raison de sa masse.

La direction se marque par son *air* ou son *aire*, car l'un et l'autre se disent, et peut-être est-il plus juste de dire *aire* de vent qu'*air* de vent; car, de quoi s'agit-il? d'une des 32 divisions fictives de la rose des vents, c'est-à-dire de l'intervalle de 11° 15′ dans lequel souffle le vent qu'on veut désigner. Ce qu'on se propose d'indiquer, c'est un espace contenant les limites de la direction des vents plutôt que cette direction elle-même ; or, dans ce cas, le mot *aire* est plus convenable que celui d'air consacré par l'usage ; ce qui le prouve, ce sont ces expressions journalières des marins : le vent soufflait de *l'est* et *l'est* un *quart nord-est*, du *sud* et *sud* un *quart-sud-est*, pour dire d'un point ou de l'autre de l'espace compris entre les deux points désignés précisément par ces expressions. Ces expressions sont même souvent plus généralisées : on dit du nord-est au nord-nord-est, du sud au sud-sud-ouest, etc. Ces manières de parler reviennent sans cesse dans toutes les relations de voyages. Le mot *aire* a donc aussi une étymologie, on sait ce qu'il signifiait dans son origine, ce qui n'a pas lieu pour le mot *air* pris dans cette acception ; or, comme l'a dit Desmarais : une bonne étymologie est souvent la meilleure de toutes les définitions. Maintenant on voudra savoir ce qu'on entend par rose des vents. La rose des vents se compose des divisions tracées sur le cercle de carton qui est placé sous l'aiguille aimantée dans la boussole ou compas de route. Ce cercle se divise en 32 parties égales par des rayons qu'on nomme rhumbs ou airs de vent, bien qu'on donne aussi ce nom aux quantités angulaires comprises entre ces rayons. Le nord est indiqué par une fleur de lys ; et le diamètre qui passe par ce point est supposé représenter la méridienne, qu'on appelle aussi la *ligne nord* et *sud* de la boussole. A 90° de part et d'autre des extrémités de cette ligne sont les points d'est et d'ouest. Le diamètre qui joint ces deux-ci s'appelle la *ligne est* et *ouest*.

Ces quatre points, nord, sud, est et ouest, partagent donc l'horizon en quatre parties égales : on les nomme les *points* ou les *vents cardinaux*, parce qu'ils communiquent leurs noms à tous les autres vents.

On subdivise chaque quart de l'horizon en deux parties égales, et le rayon ou l'air de vent qui part de chacune de ces nouvelles divisions prend un nom composé de ceux des deux points cardinaux entre lesquels il se trouve, et dans lequel on nomme le premier celui qui appartient à la ligne nord et sud. Ainsi, pour nommer le milieu entre le sud et l'est, on dira *sud-est*, et non pas est-sud. On appellera de même *nord-ouest*, celui qui tient le milieu entre le nord et l'ouest.

On partage chacun de ces airs de vent en deux parties égales, et l'on donne à chacun un nom composé de deux entre lesquels il se trouve, en nommant toujours le premier celui des quatre points cardinaux dont il est le plus voisin.

Ainsi celui qui tient le milieu entre l'est et le nord-est, s'appellera est-nord-est. Celui qui tient le milieu entre le nord et le nord-ouest, s'appellera nord-nord-ouest.

Enfin, pour avoir les 32 airs du vent, on subdivise ces derniers, chacun en deux autres, et pour former le nom de chacun on emprunte ceux des deux des huit premiers airs de vent, entre lesquels il tombe, en mettant toujours le premier celui dont il est le plus voisin; mais on sépare ces deux noms par le mot quart: pour annoncer, par exemple, l'air de vent qui tient le milieu entre le nord-est et le nord-nord-est, on dit *nord-est quart de nord* et l'on écrit N.-E. $\frac{1}{4}$ N. Voici la liste des 32 rhumbs ou airs de vent avec la manière de les écrire par abréviation et celle de les prononcer conformément à l'usage.

RHUMB.	ABRÉGÉ.	PRONONCIATION.
1. Nord.	N.	Nord.
2. Nord quart nord-est.	N. $\frac{1}{4}$ N. E.	Nord quart nordé.
3. Nord nord-est.	N. N. E.	Nord nordé.
4. Nord-est quart de nord.	N. E. $\frac{1}{4}$ N.	Nordé quart de nord.
5. Nord-est.	N. E.	Nordé.
6. Nord-est quart d'est.	N. E. $\frac{1}{4}$ E.	Nordé quart d'est.
7. Est nord-est.	E. N. E.	Est nordé.
8. Est quart de nord-est.	E. $\frac{1}{4}$ N. E.	Est quart nordé.
9. Est.	E.	Est.
10. Est quart-sud-est.	E. $\frac{1}{4}$ S. E.	Est quart su'est.
11. Est sud-est.	E. S. E.	Est su'est.
12. Sud-est quart d'est.	S. E. $\frac{1}{4}$ E.	Su'est quart d'est.
13. Sud-est.	S. E.	Su'est.
14. Sud-est quart de sud.	S. E. $\frac{1}{4}$ S.	Su'est quart de sud.
15. Sud sud-est.	S. S. E.	Sud su'est.
16. Sud quart-sud-est.	S. $\frac{1}{4}$ S. E.	Sud quart su'est.
17. Sud.	S.	Sud.
18. Sud quart-sud-ouest.	S. $\frac{1}{4}$ S. O.	Sud quart surois.
19. Sud sud-ouest.	S. S. O.	Sud surois.
20. Sud-ouest quart de sud.	S. O. $\frac{1}{4}$ S.	Surois quart-sud.
21. Sud-ouest.	S. O.	Surois ou sorois.
22. Sud-ouest quart d'ouest.	S. O. $\frac{1}{4}$ O.	Surois quart d'ouest
23. Ouest sud-ouest.	O. S. O.	Ouest surois.
24. Ouest quart-sud-ouest.	O. $\frac{1}{4}$ S. O.	Ouest quart surois.
25. Ouest.	O	Ouest.

4

26. Ouest quart nord-ouest.	O. $\frac{1}{4}$ N. O.	Ouest quart norois.
27. Ouest nord-ouest.	O. N. O.	Ouest norois.
28. Nord - ouest quart d'ouest.	N. O. $\frac{1}{4}$ O.	Norois quart d'ouest.
29. Nord-ouest.	N. O.	Norois.
30. Nord-ouest quart de nord.	N. O. $\frac{1}{4}$ N.	Norois quart de nord.
31. Nord nord-ouest.	N. N. O.	Nord norois.
32. Nord quart nord-ouest.	N. $\frac{1}{4}$ N. O.	Nord quart norois.

Une prononciation plus rigoureusement française d'après l'orthographe n'annoncerait pas un homme de mer.

On met le cap, c'est-à-dire le trait vertical que l'on voit en dedans de l'espèce de cuvette où est renfermée la rose du compas de route à celui de ces rhumbs où il faut gouverner. Ce trait est vers l'avant du vaisseau ; il se trouve avec le pivot sur lequel tourne cette rose, dans une droite parallèle au grand axe du bâtiment. Il détermine l'air de vent de la route sur la rose et en même temps où est le cap ; ou ce qui revient au même, de quel côté se dirige l'avant du vaisseau.

Les accidents du fond de la mer sont les bancs, les écueils, les récifs, les bas-fonds. Il y a des bancs de coquillages, des bancs de sable, des bancs de corail. Un banc est une espèce d'île sous l'eau qui ne tient à rien en apparence, puisqu'on perd le fond à peu de distance de ses açores ou limites sensibles. Les bancs sont, par conséquent, des élévations d'une certaine étendue sur lesquelles il y a moins de fond que partout ailleurs. Ainsi il y a des bancs plus ou moins submergés : les uns sont à fleur d'eau, d'autres à cent et deux cents brasses, plus ou moins. La qualité du fond est aussi très différente ; les uns offrent un fond de sable, de vase, de coquillage, de gravier et de pierre, quelquefois mêlés ; d'autres présentent autant d'inégalités dans le fond du sol que dans leur profondeur, qui varie continuellement, etc. ; de sorte qu'il y a des bancs fort dangereux et qu'on ne peut trop éviter. D'autres servent beaucoup, parce qu'ils redressent les erreurs de la route quand on peut sonder dessus, leur position étant bien connue par rapport à la longitude ; d'autres, comme le banc de Terre-Neuve, ou grand-banc, servent à des pêches abondantes.

Il y a aussi des bancs de glace si étendus dans certains parages que souvent ils barrent toute une côte, un bras de mer, un détroit, l'embouchure d'un fleuve. Ces bancs, s'élevant au-dessus des flots, sont ce qu'on nomme des *banquises*. Ce sont des amas de grosses glaces que ceux qui naviguent dans le nord trouvent souvent au large, et qui présentent des masses si considérables qu'elles ferment le passage pendant des semaines et pendant des mois entiers. Il n'est pas rare de rencontrer la banquise à quatre-vingts lieues de la côte de Terre-Neuve. Quand, dans la navigation par ces parages, la banquise commence à laisser des jours, c'est-à-dire des *clarières* et qu'on espère pouvoir passer, on donne dedans au point du jour, et l'on s'avance plusieurs vaisseaux de conserve, afin d'être à même de s'entre-secourir en cas de malheur. Si, à l'heure de midi, il n'y a pas apparence que l'on puisse continuer à naviguer ainsi dans les glaces, on vire de bord pour en être dehors avant la nuit et recommencer ensuite d'autres tentatives. Cette navigation est très dure et vous met dans le cas de manœuvrer sans cesse ; ce qui en diminue cependant le danger, c'est que la mer, dans la banquise, est toujours assez belle ; d'ailleurs les Terre-Neuviens, pour la pêche à terre, ont toujours des équipages considérables, et, en général, ils sont excellents manœuvriers.

La banquise permet le passage aux bateaux longtemps avant que les vaisseaux puissent avoir le même avantage ; et comme il y a beaucoup de choix dans les différents havres où on peut faire des établissements de pêche, et que les premiers bateaux arrivés choisissent successivement ce qu'il y a de mieux pour les vaisseaux dont ils sont détachés, chaque bâtiment s'empresse d'envoyer le sien, où l'on embarque un officier intelligent et quinze hommes d'élite : il est défendu d'expédier son bateau avant d'avoir connaissance de terre ; mais la plupart du temps on élude cette défense, en feignant de prendre pour la terre quelque nuage à l'horizon. On arme et on équipe bien le bateau. Lorsqu'il se trouve barré par la banquise, on cherche une glace plate ; on y enfonce à coups de masse une cheville de trois ou quatre pieds, environ à deux longueurs du bateau ; on le met sur cul, au moyen du lest ; on frappe une cayonne sur la cheville, et à une ceinture dont on entoure le bateau, et on le hale, par ce moyen, sur la glace ; on s'y établit ; on y étend un peu de lest, sur lequel on fait du feu et bouillir la chaudière ; on se tente dans le bateau avec ses voiles, et on se tient-là jusqu'à ce que le passage s'ouvre. On y a quelquefois la guerre à faire à des ours blancs monstrueux, qui ont été emportés sur des glaces. Voici ce que dit un voyageur qui assista au passage de la banquise : « Nous en tuâmes un, dont une des pattes avait treize pouces et demi de largeur, sans compter ce que l'on appelle les manchettes, ou le long poil qui les environne ; il pesait sûrement dix quintaux ; on lui avait tiré quinze coups de fusil au corps avant qu'il tombât : un bon tireur l'ajusta, enfin, au chignon ; sans cela, je doute que nous en fussions venus à bout. »

Les écueils sont des rochers sous l'eau ; les raffats sont une bande de rochers ou de coraux à fleur d'eau, sur lesquels la mer brise sans cesse plus ou moins, selon l'élévation de la mer et la force du vent.

Ours blanc des mers glaciales.

Vaisseaux au milieu des glaces.

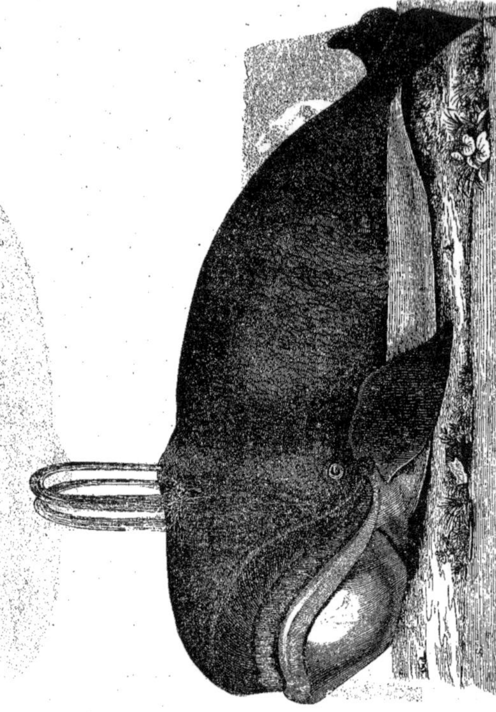

LA MER

ET LES MARINS.

PREMIÈRE PARTIE.

Les mers glaciales.

Nous avons esquissé les aspects variés que la brise, le vent, la tempête et le calme impriment à l'Océan ; nous avons décrit les accidents du fond et ceux de la surface ; nous allons maintenant aborder un autre ordre de faits. Nous avons déjà parlé de cette réunion de glaces flottantes qui forment ce qu'on appelle une *banquise*, enceinte mobile dans laquelle les navires sont aussi tranquilles que dans un bassin, tandis qu'en dehors de cette barrière, contre laquelle elles se heurtent sans cesse, la houle et les vagues sont plus fortes et plus dangereuses. Le vent, au contraire, perd sa force à mesure qu'on approche des glaces élevées, parce que vraisemblablement les molécules de l'air qu'elles condensent par leur froid contact retournent vers le large où l'atmosphère est dilaté, et combattent ainsi le mouvement imprimé à la masse de l'air. On a cru longtemps, bien qu'il soit facile de s'en assurer par l'expérience directe, que l'eau de la mer ne gelait point. On a prétendu que par de hautes latitudes la mer ne gelait que près des côtes, jusqu'à 20 ou 30 lieues de terre au plus, parce qu'entre la terre et cette limite la salure était considérablement affaiblie par l'énorme quantité d'eau douce qu'y versent les fleuves. On a même soutenu que les montagnes et les plaines de glace étaient amenés par ces fleuves, et qu'au delà de ces agglomérations existe une mer libre où l'on ne rencontre plus que quelques glaçons isolés et flottant au gré des vents et des marées.

D'après ces suppositions, on a fait des tentatives pour trouver un passage par le nord de l'Océan atlantique dans la Mer pacifique. Dans la persuasion que la mer ne peut geler que près des côtes, on a toujours espéré franchir ou éviter l'obstacle des glaces et entrer enfin dans des eaux navigables. Des navigateurs se sont vantés d'avoir réussi dans cette périlleuse entreprise. Les Russes ont soutenu qu'au nord de la Sibérie et au nord et au nord-est de la Nouvelle-Zemble il y a une grande mer ouverte et libre de glaces. Les Hollandais affirment que plusieurs fois leurs vaisseaux sont allés sous le pôle et même au delà sans y trouver de glaces.

Mais d'autres navigateurs, dont le témoignage est irrécusable, rapportent n'avoir rencontré qu'une infranchissable barrière. Le capitaine Wood, cherchant, en 1676, un passage par le nord-est, trouva toute la mer, entre le Spitzberg et la Nouvelle-Zemble, formant une glace immense et fixe qui tenait à ces deux terres. Le Hollandais Zorg-Drager, qui fréquenta plus de trente ans les mers du Groenland, du Spitzberg, de la Nouvelle-Zemble, dit, dans une relation qu'il a faite de la pêche de la baleine, que, pendant l'hiver et surtout pendant les hivers rigoureux, la mer est entièrement glacée jusqu'à 25 degrés du pôle, et que lorsqu'il est arrivé dans ces parages plutôt que de coutume il a trouvé l'île de Jean Mayen, Spitzbergen, Bear-islands, la Nouvelle-Zemble, etc., complètement enfermées dans une vaste croûte de glace. Ailleurs il dit : « Dans les hivers rudes, toute la mer est solidement glacée jusqu'à la latitude de 73°; elle l'est aussi sur les côtes du vieux Groenland, jusqu'à 70°; entre le Groenland et l'Islande, jusqu'à 68°; du côté de la Nouvelle-Zemble, la glace s'étend au delà du détroit de Waigatz et, selon toute apparence, jusqu'à la Mer Blanche et au cap Nord... »

Mille fois les navigateurs, les marins et les habitants des

côtes avaient remarqué que, par un froid très intense, l'eau de la mer se gelait quoique moins facilement que l'eau douce, que les physiciens étaient encore dans le doute à cet égard. Il fallut, pour leur donner quelque certitude, que le fait fût bien constaté par ce même Zorg-Drager. On lit, dans sa relation, que le 22 mai 1701, étant à la pêche de la baleine, à une très grande distance de toutes terres, la mer se glaça autour de lui à perte de vue, dans l'espace d'une nuit ; la glace était assez forte pour que son équipage se promenât dessus sans danger.

Ce navigateur, d'un sens droit et d'une expérience consommée, s'exprimait ainsi au sujet du passage à la Mer pacifique par le nord : « Ce passage n'est pas praticable une fois en cinquante ans, parce que, dans ces régions polaires, il gèle souvent jusqu'au mois de juin, et que les gelées d'automne commencent avant la fin d'août. Il ne cesserait d'être impossible qu'après un hiver fort doux et pendant un été extraordinairement chaud. Mais dans la pratique on n'aura jamais une route constante et régulière par là à la Chine et au Japon. »

Le capitaine Jacob Jaussen, dans un voyage au nord en 1769, se trouva enfermé dans les glaces vers le 73ᵉ degré de latitude, depuis le 21 juillet jusqu'au 21 novembre, c'est-à-dire pendant quatre mois pleins. Durant cette période, la mer se gela et dégela plusieurs fois lorsqu'il y eut des calmes. Emporté de côté et d'autre par le champ de glace qui l'entourait, ce navigateur ne vit jamais la terre qu'une fois, et cela à la distance de quinze lieues. Cette terre était Gail Hamkeslandt, partie du Spitzberg.

Dans le voyage que les capitaines Phipps et Lutwige firent en 1773, par ordre du gouvernement anglais, pour déterminer jusqu'où la navigation est praticable du côté du pôle boréal, ils trouvèrent toute la mer, entre le Groenland et le Spitzberg, fermée par une immense plaine de glace fixe, par la latitude de 80 à 81 degrés, et jamais ils ne purent aller au delà de 80° 48' de latitude.

Dans son second voyage autour du monde, le capitaine Cook rencontra des glaces dès le 50ᵉ degré de latitude australe et ne put s'élever au delà de 67° 15' de latitude ; dans ses premières recherches du continent austral et dans celles qu'il fit un an après, il ne put d'abord passer 67° 20', et ne s'éleva ensuite que jusqu'à 70° 10'. Tantôt il était arrêté par des multitudes de glaces si serrées qu'elles lui fermaient entièrement le passage, tantôt par des plaines immenses de glace fixes et continues.

Il est aujourd'hui hors de doute que ces glaçons énormes, ces montagnes, ces plaines immenses de glaces qu'on rencontre dans les hautes latitudes, proviennent de la mer même que la rigueur du froid fait geler. Cette conclusion paraîtra d'autant plus fondée que l'on sait que plus l'eau est pure, plus elle se glace facilement, et que, dans les zones glaciales, l'eau de la mer est bien moins chargée de sel que partout ailleurs. Si à cette circonstance on joint celle des froids presque incroyables qui s'y font sentir, certainement on ne devra pas être surpris que la mer, éprouvant pendant six mois des froids si rigoureux, se gèle, tranquille ou agitée, même jusqu'à une grande profondeur.

Des glaces éternelles couvrent la mer aux pôles et aux environs, jusqu'à une distance plus ou moins considérable. On imagine bien que ces glaces sont sujettes à des changements infinis, qu'il leur arrive de se rompre, de se disperser et quelquefois de laisser libre une certaine étendue de mer, étant chassées par les vents. Aussi des navigateurs ont-ils trouvé plus ou moins libres des mers qui avaient été trouvées ou qui furent trouvées ensuite entièrement couvertes de glaces; et d'autres, enfermés de toutes parts par une glace continue, s'en sont trouvés délivrés au moment où ils s'y attendaient le moins. En 1596, Barents et Heemkerke trouvèrent ouverte la mer entre le Spitzberg et la Nouvelle-Zemble, tandis que Wood la trouva entièrement fermée, en 1676, par une glace continue de soixante ou quatre-vingts brasses d'épaisseur. Les glaces, ayant enfermé les capitaines Phipps et Lutwige depuis le 30 juillet 1773 jusqu'au 9 août, se rompirent ce jour-là ; les vaisseaux parvinrent à se frayer un passage au travers, et, le 10, un vent de nord-est s'étant élevé, la mer devint libre vers midi.

Les mers glaciales étant rarement et difficilement navigables, et la détermination de l'année et de l'époque de l'année où elles présentent le moins d'obstacles et de dangers étant impossible, il semblait qu'on dût à tout jamais désespérer de trouver un passage dans la mer Pacifique, soit par le nord de l'Asie, soit par le nord de l'Amérique. Cependant on ne renonça point à cette recherche, qui était un défi jeté à la persévérance et dont le but ne pouvait être atteint que par un courage héroïque. Un précis des tentatives pour découvrir ce passage ne saurait être un hors-d'œuvre dans un ouvrage de la nature de celui-ci. Commençons par retracer les expéditions entreprises pour trouver le passage par le nord-est et surtout par celles des passes qui ont été les principales et les plus nombreuses.

« Ceux qui soutiennent la possibilité d'un passage par le nord-est, dit Coxe dans son *Histoire des découvertes des Russes entre l'Asie et l'Amérique*, divisent toute cette navigation en trois parties principales, savoir : d'Arkangel à la Lena, de la Lena au Kamschatka, du Kamschatka au Japon; et, après avoir essayé de prouver ces trois traversées, ils en concluent que le passage entier est praticable. » La possibilité d'aller du Kamschatka au Japon était depuis longtemps démontrée, car les Russes avaient fait plusieurs fois ce voyage. Quant au trajet d'Arkangel à la Lena, il ne s'était jamais effectué une seule fois. Le lieutenant Morowieff, qui partit d'Arkangel en 1734 pour se rendre au fleuve d'Oby, ne dépassa point la première année l'embouchure de Petchora; l'été suivant, il traversa le détroit de Weigatz et entra dans la mer de Kara; mais il ne doubla point le promontoire qui sépare cette mer de la baie d'Oby.

Quatre ans après, les lieutenants Melgyn et Skurakoff doublèrent ce promontoire avec beaucoup de peine et entrèrent dans la baie d'Oby. Les glaces les mirent souvent en péril et leur présentèrent les plus grands obstacles.

On essaya vainement plusieurs fois de passer de la baie d'Oby à l'Yenissei. Enfin, en 1738, deux vaisseaux, commandés par les lieutenants Olfrin et Koskeleff, y réussirent. La même année, le pilote Feodor Menin voulut passer de

l'Yenissei à la Lena. Il porta le cap au nord jusqu'à 73° 45'
de latitude; parvenu à l'embouchure du Piasida, il fut ar
rêté par les glaces et forcé de retourner à l'Yenissei. Prouts-
histsheff avait rencontré les mêmes empêchements. Parti
d'Yakutsk en juillet 1735, il remonta la Lena jusqu'à son
embouchure, ne put débouquer que par la bouche la plus
orientale de ce fleuve, la seule qui ne fût pas entièrement
obstruée par les glaces, et, contrarié par les vents, ne parvint à gagner la haute mer que le 13 août. Mais bientôt les
glaces formidables dont il lui fallut éprouver le choc ayant
fait éprouver à son vaisseau des avaries considérables, le
1ᵉʳ septembre, il remonta l'embouchure de l'Olenek, qui, suivant son estime, gît par 72° 30' de latitude, et alla s'hiverner
à peu de distance de là.

Au commencement d'août de l'année suivante, il débou-
qua l'Olenek, fut enfermé dans les glaces avant que d'atteindre
l'embouchure du Charanga, et ne s'en dégagea qu'avec peine,
après avoir manqué d'y périr. Suivant Muller, il n'aurait pu
approcher de l'embouchure du Taimura, parce qu'il rencontra une chaîne d'îles entre lesquelles des glaces amoncelées
l'empêchèrent de passer, et que, forcé de s'élever jusqu'à
77° 25' de latitude, il fut arrêté par une immense plaine de
glace fixe. Gmelin prétend qu'il dépassa l'embouchure de
Taimora, suivit la côte vers la Piasida, rencontra des îles qui
l'obligèrent de s'élever jusqu'à la latitude de 77° 25', et que
la crainte d'être enfermé dans les glaces le força de retourner
au Taimura. De là, à travers mille dangers, il se dirigea
vers l'Olenek qu'il atteignit le 29 août.

Chariton Laptieff, qui essaya, en 1739, de passer de la
Lena à l'Yenissei, ne fut pas plus heureux. Il dit qu'entre
les rivières de Piasida et de Taimura, il existe un promontoire qu'il ne put pas doubler parce qu'aux environs la mer
était entièrement prise jusque-là. Comme on le voit, l'espace
entre Arkangel et la Lena n'avait pas encore été franchi;
car, en allant à l'est de l'Yenissei, les Russes n'avaient pu
dépasser l'embouchure du Piasida, et en venant à l'ouest de
la Lena, ils avaient été arrêtés, suivant Muller, à l'est du
Taimura et, suivant Gmelin, au nord du Piasida.

Il n'est peut-être pas inutile de dire ici que les Anglais et les Hollandais, qui ont passé par le détroit de Weigatz dans la mer de Kara, ont tous rencontré beaucoup de glaces, et qu'ils n'ont effectué leur passage qu'à travers une multitude de difficultés.

Les Russes prétendent avoir mieux réussi dans leur navigation de la Lena au Kamschatka. Tout ce qu'il y a de certain cependant, c'est qu'ils ont fait des expéditions fréquentes de la Lena à la Kouyma, et qu'ils n'ont pu passer qu'une fois de la Kouyma dans l'Océan oriental, en doublant les caps Shelatskoi et Tschukotskoi. Deshneff ayant quitté, le 20 juin 1648, l'embouchure de la Kouyma pour essayer de pénétrer dans l'Océan oriental, les glaces le forcèrent d'y revenir; mais ayant remis à la voile l'année suivante, il doubla les deux caps et parvint jusqu'à l'embouchure de l'Anadit après des accidents sans nombre et la perte d'une grande partie de son équipage.

Dans les xviie et xviiie siècles, on ne peut citer aucun autre navigateur qui ait doublé les deux caps, soit en partant de la mer Glaciale, soit en partant du Kamschatka. Shalauroff entreprit de le faire en 1764; parti de la Lena en juillet, il fut enfermé plusieurs fois par les glaces, passa l'hiver sur les bords d'une des bouches de la Kouyma et ne remit à la voile que le 21 juillet de l'année suivante. Retardé par des vents contraires, par des courants qui venaient presque uniformément de l'est, par des glaces qu'il rencontrait à chaque instant, quand il voulut doubler le cap Shelatskoi, la saison était si avancée, qu'il fut encore réduit à rétrograder jusqu'à la Kouyma où il hiverna; puis le manque de vivres et la révolte de son équipage le ramenèrent malgré lui à la Lena. Cet insuccès ne l'empêcha pas de recommencer en 1764; mais vraisemblablement cette expédition lui coûta la vie ainsi qu'à son équipage, car on ne reçut jamais aucune nouvelle, ni de lui, ni de ceux qui l'accompagnaient.

Le capitaine Cook et, après lui, le capitaine Clarke ont trouvé une mer très libre entre le cap Tschukotskoi, qui est le plus oriental de l'Asie par 66° 6′ de latitude, et le Cap du

prince de Galles, qui est le plus occidental de l'Amérique,
par 65° 46'. Ainsi Deshneff ne dut éprouver aucune difficulté à doubler le premier de ces caps pour se rendre à l'A-
nadit. La vraie difficulté eût été le cap Shelatskoi que les
Russes supposaient alors par la latitude de 73° ½, mais que
le capitaine King soupçonna de 3 ou 4 degrés plus au sud ;
car Cook, après avoir doublé le cap Tschukotskoi et celui
du prince de Galles sans rencontrer d'obstacles, se trouva
arrêté par les glaces le 18 août 1778, conséquemment dans
le temps le plus chaud de l'été, par la latitude de 70° 44', et
le capitaine Clerke les rencontra le 6 juillet de l'année suivante dès la latitude de 67°, et depuis ce temps jusqu'au 27
qu'il fut résolu de retourner vers le sud, ses deux vaisseaux
furent constamment enveloppés par les glaces qui ne leur
permirent jamais dè s'élever au delà de 70° 33' de latitude.
Puis donc que les glaces empêchèrent deux années de suite
ces vaisseaux de s'avancer dans le nord au delà de 70 à 74
degrés de latitude, on ne peut douter que le cap Shelatskoi, soit qu'il soit par la latitude de 73° ½ soit qu'il soit plus
sud de 3 ou 4 degrés, n'en soit constamment environné, et
qu'il doit être extrêmement rare que la mer, autour de ce
cap et entre les côtes de l'Asie et de l'Amérique, qui, depuis les caps Tschukotskoi et du prince de Galles, vont en
s'écartant l'une de l'autre, soit assez débarrassée pour laisser un passage un peu libre aux vaisseaux qui se proposent
d'aller, soit de la mer Glaciale au Kamschatka, soit du Kamschatka dans la mer Glaciale.

Maintenant si l'on considère que le cap Shelatskoi n'est
pas le seul qu'on ait à doubler lorsqu'on veut pénétrer dans
la mer Pacifique par le nord-est, que l'on est encore forcé
de doubler le cap Taimura, qui est par 78° de latitude, si
l'on se rappelle les obstacles que les Russes ont rencontrés,
les dangers auxquels ils ont été exposés dans les parages
de la mer Glaciale qu'ils ont réellement parcourus, le temps
considérable qu'ils ont mis à faire peu de chemin, le nombre de leurs tentatives infructueuses ; si enfin on fait attention qu'on ne peut voyager dans cette mer qu'au milieu
d'un été très court et seulement quand les glaces viennent

à se rompre et à se disperser, que par conséquent on peut
être forcé non-seulement d'hiverner nombre de fois dans le
cours de la navigation, mais encore de retourner hiverner
dans le même lieu, lorsqu'on est arrêté par les glaces avant
d'avoir pu faire de progrès sensible, il devient bien peu probable qu'on n'ait pas abandonnné l'idée de chercher soit le
passage dont il s'agit, soit le passage dans la mer Pacifique
par le nord-ouest. On a vu que le capitaine Cook, dont le
dernier voyage avait pour principe l'objet, la découverte de
ce passage, et qui, en conséquence, avait ordre de chercher
quelque communication de la mer Pacifique avec la baie
d'Hudson ou avec celle de Baffin, fut arrêté, ainsi que son
successeur, vers le 74° de latitude. De là il résultait nécessairement que ces deux navigateurs n'ayant trouvé ni cette
communication, ni aucune autre avec l'Océan Atlantique ou
la mer du Nord, on ne pouvait espérer de passer d'une mer
dans l'autre, puisqu'il fallait pour cela s'élever par une
latitude plus grande que celle où ces intrépides navigateurs
avaient été arrêtés par les glaces.

L'embouchure de la rivière de Cuivre, trouvée par Hearne
à 72° de latitude, montrait la nécessité de s'élever au moins
par cette latitude. Or, quand on supposerait que, depuis le
cap glacé jusqu'à la côte la plus prochaine de la baie de Baffin, la côte de l'Amérique s'étendît sans de grands détours,
et qu'il se présentât une année dont l'hiver eût été assez
doux et dont l'été fût assez chaud pour que les glaces per-
missent de doubler le cap glacé dont la latitude n'est que
de 70° $\frac{1}{2}$, comment pouvoir se flatter que, dans un espace de
quatre à cinq cents lieues qu'on aurait à parcourir en tout
ou en partie par la latitude d'au moins 72°, les glaces ne formeraient pas tôt ou tard des barrières impénétrables. Comme
ce n'était qu'après des dégels très longtemps continués que
l'on pouvait avoir quelque espoir de ne pas trouver des obstacles invincibles de la part des glaces, ce n'était que dans
le mois d'août et peut-être fort avant dans ce mois que l'on
pouvait tenter la longue traversée dont il s'agit, et, dans ce
cas, comment penser qu'il pût rester assez de temps pour
l'effectuer avant la cessation du dégel et la reprise de la ge-

lée? Mais l'esprit humain ne recule pas devant d'apparentes impossibilités.

Pendant que les Russes se livraient à des tentatives qui ont été infructueusement renouvelées vers la fin du xviiie siècle par plusieurs de leurs navigateurs et notamment par le capitaine Kotzbue, les Français ne restaient pas indifférents à cette recherche d'un passage. L'infortuné Lapeyrouse entreprit aussi de le découvrir. Ce fut là un des buts de sa malheureuse et intrépide navigation. Les Anglais ne furent pas moins ardents et aventureux; ils tenaient à la gloire de trouver enfin cette communication si importante entre les deux mers. Le célèbre Vancouver, qui avait fait partie de la seconde et de la troisième expédition de Cook, fut chargé de reconnaître toute la côte de l'Amérique vers le nord-ouest, au delà du 30e degré, et de s'assurer s'il existait par eau une communication plus ou moins septentrionale entre cette partie du grand Océan et l'un des golfes de l'Atlantique connus sous le nom de baies d'*Hudson* et de *Baffin*. On avait depuis peu de temps fait déjà beaucoup de recherches dans ces parages, mais celles de Cook étaient restées insuffisantes, et, quant au résultat non moins incomplet des tentatives de Lapeyrouse en 1786, on ne l'avait pas encore publié. Vancouver devait aussi recevoir des Espagnols, à Nootka, les positions militaires et les navires dont ils s'étaient emparés au détriment des Anglais. La corvette dont on lui donna le commandement avec le grade de capitaine de vaisseau portait cent hommes d'équipage et fut nommée *la Découverte* ; le brick *le Chatam* le suivait et était monté par quarante-cinq hommes. Muni d'excellents chronomètres et des autres instruments nécessaires pour les observations astronomiques, Vancouver partit de Falmouth le 1er avril 1794 et arriva au cap de Bonne-Espérance le 9 juillet. Il se rembarqua le 17 août, prit terre au sud de la Nouvelle-Hollande par le 35e degré 5 minutes de latitude sud et le 116e degré 35 minutes est de Greenwich, et il longea la côte dans un espace d'environ 5° $\frac{1}{2}$. Elle avait déjà été visitée par d'Entrecasteaux ; mais Vancouver y fit de nouvelles observations avec l'exactitude qui lui était propre. Après avoir mouillé dans la baie Dusky appartenant à la Nouvelle-Zélande, il essuya un ouragan, et, le 24 novembre, il vit les écueils nommés Snares au 48° degré sud. C'était au commencement de l'été de ces régions, et il eût pu s'approcher davantage du pôle; mais l'espoir trop incertain d'y faire des découvertes, peu utiles d'ailleurs, l'eût trop écarté de sa destination. Tournant vers l'équateur, il vit par le 27° degré 36 minutes sud l'île Oparo, qui n'est pas éloignée du groupe des îles des Amis et dont les habitants paraissent avoir eu la même origine.

Le 30 décembre, *le Chatam*, que la tempête avait séparé de la corvette, la rejoignit à O-Taïti, où Vancouver, qui avait vu cette île en 1777, trouva qu'il s'était opéré de grands changements dus à l'influence des Européens. Ayant remis à la voile le 24 janvier, il passa le 1er mars à la vue d'Ovaïhée. Le 14, il quitta l'archipel du Sandwich, et, le 16 avril, il vit la terre nommée par Drack la Nouvelle-Albion. Commençant immédiatement après la reconnaissance de la côte, il en examina soigneusement toutes les sinuosités jusqu'au 52° degré 18 minutes. Quelques lieues au delà du 48°, un bras de mer se prolonge dans une étendue d'environ cinquante lieues. La côte, assez semblable à celle de la Norwége, est ensuite coupée jusque vers le mont Élie par beaucoup d'autres golfes, ou partagée en îles nombreuses dont une porte maintenant le nom de Vancouver.

Le 19 août, *la Découverte*, laissant pour la campagne suivante l'autre partie de cette côte si difficile à explorer et que deux goëlettes espagnoles venaient de parcourir, se rendit à l'établissement de Nootka que don J. de la Bodega y Quadra remit aux Anglais le 1er septembre. Du port de Monterey, Vancouver envoya à Botany-Bey *le Dédale* qui se trouvait depuis peu sous son commandement, et fit passer en Europe les plans qu'il avait levés ainsi que le journal de ses observations nautiques et géographiques.

Le 15 février 1793, les deux autres bâtiments firent voile pour l'archipel de Sandwich, où, après avoir réconcilié quelques chefs du pays, Vancouver obtint le châtiment de l'un des meurtriers du capitaine du *Dédale*. De retour, le 26 avril, sur la côte d'Amérique, il la reconnut jusqu'au

55ᵉ degré 2 minutes ainsi que l'archipel qui est à l'est des îles de la Reine Charlotte. Il descendit ensuite jusqu'aux établissements espagnols de la Nouvelle-Californie; il vit, au delà de l'île de Monterey, une double chaîne de montagnes, dont les plus éloignées, sorte de prolongement des hautes cîmes du Mexique, paraissent ne se terminer qu'au-delà du cercle polaire.

Accompagné du *Dédale* qui lui avait rapporté des vivres et des munitions, Vancouver se rendit, le 8 janvier 1794, à l'île d'Ovaïhée, qui reconnut alors la domination de la Grande-Bretagne. Il s'en éloigna le 3 mars, avec l'intention de suivre, du nord au sud, la partie septentrionale de la côte, à partir du 61ᵉ degré 29 minutes. Il lui fut démontré que le canal, dit rivière de Cook, n'est qu'un golfe sans issue. Le 3 avril, il découvrit sous le 55ᵉ degré 49 minutes de latitude une île montueuse qu'il nomme Therikov, et, le 30 juillet, il parvint au cap *Décision*, où, l'année précédente, il s'était arrêté en suivant une direction contraire. Le 22 août, il donna le nom de *Conclusion* au port dans lequel il termina la vaste série d'opérations au moyen desquelles ces côtes, dont cinquante ans auparavant on ne savait rien exactement, allaient se trouver au nombre des rivages les mieux connus. Le 22 septembre, il était à Nootka satisfait d'avoir achevé presque sans perte une si pénible entreprise et déclarant qu'il n'y avait plus à chercher de communication de l'un à l'autre Océan, du moins entre la Californie et la rivière de Cook. Mais, dans les détours sinueux de cette multitude d'anses où les canots mêmes ne sauraient toujours longer la terre, nul étroit passage ne pouvait-il avoir échappé à la vigilance du navigateur? Néanmoins les travaux de Mackenzie et de Fidler au fond de la baie d'Hudson donnant des résultats analogues, malgré les cours des rivières de Churchill, de Nelson et de Severn, il restait peu d'espoir de trouver une passe sans trop s'approcher du pôle, c'est-à-dire sans s'exposer à périr au milieu des glaces.

Revenu à Nootka le 12 septembre 1794, Vancouver, ne recevant point d'Angleterre les ordres qu'il en attendait, ne songea plus qu'à s'y rendre; il reconnut le cap le plus mé-

ridional de la Californie ainsi que le petit archipel de Galla-
pagos sous la ligne, et il s'arrêta à Valparaiso. Après six semaines de repos accordé à son équipage, il se prépara à
doubler le cap Horn avant la saison la plus froide des régions
antarctiques. Le 5 juillet, il relâcha à Sainte-Hélène, mais
il croyait être au jour suivant, n'ayant pas observé qu'en
changeant d'hémisphère et se dirigeant sur l'est il avait dû
nécessairement compter un jour de trop. Sûr d'être respecté
par les croiseurs français d'après le décret de la Convention
qui ordonnait de regarder comme amis les navires employés
aux expéditions scientifiques, il appareilla sans attendre le
convoi qu'il escorta ensuite. Le 15 septembre, il entra dans
l'embouchure du Shannon, et aussitôt il alla rendre compte
à Londres de la mission qu'il avait remplie avec succès et à
laquelle il avait consacré quatre ans et demi. Il avait fait lui-
même toutes les reconnaissances, surveillant sans cesse tous
les autres travaux et attentif à entretenir la bonne intelligence entre les naturels qui avaient peu vu d'Européens et
les hommes de son équipage qu'il s'attachait par la plus active bienveillance.

Il paraissait bien constaté qu'il serait désormais superflu
de chercher une communication de l'une à l'autre mer entre
la Californie et la rivière de Cook ; il fallait admettre que ce
point avait été exactement vérifié par Vancouver. Toutefois
cette recherche ne fut point abandonnée. En 1811, le capitaine William-Edward Parry pénétra jusqu'au 76e degré de
latitude nord pour protéger la pêche de la baleine. En 1817,
il revint en Angleterre et fut destiné à faire partie de l'expédition aux ordres du capitaine Ross, dont le but était de
trouver un passage par la mer du Nord pour pénétrer dans
l'Océan Pacifique. Il eut le commandement de l'*Alexandre*,
second vaisseau de l'escadre de découverte. Ce voyage du capitaine Ross et du lieutenant Parry au pôle arctique fut
rempli de dangers contre lesquels ils luttèrent avec une per-
sistance et un courage sublimes. Mais il ne procura pas la
découverte du passage en faveur duquel il réunit cependant
de nouvelles et assez fortes probabilités. Sur la proposition
de Parry, le gouvernement britannique lui donna en 1819

le commandement d'une seconde expédition (la première
dont il eut la suprême direction), composée des vaisseaux
l'Hécla et *le Griper*. Ce marin jouissait alors de la réputation
d'un praticien consommé. Il s'avança jusqu'au 113ᵉ degré
48 minutes de latitude et gagna ainsi pour son équipage la
récompense de cinq mille livres sterlings offerte pour le par-
lement au premier navire qui atteindrait le 110° degré.

Parry revint en Angleterre en 1820, ayant résolu le problème de l'existence du passage tant cherché, quoiqu'il l'eût
trouvé impraticable. Le gouvernement anglais résolut alors
de faire partir en même temps deux expéditions tendant au
même but, l'une par terre, l'autre par mer. Le capitaine
Franklin dont nous parlerons bientôt fut chargé de la première. Il devait partir des établissements formés en Amérique par la compagnie de la baie d'Hudson, se rendre à l'embouchure de la *rivière des mines de cuivre*, découverte par
Hearne, et suivre ensuite les côtes de l'Amérique, en se dirigeant vers l'est, afin d'arriver à quelques-uns des établissements européens formés sur la côte orientale, et de déterminer la route à suivre pour pénétrer dans la mer du Nord.
Cette entreprise était, sans contredit, la plus difficile et la
plus périlleuse.

Les instructions du capitaine Parry lui prescrivaient, au
lieu de remonter la baie de Baffin, d'entrer dans le détroit
d'Hudson, de reconnaître la *baie Repulse* ou toute autre ouverture qu'il pourrait trouver, en s'attachant à suivre la côte
d'Amérique.

L'expédition du capitaine Parry, composée des vaisseaux
la Furie et *l'Hécla*, ce dernier commandé par le capitaine
Lyon, partit le 8 mai 1822. Le 22 août suivant, Parry acquit la certitude qu'il n'existait pas de passage par la baie
Repulse. Il fit alors voile vers le Nord ; mais, arrêté par les
glaces, il revint le 8 octobre dans une baie située vers le
66° degré 11 minutes latitude nord et 83 latitude ouest où il
hiverna. Il employa tout l'été de 1822 à essayer de pénétrer
au nord. A la fin de septembre, il revint à Igloubik passer
l'hiver avec les Esquimaux. Le 7 août 1823, il redoubla encore d'efforts pour entrer dans la mer Polaire ; mais le scorbut

ayant attaqué l'équipage de l'*Hécla*, il fut encore forcé de renoncer à ses tentatives et retourna en Angleterre, où il arriva le 18 octobre 1823. En terminant la relation de ce voyage, le capitaine Parry déclare qu'il ne doute nullement de l'existence du passage au nord-ouest, et qu'il croit pouvoir l'effectuer en pénétrant par l'entrée du *Prince Régent* qu'il ne fit que reconnaître dans son voyage de 1819.

En mai 1824, le gouvernement anglais fit partir une troisième expédition au pôle pour la découverte du passage par l'entrée du nord-ouest, par l'*entrée du Régent*, sous les ordres des capitaines Parry et Lyon; mais, en 1825, une partie de l'escadre de découverte revint en Angleterre sans avoir atteint son but que des causes inévitables avaient fait manquer. Le 1er août 1825, *la Furie* fut jetée à la côte, près du port de Sommerset, par un gros temps et les glaces. On fit, pendant trois semaines, les plus grands efforts pour la relever, mais ce fut en vain, et son équipage ayant passé à bord de l'*Hécla*, *la Furie* fut abandonnée le 25 août. L'*Hécla* revint alors en Angleterre, et le capitaine Parry débarqua, le 12 septembre, à la hauteur de Peterhead, dans le comté d'Aberdeen.

Le capitaine Parry publia une relation de cette troisième expédition, qui, pour avoir été moins heureuse que les précédentes, n'en avait pas été moins habilement conduite, et il adressa au lord de l'amirauté une lettre par laquelle il offrit de tenter une quatrième expédition pour explorer la mer polaire au moyen de *bateaux-traîneaux*. Au printemps de 1827, il fut chargé de renouveler ses tentatives, en se dirigeant cette fois vers le Spitzberg, afin de partir du nord de cette île à l'aide de ses bateaux et d'essayer d'atteindre au pôle, ou du moins de s'assurer de l'état de la mer dans ces parages élevés. On avait fait pour cette expédition des préparatifs particuliers à l'effet d'obvier à tous les empêchements.

Parry partit de Deptfort le 25 mars 1827, à bord de l'*Hécla*; mais, arrivé sur les lieux, il rencontra tant d'insurmontables obstacles qu'il ne jugea pas à propos de persister dans son projet, et il revint en Angleterre au mois de septembre suivant, paraissant avoir renoncé complétement à l'idée d'arriver au pôle par cette voie.

Après avoir quitté son vaisseau de découverte, *l'Hécla*, à la hauteur convenue au large de Spitzberg, le capitaine s'était rendu à bord des bateaux-traîneaux destinés à le transporter sur les glaces. Son absence fut de 61 jours. Ces embarcations étaient commandées, l'une par lui, l'autre par le lieutenant Ross. Elles furent halées sur la glace, chacune par douze hommes de l'équipage du vaisseau. Après des fatigues incroyables, les voyageurs, flottant sur des monceaux de glace qui les entraînaient vers le sud, tandis qu'il s'efforçaient de porter au nord, se virent contraints de renoncer à leur entreprise. L'expédition arriva jusqu'au 82ᵉ degré 45 minutes, et il fut reconnu de toute impossibilité physique de pousser plus loin.

Le capitaine Parry retourna à bord de *l'Hécla*, en suivant la direction qu'il avait prise à son départ. Immédiatement après avoir gagné son vaisseau, il fit voile pour l'Angleterre.

On a reproché au capitaine Parry de s'être souvent trompé dans ses calculs et d'avoir peut-être eu trop peur des glaces flottantes des mers polaires ; cependant il a suffisamment prouvé qu'il était non-seulement un marin intrépide et entreprenant, mais encore instruit et expérimenté, et, quoiqu'il n'ait pas réussi à atteindre le grand but qu'il se proposait, on ne peut lui contester le mérite d'avoir fait, pendant dix années, tout ce qui était en son pouvoir pour y parvenir ; ni la grandeur des obstacles, ni les dangers inséparables d'une telle entreprise ne purent arrêter son zèle et son dévouement. Enfin, l'on ne peut nier que ses tentatives n'aient été très utiles aux sciences par ses nombreuses observations en astronomie, en physique, en histoire naturelle, etc., et qu'elles n'aient puissamment contribué à reculer les bornes de nos connaissances sur la géographie des contrées et des parages qu'il a si souvent explorés.

Le rôle du capitaine Lyon ne fut pas non plus insignifiant dans la seconde et dans la troisième expédition de Parry. Dans la première exploration de la baie de la Répulse, le capitaine Lyon fut plusieurs fois chargé d'excursions particulières. Le 26 août, les vaisseaux s'étant tout-à-coup trouvés arrêtés par une barrière de glaces sur un point où des brouillards épais et l'agitation de la mer firent soupçonner qu'on était dans une passe qui pouvait communiquer avec la mer de l'ouest, le capitaine Lyon fut envoyé à la découverte avec un détachement pour reconnaître cet enfoncement. Il n'y parvint qu'avec beaucoup de peine, et eut à vaincre tous les obstacles dont la nature est prodigue sous ces âpres climats pour s'assurer que l'espérance qu'on avait eue était sans fondement. Il employa quatre jours à cette périlleuse investigation pendant laquelle il découvrit, au milieu des glaces et des rochers, une petite île stérile qu'il nomma île *Béac*. Durant la troisième campagne polaire, le capitaine Lyon, dirigeant séparément ses opérations dans la baie de Répulse, devait atteindre la rivière *Wager*, puis celle de *Hearne*, et communiquer par la presqu'île Malleville avec le capitaine Parry, qui avait cru pouvoir combiner cette rencontre en explorant lui-même la passe du Prince Régent, dans le détroit de Lancaster. Le 10 juin 1824, le capitaine Lyon, montant *le Griper*, mit à la voile, accompagné d'un bâtiment de transport qui le quitta à la hauteur de la baie d'Hudson. Bientôt on s'aperçut que *le Griper* avait des défectuosités qui nuisaient à sa marche, et cet inconvénient ne tarda pas à être accru par celui, plus grand encore, d'une série de mauvais temps dont la continuité était vraiment extraordinaire. Pendant une navigation de cinq mois, à peine le capitaine Lyon eut-il cinq jours d'un temps à peu près favorable. Une tempête affreuse vint mettre le comble à cette situation déjà si déplorable, et renversa tous les desseins de ce voyageur dont le courage et la persévérance s'étaient immortalisés en Afrique. Malgré toutes les fatigues auxquelles l'avait livré l'opiniâtre permanence d'une mer orageuse, il avait atteint la baie de la Répulse et allait y entrer, lorsqu'il fut assailli par un coup de vent qui le poursuivit pendant quatre jours. Le vaisseau ayant été précipité avec violence sur un basfond qu'il toucha dans toute la longueur de sa quille, il ne sembla plus à l'équipage qu'il y eut de puissance humaine capable de le sauver. L'obscurité du ciel ne se dissipait par instants que pour faire entrevoir aux environs une côte basse qui ne laissait aucune chance de remettre à flot le navire, battu sans cesse par des vagues en furie qui se brisaient sur ses flancs. Dans une si cruelle détresse, il n'y avait plus qu'à se résigner à la mort, et le capitaine Lyon ne voyait de salut que dans l'intervention de la puissance divine elle-même. Il engagea donc son équipage à l'implorer avec lui. Sans doute cette invocation dans une situation si désespérée fut chez lui l'élan d'une âme confiante et profondément convaincue; à quel secours ne croirait-on pas, lorsqu'on est démoralisé au plus haut degré et que toutes les clartés de l'entendement se sont évanouies? Quoi qu'il en soit, le capitaine Lyon a insinué dans sa relation que son équipage et lui durent leur délivrance à cet accès d'une ferveur toute de circonstance. Nous n'avons pas la prétention de savoir quel est le degré d'influence que peut avoir la faible voix d'un mortel sur la cause mystérieuse des évènements; ce qui est certain, et que l'on conçoit bien, c'est que, sans qu'il soit besoin d'un miracle, la mer soit restée assez haute pour enlever le navire et l'arracher à la destruction qui avait paru inévitable. Le capitaine Lyon se hâta de quitter le ciel inclément de ces régions hyperboréennes, et, le 11 novembre, au moment où on le croyait encore à la baie de Répulse, dans laquelle il avait ordre de passer l'hiver, il se présenta inopinément à l'amirauté.

Suivons maintenant le capitaine John Franklin. Lorsque l'amirauté anglaise eut résolu d'obtenir, à quelque prix que ce fût, la solution de la fameuse question géographique, restée toujours insoluble, de savoir où se terminait dans le nord le continent américain, et s'il existait à cette limite un passage praticable pour les vaisseaux de l'Océan atlantique dans la mer Pacifique, le gouvernement anglais ne pouvait jeter les yeux sur un homme plus capable de contribuer à l'avancement de cette solution que le capitaine Franklin. Déjà, en 1808, on lui avait confié le commandement du bâtiment *le Trent* pour accompagner le capitaine David Buchan dans l'expédition au pôle arctique que celui-ci était chargé d'effectuer sur *la Dorothée*. Ce voyage avait aguerri John Franklin contre la rigueur des climats septentrionaux en même temps qu'il lui avait inspiré la passion des découvertes. Pour ne négliger aucun des moyens propres à assurer le succès de la tentative de Parry, l'amirauté avait imaginé, comme on l'a vu, d'y faire concourir une expédition par terre qui irait à la découverte du même passage par le nord de l'Amérique. Le capitaine Franklin, pourvu du commandement de ce voyage pédestre, avait pour instruction de marcher sur les traces qu'avait autrefois suivies Hearne pour arriver à l'embouchure de la rivière des Mines-de-cuivre sur l'Océan Glacial; puis de là se dirigeant à l'est, en côtoyant la mer, déterminer le point le plus rapproché des établissements européens par lequel les vaisseaux pouvaient y entrer.

Ce projet était judicieux, car il devait fournir, à coup sûr, le passage le plus méridional que l'on pût espérer, et, par conséquent, celui par lequel l'empêchement qui pouvait résulter des glaces sous une latitude très élevée devait être le moins à craindre. L'expérience a, en effet, démontré depuis que c'était le seul moyen de parvenir à connaître les bornes de l'Amérique au nord, sous le climat acerbe et au sein des sites sauvages où la nature les a cachées. Mais le capitaine Franklin éprouva bien rudement que ce moyen, dont l'exécution était remise à son courage, n'était ni le moins périlleux ni le moins pénible des deux que l'on faisait alors concourir au même but. Les vaisseaux sont des édifices flottants dans lesquels on peut accumuler des approvisionnements considérables et toutes les choses qui peuvent subvenir non-seulement aux besoins, mais aux jouissances de la vie, et la nature, vaincue dans ce cas par la supériorité de l'industrie humaine, offre elle-même le véhicule qui doit transporter facilement ces énormes masses; elle oppose, au contraire, au piéton qui s'aventure à travers les régions glacées de l'Amérique mille obstacles contre lesquels l'homme ne trouve dans ses machines et les inventions de son esprit que de bien faibles ressources. Avec un traîneau attelé de quelques chiens, avec un frêle canot d'écorce d'arbre qu'il faut même porter sur ses épaules d'un lac ou d'une rivière à une autre pendant des trajets assez longs, comment pourrait-il songer à la prévoyance, puisque, réduit à ses propres forces, tout approvisionnement pour lui est une charge qu'il ne tend qu'à diminuer, et, resté seul aux prises avec la nature, sans abri solide contre les intempéries, sans autres moyens de subsistance que la chasse ou la pêche, chaque jour il a devant les yeux le péril de la famine ou d'un froid excessif?

Telle était la redoutable carrière dans laquelle le capitaine Franklin allait s'engager avec deux autres officiers de marine, MM. Hood et Book, et le docteur Richardson, qu'on lui avait donné pour compagnons. Il s'embarqua à Gravesend le 23 mai 1819, à bord du bâtiment marchand le *Prince de Galles*, appartenant à la compagnie de la baie d'Hudson, et fit voile pour le fort d'York, une des factoreries de cette compagnie; il y arriva le 30 août suivant, après avoir failli faire naufrage dans la traversée, et s'occupa des préparatifs nécessaires pour pénétrer dans l'intérieur.

Le 9 septembre, il quitta cet établissement et employa un mois et quatorze jours de marche et de navigation pour atteindre, par le lac Ohinipig, celui de Cumberland-House. La saison était déjà avancée, on lui conseillait d'y passer l'hiver; mais, désirant s'avancer le plus possible dans la ligne des établissements européens, où il était sûr de trouver des ressources pour avoir plus de temps devant lui lorsqu'il faudrait en dépasser la limite, il continua sa route en faisant des stations plus ou moins longues dans les divers établissements qu'il rencontra, et arriva au fort Tchipiouan, sur le lac Athapesco, le 26 mars 1820. Il avait fait huit cent cinquante milles depuis son départ de Cumberland-House; ayant dépassé dans cette marche quelques-uns de ses compagnons, qu'il avait laissés à Cumberland, il les attendit jusqu'au mois de juillet. Le 17 de ce mois ils s'embarquèrent ensemble pour traverser le lac Athapesco et gagner celui de l'Esclave par la rivière du même nom. Là, ils s'avancèrent vers le fort de la Providence, qui est le dernier que possèdent les Anglais dans cette direction, et y parvinrent le 28 juillet. Il est situé sous le 62e degré 17′ 19″ de latitude nord, et 114° 9′ 28″ de longitude à l'ouest de Greenwich.

Cet endroit fut pour eux le point de départ d'où ils s'avancèrent dans la région des découvertes; car, bien qu'ils se proposassent d'arriver au même but que le voyageur Hearne, ils ne suivaient pas la même route que lui. L'expédition se trouva alors composée de 32 personnes, tant sauvages servant de guides ou d'interprètes que Canadiens réunis aux officiers anglais. A peine avaient-ils des vivres pour dix jours; mais on ne s'en mit pas moins en route dès les premiers jours d'août, en s'en remettant, pour la subsistance, sur le succès de la chasse et de la pêche : on marcha ainsi jusqu'au 19 que l'on arriva à un lac qui fut nommé le *lac Winter* (lac d'hiver), parce qu'on prit la résolution de passer l'hiver sur ses bords. On y construisit quelques bâtiments en bois auxquels on donna le nom de *Fort de l'entreprise*. On y réunit quelques provisions et l'on attendit le retour de la saison favorable; mais elle ne reparut qu'au mois de juin suivant.

Dès le 4, on se forma en plusieurs détachements, et le premier qui parvint au lac de la pointe le trouva encore couvert d'une croûte de glace de six à sept pieds d'épaisseur. Ce lac est traversé par la rivière des Mines de cuivre que l'on cherchait. On s'y embarqua le 2 juillet 1821, et en reconnaissant la route que Hearne avait signalée, on déboucha dans la mer après seize jours de navigation. La position de cette embouchure fut déterminée par 67° 47′ 50″ de latitude et 115° 36′ 40″ de longitude.

Le capitaine se mit alors en devoir de réaliser le projet indiqué de suivre le rivage de la mer à l'est; mais le manque de vivres, la fragilité de son embarcation, ne tardèrent pas à lui faire reconnaître l'impossibilité d'aller bien loin. Il navigua dans cette direction, en suivant les sinuosités de la côte et en distribuant des noms aux caps et aux baies qu'il découvrait, depuis le 22 juillet jusqu'au 18 août.

Franklin, après avoir reconnu cette portion de mer, tout-à-fait inconnue, ne songea plus qu'au retour; mais, au lieu de revenir sur ses pas par la rivière des Mines de cuivre, sentant le besoin de rentrer au plus tôt dans une contrée où la nourriture de son monde fût plus assurée, il voulut gagner directement le *fort de l'Entreprise* du point avancé où il se trouvait. Les Indiens qui l'avaient amené jusqu'à la mer l'avaient quitté; il se trouva donc obligé de s'aventurer sans guides au milieu d'un pays tout-à-fait nouveau. Dans ce trajet, l'expédition, affaiblie par la famine et le froid, fut en proie aux plus affreuses extrémités. On en fut réduit à dévorer le cuir des souliers et les animaux tombés en putréfaction. Si l'on parvenait à tuer quelque renne, on en mangeait jusqu'aux ossements réduits en poudre, et le plus horrible dénûment succédait bientôt à cette passagère satisfaction. Cette épouvantable position dura près de deux mois. Cependant le capitaine et les autres Anglais, à l'exception de M. Hood, survécurent à tant de misères, et parvinrent à rentrer dans les établissements européens. Revenus d'abord au fort de l'Entreprise, vers la mi-octobre, ils reçurent quelques soulagements à leur maux; et enfin, grâce aux Indiens qui vinrent à leur secours, ils regagnèrent, le 11 décembre 1821, le fort de la Providence, où on s'empressa de leur prodiguer les soins qu'exigeait l'état déplorable de leur santé.

Au mois de juin de l'année suivante (1822), ils revirent le fort Tchipiouan; de là ils se rendirent à Norway-House, puis à la factorerie d'York, où ils arrivèrent le 14 juillet, après un voyage de cinq mille cinq cent cinquante milles. Quoique le but de l'expédition n'eût pas été complètement rempli, les félicitations de tout le monde savant les attendaient en Europe. Ils ne tardèrent pas à venir les y recevoir. Le 15 octobre 1822, ils entrèrent dans la rade de Yarmouth, sur le même vaisseau qui les avait conduits en Amérique.

Les souffrances qu'avait endurées le capitaine Franklin ne le dégoûtèrent point de la carrière pénible qu'il avait embrassée. Le rapport qu'il avait fait sur l'état de la mer Glaciale au moment qu'il la vit, en établissant qu'elle était libre de glaces dans la région éloignée du rivage, autorisait l'espérance d'un passage. Lors donc que le capitaine Parry fut chargé d'une seconde expédition, le capitaine Franklin, de son côté, reprit le commandement de la sienne; elle se composait des officiers qui l'avaient déjà accompagné, auxquels

on en adjoignit quelques autres. Il quitta l'Angleterre au
mois de mars 1825 et se rendit à New-York. De là, prenant sa route à travers les États-Unis, par les lacs Onta-
rio, Huron et Supérieur, il atteignit, le 15 juin, cet établissement anglais, Cumberland-House, qui avait été une de ses
stations dans la campagne précédente. Il gagna ensuite l'é-
tablissement Tchipiouan, et, le 26 juillet, tout son monde
se trouva réuni sur les rives du grand lac de l'Esclave;
mais à partir de ce point il prit une direction différente de
celle qu'il avait antérieurement suivie.

Le projet était de se rencontrer au détroit de Behring
avec le capitaine Parry, que l'on supposait devoir découvrir
un passage qui l'y conduirait, et, dans cette espérance, le
capitaine Becchey avait été envoyé avec un navire par l'O-
céan Pacifique, pour leur porter, à ce rendez-vous, les provisions dont on jugeait qu'ils pourraient avoir besoin.

Cette fois, le capitaine Franklin s'achemina sur les traces
de Mackensie et descendit le fleuve qui porte le nom de ce
voyageur. Les Anglais ont poussé leurs établissements de
ce côté jusqu'à une petite distance de la mer, et en ont
même élevé un en l'honneur de ce capitaine Franklin, dont
il porte le nom; ce voyageur les franchit successivement et
arriva à l'Océan arctique, là où Mackenzie l'avait découvert
pour la première fois trente-six ans auparavant. Il s'avança de
trente milles environ plus loin que l'île des Baleines, où
Mackenzie avait aperçu ces animaux, et débarqua à l'île Gar-
ry, six mois juste après son départ de l'Angleterre.

Cette île est située par 69° 29′ de latitude, et par 135° 44′
de longitude occidentale, et de ses bords l'œil s'étendait sur
une mer libre de glaces.

Rentré le 6 septembre dans les établissements européens,
Franklin y passa l'hiver de 1826, et il reprit le cours de ses
travaux avec le retour de la belle saison.

Dans cette campagne, il parvint avec un détachement de
son expédition jusqu'à 149° 33′ de longitude à l'ouest de
Greenwich, ce qui le rapprochait de plus en plus du détroit de Behring. Cependant, parmi les tribus d'Eskimaux
qu'il rencontra, il n'en vit point qui eussent communication

commerciale directe avec les Russes de la côte ; les couteaux dont ils étaient armés lui indiquaient seulement qu'ils les tenaient de peuplades qui devaient avoir des relations avec les Russes.

Son entrevue avec ces sauvages grossiers ne fut pas sans un véritable danger pour lui et pour le petit nombre d'hommes qui le suivaient. Ils entourèrent en foule les voyageurs et voulurent s'emparer des objets qu'ils portaient. On les repoussa sans violence, et ils parurent n'avoir point non plus le dessein de l'employer, quoique trois d'entre eux avec qui le capitaine Franklin se vit obligé de se colleter assez longtemps eussent levé plusieurs fois sur lui leurs poignards comme pour l'en frapper. Cette lutte dangereuse se termina sans effusion de sang ; mais s'il avait fallu en venir aux armes, le capitaine Franklin et ses sept compagnons auraient sans doute succombé sous le nombre de ces barbares.

Pendant cette excursion du capitaine, l'autre détachement de son expédition exécutait une exploration non moins utile. Il s'était séparé du capitaine sous le commandement du docteur Richardson, le 4 juillet, et avait pris un des bras du fleuve Mackenzie pour arriver à l'Océan arctique. A son embouchure, Richardson et les siens se dirigèrent à l'est, en suivant le rivage de la mer jusqu'à la rivière des Mines de cuivre. Cette pérégrination maritime se termina le 8 août. Des observations qu'on y fut à même de recueillir il résulte, ce qui avait déjà été pressenti, que la mer peut être libre certaines années, mais seulement pendant quelque temps, et que par ce fait l'époque et la durée de cette liberté ne peuvent être calculées. La question du passage, quant aux avantages que le commerce pourrait en attendre, doit être regardée comme résolue négativement.

Le célèbre et malheureux voyageur Dumont d'Urville, chef d'une expédition chargée de vérifier jusqu'où l'on pourrait pénétrer vers le pôle austral au delà de 71° 15', limite fixée par Weddell, a retracé le tableau des périls sans nombre auxquels ils furent exposés au milieu des glaces flottantes.

Le 15 janvier, on aperçut pour la première fois des glaçons de 3 à 4 mètres d'élévation, gros comme des chaloupes, reflétant parfois une couleur terne et blafarde, semblable aux lueurs fantastiques du gaz hydrogène en combustion. On était alors par 59° 50′ de latitude sud. A ce spectacle inusité, les matelots parurent éprouver une certaine émotion. C'était, en effet, l'avant-garde du formidable ennemi qu'ils allaient combattre. Le lendemain, ces masses flottantes augmentèrent de nombre et de volume, et le 22, par 65° environ, une *banquise* ou barrière de glaces solide arrêtait la marche des deux corvettes. A cette rencontre inattendue, Dumont d'Urville fut d'abord atterré. « J'y lus tout de suite, dit-il, le renversement de toutes mes espérances, l'incertitude des récits de Weddell, et le tableau redoutable des fatigues et des dangers que nous allions être forcés de braver pour établir jusqu'à l'évidence l'impossibilité de pénétrer aussi loin qu'on eût pu s'y attendre. » Mais, le premier moment passé, il ne songea plus qu'à la direction qu'il avait à prendre. Il suivit l'acore des glaces en poussant à l'est, afin d'explorer les divers points où Weddell avait dû passer, et vérifier s'il ne trouverait pas quelque part un canal praticable.

Tandis qu'ils côtoyaient cette muraille infranchissable, les deux équipages eurent le loisir de contempler le merveilleux spectacle qu'ils avaient sous les yeux. « Sévère et grandiose au delà de toute expression, tout en élevant l'imagination, il remplit le cœur d'un sentiment d'épouvante involontaire ; nulle part, l'homme n'éprouve plus vivement la conviction de son impuissance...... C'est un monde nouveau dont l'image se déploie à ses regards, mais un monde inerte, lugubre et silencieux, où tout le menace de l'anéantissement de ses facultés. Là, s'il avait le malheur de rester abandonné à lui-même, nulle ressource, nulle consolation, nulle étincelle d'espérance ne pourraient adoucir ses derniers moments... Jusqu'aux bornes de l'horizon, à l'est comme à l'ouest, s'étendait une plaine immense de blocs de glace de toutes les formes, entassés et confusément enchevêtrés les uns dans les autres, à peu près comme on les observe sur la surface d'un grand fleuve. Quand arriva le moment de la débacle, leur hauteur moyenne ne dépassait guère 4 ou 5 mètres, mais sur cette plaine glacée surgissaient çà et là des blocs bien plus considérables, dont quelques-uns atteignaient 30 et 40 mètres d'élévation et des dimensions proportionnées. Ceux-là semblaient être les grands édifices d'une ville de marbre blanc ou d'albâtre... La teinte habituelle de ces glaces est grisâtre, par l'effet d'une brume presque permanente. Mais s'il arrive qu'elle vienne à disparaître, et que les rayons du soleil puissent éclairer la scène, alors il en résulte des effets d'optique vraiment merveilleux. On dirait une grande cité se montrant au milieu des frimas avec ses maisons, ses palais, ses fortifications et clochers... Le silence le plus profond règne au milieu de ces plaines glacées, et la vie n'y est plus représentée que par quelques pétrels voltigeant sans bruit, ou par quelques baleines dont le souffle sourd et lugubre vient seul rompre par intervalles cette désolante monotonie. »

Après avoir dépassé le méridien où Weddell, en 1828, avait trouvé la mer libre et croisé sa route, Dumont d'Urville vira de bord, et se dirigea au nord sur les îles New-South-Orkney. Il essuya dans le voisinage plusieurs coups de vent qui lui causèrent les plus grandes inquiétudes ; mais il ne put y aborder. Retournant alors au nord-est, il revint jusqu'au 58° 4' de latitude, se dirigea sud, et retrouva la banquise par 62° de latitude. Un passage semblait s'ouvrir aux deux corvettes. Elles s'y élancèrent résolument, le 4 février 1838, espérant trouver la mer libre de l'autre côté. Entrées dans un bassin intérieur, elles avaient jeté l'ancre. « Est-ce qu'il y a un port ici près ? demanda un jeune novice de la *Zélée*. Je ne croyais pas qu'il y eût des habitants au travers des glaces. »

Les seuls habitants de ces tristes solitudes étaient des phoques du genre stenorynchus. Ces stupides animaux restaient le plus souvent couchés à plat sur la surface polie des glaces. On eût dit alors d'énormes sangsues collées contre les glaces. « D'ordinaire, dit Dumont d'Urville, ils nous laissaient passer près d'eux sans daigner faire un mouvement, ou bien ils se contentaient de tourner languissamment la tête vers nos navires, en les considérant d'un œil

passif et indifférent. » Les équipages ne tardèrent pas à
aller s'escrimer contre ces étranges animaux.

Ce n'était cependant pas le moment de songer à de pareilles distractions. A peine entrées dans ce bassin, les corvettes
y avaient été emprisonnées. L'étroit canal qui leur avait livré passage s'était refermé derrière elles. Il faut lire dans le
second volume de la relation du voyage le chapitre XIII in-
titulé : « Entrée et séjour dans la banquise. » Cinq jours
se passèrent dans les plus mortelles angoisses. Plusieurs
tentatives avaient échoué. Enfin, profitant d'une circonstance favorable, le capitaine donna ordre d'appareiller.
Aussitôt les amarres furent rentrées et les voiles larguées;
après un quart d'heure d'hésitation, la corvette s'élança
brusquement et parcourut du premier bond une ou deux
encâblures, en brisant violemment toutes les glaces qui se
trouvaient sur son passage, puis s'arrêta soudain devant un
bloc plus volumineux. Alors il fallut avoir recours aux grelins et au cabestan pour doubler l'obstacle. C'est ainsi que sa
course entière s'accomplit au travers de l'espace de trois
milles environ que nous eûmes à parcourir pour rallier les
bords de la banquise. C'était un spectacle vraiment curieux
que celui de cette marche inégale et saccadée de *l'Astrolabe.*
Le plus souvent arrêtée tout-à-coup, à la suite d'un de ses
élans, par des glaces trop compactes, on la voyait tanguer et
embarder durant quelques secondes, puis, ayant trouvé un
vide, s'élancer de nouveau par cette nouvelle ouverture. En
ces moments, on eût dit un animal intelligent qui, forcé de
s'échapper au travers d'une haie épaisse, ayant d'abord
cherché à droite et à gauche, puis ayant trouvé l'endroit
propice, aurait continué sa course... Nous fûmes heureusement débarrassés des dernières glaces de la banquise, nous
nous élançâmes vers la pleine mer, où nos corvettes purent
évoluer en tous sens, libres et légères comme les poissons
d'un lac en sortant des joncs et des roseaux qui les ont longtemps tenus captifs. D'un mouvement spontané, nos matelots s'écrièrent : Enfin, nous voilà sauvés, nous sommes
revenus sur le liquide ! *La Zélée* avait été délivrée cinq minutes avant nous. »

Une fois sorti de la banquise, Dumont d'Urville en continua l'exploration. Mais bientôt la continuité du mauvais temps, l'intensité du froid, les nuits devenues déjà longues, la brume et la neige presque continuelles, l'avertirent qu'il était temps de renoncer à ce genre de navigation. Aussi, dès qu'il eut coupé les méridiens de 33 ou 34° à l'ouest de Paris, par lesquels Weddell avait dû commencer sa fameuse pointe, il dut se replier vers l'ouest, il termina sa campagne par un essai de reconnaissance sur les îles New-South-Shetland.

Le LITTORAL. — Les côtes et leurs accidents naturels ou factices. — Dunes, caps, promontoires, golfes, baies, anses, rades, ports, criques, chenal.

L'étude de la mer et de ses parages divers est de la plus haute importance pour la navigation. Mais, si les navires, dans leurs longues courses, n'avaient point de refuge, s'ils ne pouvaient rencontrer ni halte, ni abri, les voyages de-cessairement se borner aux trajets les plus courts, et même ils deviendraient tout-à-fait impossibles. L'irrégularité des terres que la mer baigne de ses eaux offre heureusement aux marins une hospitalité et un séjour où ils n'ont plus rien ou du moins peu de choses à redouter des éléments. Le littoral est le principe et la fin de toute navigation.

Le littoral est cette bande de terre qui entoure une mer jusqu'à une certaine distance. Le littoral s'arrête au rivage, qui est l'espace alternativement couvert et découvert dans les plus grandes marées par le plus grand flot de la mer au temps des équinoxes. On appelle aussi le *rivage* tout ce qui est compris entre le flot et les dunes incultes ou les rochers qui séparent le sable de la terre en servant de digue à la mer. Mais pour faire mieux comprendre ce qu'on nomme le rivage, nous devons dire ce que sont les *dunes*. On désigne par ce mot des éminences formées de coquillages, de terres et principalement de côtes plates. Ce sont en général des terrains abandonnés par la mer, dont les vents ont augmenté l'élévation. La mer, soit par son flux et son reflux, soit poussée par les vents, transporte et dépose sur la grève les matières qu'elle détache de son fond et souvent d'autres côtes. Les vents augmentent ces dépôts en y transportant, selon le côté d'où ils soufflent, les poussières, les terres sablonneuses, les sables qu'ils trouvent sur leur route. Par ces dépôts successifs, le terrain s'élève peu à peu et parvient à la fin à une hauteur qui force la mer de l'abandonner entièrement. Les vents continuant leurs trasports de terres et de sables, ces terrains continuent de s'élever et deviennent des éminences quelquefois considérables. On sent qu'il y a

des variétés à l'infini dans les quantités de ces transports,
qu'elles dépendent de la force et de la direction du vent ;
que quelquefois elles sont nulles ; qu'il arrive même que
les vents, loin de transporter de nouveaux sables sur ces
éminences, en détachent au contraire des parties et les
transportent ailleurs. On donne particulièrement ce nom
de dunes aux côtes de Flandre, entre Dunkerque et Nieu-
port, et à une grande rade sur les côtes orientales d'Angleterre, vis-à-vis de Kent.

La côte est une grande étendue de terre le long du
bord de la mer ; elle prend le nom du pays qu'elle borne.
L'on dit la côte d'Angleterre, la côte de Barbarie, de Guinée, etc. La côte est *accore* lorsqu'elle est élevée en précipices.

Le cap est une élévation qui s'avance en mer et qui fait
saillie sur l'ensemble de la côte. Chaque cap a sa configuration et sa couleur, son aspect en général qui sert à le faire
reconnaître et à guider les navigateurs du cabotage et
même ceux du long cours, qui s'en servent souvent pour
assurer leur point, pour se reconnaître.

La détermination de la position des caps en latitude et
en longitude est un des points les plus essentiels pour la
navigation.

Pour bien se conduire par la reconnaissance des caps,
comme dans le cabotage, ou pour s'en servir à l'attérage,
comme dans les voyages de long cours, il faut connaître
leur aspect.

Les promontoires sont aussi des pointes de terre qui
s'avancent dans la mer.

Le golfe est une profonde et large rentrée de la mer dans
les terres ; tels sont le golfe de Gascogne, compris entre le
cap Finistère, l'île d'Ouessant et le cap Lézard ; celui de
Bengale, beaucoup plus grand que ce premier, compris
entre la pointe du nord de Sumatra et celle du sud de
Ceylan, et tant d'autres qu'il est inutile de nommer.

La baie est une rentrée moindre que le golfe, qui est
presque une mer. Il n'est point de côte de quelque étendue où l'on ne trouve quelque baie creusée par la mer
dans une longue succession de temps, ou formée tout-à-

coup par quelque révolution dans cette partie du globe. Si une côte accore est formée de matières que la mer puisse attaquer, elle les ronge sans cesse par le choc du flux et du reflux. Ces matières délayées dans l'eau sont transportées cà et là où elles forment des attérissements, tandis que la partie attaquée se creuse sans cesse. Si cette côte accore a beaucoup d'épaisseur, le travail de la mer se ralentit à mesure qu'elle creuse davantage, parce que le fond s'élève toujours des débris de la côte; que la mer, glissant sur ce terrain, perd son mouvement peu à peu, et encore parce que ce mouvement, s'exerçant à une plus grande distance de pleine mer, a moins de force. L'effet peut cesser au bout d'un certain temps, et la baie se trouvera terminée par une côte accore, et peut-être y aura-t-il une très grande profondeur d'eau, même près de terre. Si la côte attaquée a peu d'épaisseur, et que le terrain derrière soit moins élevé que le niveau de la mer, il en résultera une inondation et un détroit. Si ce terrain est plus élevé, il s'y formera une pente douce, et la profondeur de l'eau y diminuera graduellement, de sorte que les bâtiments d'un tirant d'eau un peu considérable ne pourront mouiller ou accoster la terre qu'à une assez grande distance.

Pour qu'une baie soit bonne, il faut que le fond soit de bonne tenue pour les ancres, et pour cela il ne doit pas s'élever trop rapidement vers la terre ; car alors elles sont sujettes à déraper. Il faut encore que la baie soit garantie par la terre des vents qui peuvent tourmenter les vaisseaux à l'ancre. Toute baie dont l'ouverture est tournée vers le point d'où vient le vent le plus à craindre est mauvaise, à moins que cette ouverture ne soit barrée par des îlots, des roches ou des bancs assez élevés qui brisent la violence de la mer et laissent cependant entre eux des passes sûres et faciles. Si avec cela il y a dans cette baie des anses commodes pour le débarquement où la mer ne brise point trop, ne forme point de barre ni de ressac dangereux, si le mouillage n'est pas trop éloigné de ces anses, si le pays peut courir à un prix modéré les choses dont un bâtiment en relâche peut avoir besoin, la baie peut être réputée très bonne ; mais il y en a peu qui réunissent tous ces avantages.

L'anse est un diminutif de la baie.

L'embouchure d'une rivière, un petit bras de mer, une anse défendue par l'art ou par la nature contre l'impétuosité des vents ou celles des flots et contre l'attaque des ennemis, et où l'on peut faire en sûreté toutes les opérations relatives à l'armement, au désarmement, à la construction et au radoub des vaisseaux, forment un *port* ou un *hâvre*.

Il y a trois espèces de ports : les grands ports destinés exclusivement aux bâtiments de guerre, les ports marchands qui ne reçoivent que la marine du commerce, et les ports mixtes qui reçoivent la marine de guerre et la marine marchande.

Un port de guerre est placé dans la meilleure de toutes les conditions lorsqu'il domine sur les ports d'une nation rivale, de sorte qu'il n'en puisse rien sortir sans qu'il en ait connaissance, et particulièrement quand il donne aux vaisseaux qu'il renferme l'avantage du vent régnant sur ceux de l'ennemi : telle serait par exemple, en cas d'hostilités, la position de Cherbourg par rapport aux ports anglais. Un port situé à l'embouchure d'un détroit servant de communication d'une mer à une autre, est dans une excellente position ; s'il était ouvert au commerce, il ferait ses expéditions avec plus de sûreté en temps de guerre, et recevrait un plus grand nombre de navires nationaux et étrangers pendant la paix. Cadix, se trouvant auprès de la pointe de l'Afrique, est une relâche sûre et commode pour tous les bâtiments qui viennent de cette partie du monde ou des deux Indes ; et la baie de Cadix est peut-être celle de l'univers qui est la plus fréquentée.

On sort d'un bon port et l'on y entre presque par tous les vents. Si l'on ouvrait un passage dans la baie de Cadix par le canal de Caraque, ce qui serait très-facile, elle jouirait complètement de cette prérogative que les derniers travaux exécutés à Cherbourg ont fait acquérir à ce port.

Les meilleurs ports sont ceux dont la nature a fait presque tous les tracés. Ceux qui sont formés par l'art coûtent des sommes immenses et un entretien ruineux, et cependant ils ne sont jamais aussi sûrs et aussi parfaitement commodes. C'est ainsi que les ports de Dunkerque, Bayonne, Marseille, ne vaudront jamais ceux de Toulon et Brest.

Les navires en sortant du port mouillent dans une rade, c'est-à-dire, dans un espace de mer assez vaste pour contenir les flottes qui doivent être expédiées du port, et laisser encore assez de place pour le louvoyage : assez bien défendu, pour que l'ennemi ne puisse les insulter; assez à l'abri des vents et de la grosse mer pour que les navires y tiennent à l'ancre pendant les plus fortes tempêtes, sans courir aucun danger; Dunkerque, le Hâvre et presque tous nos ports de la Manche n'ont pas de rade. Celles de Brest et de Toulon sont superbes, il en est de même de celle de Cherbourg.

Il convient que la rade et le port soient tellement distribués que les navigateurs qui tiennent la pleine mer ne puissent voir la rade ; que ceux qui sont en rade ne puissent voir le port ; enfin, s'il est possible, que d'une partie même du port on ne voie point ce qui se passe dans l'autre. Telle est la distribution des ports de Brest et de Toulon ; les opérations s'y peuvent faire de la manière la plus secrète. Il en résulte un autre avantage : c'est que le port ne peut être enfilé ni par les vents ni par les courants, qui sont ralentis par les anfractuosités du chenal et des côtés ; de sorte que la mer y est plus belle, et qu'il y a moins d'encombrements ou d'alluvions à craindre.

Les vaisseaux ne se comportent jamais mieux qu'à flot ; ainsi les ports où il reste assez d'eau à mer basse, pour qu'ils n'échouent pas, sont préférables à tous les autres. Les ports de la Manche et la plupart de ceux de l'Océan ont le très grand inconvénient de rester à sec au moment de la mer basse ; de sorte que les navires échouent deux fois par jour sur une grève qui les détruit bientôt par le frottement et les secousses qu'ils y éprouvent. On y remédie par le moyen dispendieux des écluses qui retiennent l'eau dans des bassins fermés. Les ports de la Méditerranée conservent constamment une égale profondeur d'eau et les navires y sont par conséquent bien moins exposés à des accidents graves.

La plupart des ports et notamment ceux qui ont été creusés par la main des hommes sont sujets à se remplir par les sables, la vase ou le gallet que la mer y rapporte. Le long des côtes de Normandie, de Picardie, et de Flandre on voit s'accumuler des alluvions qui bouchent l'entrée de tous les havres depuis longtemps. Dieppe, le Tréport, Saint-Valery en seraient entièrement obstrués, sans les efforts de l'industrie. Un autre fléau des ports, ce sont les vers qui rongent les vaisseaux. Ces animaux destructeurs ne font pas des ravages bien rapides dans nos ports de France ; mais la baie de Cadix, les havres des Antilles, ceux des Indes Orientales, en sont infectés ; et malheureusement on ne connoît point encore les moyens de combattre victorieusement cet ennemi redoutable.

Nous allons dire quelques mots sur les principaux ports de France, en les considérant sous les divers points de vue de leur situation topographique, de leur distribution intérieure, des dangers auxquels ils sont exposés, et des moyens employés pour les en garantir.

Bayonne serait un des meilleurs ports de l'Océan si son entrée n'était obstruée par une barre de sable. Cette barre, espèce de ban que les vents et les courants déplacent ferma entièrement le port pendant deux cents ans. En 1360 un ouragan terrible qui causa de grands ravages, exerça surtout sa furie sur les côtes du golfe de Gascogne; les sables des côtes de Biscaye et ceux des Landes furent poussés avec tant de violence que l'entrée du port fut fermée. Les rivières d'Adour et de Nive, se trouvant obstruées par ces attérissements, refluèrent vers la ville et les campagnes voisines, qui furent submergées ; des hommes et une foule de bestiaux périrent sous les flots.

La barre, qui depuis plus de trois cents ans était navigable, resta fermée pendant deux siècles. Enfin les eaux prirent d'elles-mêmes leur écoulement vers la mer par une ouverture qu'elles se pratiquèrent. Cette ouverture fut agrandie ; des digues furent élevées sur plusieurs points pour resserer le bassin du port : l'une d'elles, creusée par Louis de Foix, le même qui donna le plan de l'Escurial, porte le nom de *Barreau-Boucant*. On n'a pas cessé depuis d'entretenir ces digues et de les augmenter ; cependant l'entrée du port est toujours dangereuse : comme les bancs de sable qui l'obstruent se déplacent fréquemment, on est sans cesse obligé de les sonder et de placer des balises ; le secours d'un pilote côtier est indispensable pour franchir ce passage.

Ce grave inconvénient n'empêche pas le port de Bayonne d'être fréquenté et de faire un commerce considérable.

Bayonne envoie chaque année quelques bâtiments à la pêche de la baleine ; cette pêche est depuis des siècles pratiquée par ses marins. On prétend même que ce fut à des voyages faits à la recherche de ce cétacé qu'ils durent la découverte du banc de Terre-Neuve.

Les premiers, ils osèrent braver les fatigues d'une navigation lointaine pour aller l'attaquer jusqu'au milieu des glaces du Groënland ; ce fut sous les auspices des matelots basques que les Hollandais tentèrent les premiers essais de cette pêche, dont à une époque ils avaient le monopole presque exclusif. Bientôt les Anglais voulurent exploiter seuls à leur tour cette branche de commerce.

Les basques formèrent leurs établissements plus au nord, sur une pointe qui conserve encore aujourd'hui le nom de cap Biscaye. Avant d'oser attaquer la baleine, ils s'essayèrent sur les vinvischs, un des plus énormes poissons des mers du Groënland. Cet animal, moins gros que la baleine, est presque aussi redoutable ; dès qu'il sent le harpon, il fuit sous des bancs de glaces où sont venus souvent échouer les pêcheurs qui avaient eu l'imprudence de l'y poursuivre.

Enhardis par ces premiers essais, bientôt les Basques ne craignirent pas d'attaquer les baleines les plus monstrueuses.

Quoique les baleines habitent ordinairement le Nord, on en voit quelquefois échouer sur nos côtes. Le 1er avril 1741, un cachalot monstrueux, sorte de baleine, entra dans la rivière de l'Adour : on eût dit qu'il venait braver jusques dans leur port les hommes qui avaient déclaré la guerre à son espèce. La surprise causée par l'apparition de cet énorme animal fit bientôt place à un autre sentiment; les marins se préparent à l'attaquer, le rivage se couvre d'une foule avide de contempler un spectacle nouveau pour elle : le harpon fut lancé près de l'île de Naguille; aussitôt qu'il fut attaché, des femmes, briguant l'honneur de porter les derniers coups au monstre marin, s'avancent dans des barques; elles étaient armées d'épées dont elles firent un glorieux usage; plusieurs même dansèrent en rond sur le dos de l'animal expirant.

Non loin de Bayonne est Biaritz, ou bourgade près de laquelle on va prendre des bains de mer. Dans l'ancienne marine des Basques français, Biaritz était regardée comme une succursale de Saint-Jean-de-Luz et de Cibourre; on n'y voit aujourd'hui que quelques bateaux pêcheurs dont les produits suffisent pour donner aux habitants de ce village un air d'aisance et de bien être.

Près de Biaritz, le poids et l'agitation continuelle des vagues ont creusé de toutes les manières le sol contre lequel elles ont exercé leur fureur; et ces débris entassés les uns sur les autres ont formé des masses d'un aspect imposant et bizarre. Les unes ressemblent à des tours antiques ou à des ruines d'édifices, d'autres à des montagnes à pic, à de hautes pyramides isolées et quelquefois réunies par des ponts naturels d'une structure hardie. L'écume, poussée avec force dans les cavités de ces rocs, vient quelquefois animer la scène en glissant sur les surfaces raboteuses des rochers. Les mugissements sourds d'une mer agitée, répercutés par les anfractuosités de ces rocs, rendent cette scène encore plus imposante.

Jusqu'au cap Saint-Martin, la côte s'arrondit presque en forme de demi-cercle ; elle est à pic et haute partout de quarante-huit à cinquante-cinq pieds. De distance en distance, elle est coupée de ravins étroits et profonds, que le sable de mer ne tardera pas à gagner, comme les autres cavités de cette côte.

Biaritz est fameux en naufrages : nulle part le terrible golfe de Gascogne n'est battu de plus de tempêtes. Le mouvement rétrograde des flots brisés par le reflux a souvent emporté des baigneuses ; autant de fois de jeunes et vigoureux nageurs ont volé à leur secours, mais presque toujours sans succès.

Deux lieues séparent Biaritz de Saint-Jean-de-Luz, qui est le port le plus considérable du pays des Basques. Déjà vous avez vu à Bayonne ces hommes dont les chev ux nattés s'échappaient de dessous un petit bonnet nommé *berret*, et qui étaient vêtus d'un gilet rond et d'une culotte courte, retenue par une ceinture qui serrait une taille bien prise et dégagée : ces hommes sont les Basques confinés dans ce petit coin de terre des Pyrénées; ils sont séparés du reste du monde par leur territoire, leurs mœurs et leur langage.

Les Basques habitent sur le revers opposé des Pyrénées occidentales; la plus grande partie de cette nation est soumise à l'Espagne. Les Basques français occupent, le long des Pyrénées, un petit territoire divisé en trois contrées, que l'on nomme la *Basse Navarre* la *Soule* et le *Labour*.

Des savants donnent au peuple basque la plus haute antiquité ; quelques-uns prétendent qu'il descend d'une colonie de Phéniciens venue dans les Pyrénées, il n'y a pas moins de cinq mille ans, pour en exploiter les mines.

Les Basques se livraient à la navigation dans des temps bien antérieurs à l'établissement des autres puissances maritimes de l'Europe ; nous avons déjà dit qu'ils étaient les premiers qui se fussent occupés de la pêche de la baleine. Robertson cite un fait qui paraît faire croire que la découverte de l'Amérique fut due à un Basque. Un pilote de cette nation, allant en 1448 de Bayonne à Madère, fut battu d'une tempête si furieuse pendant vingt-deux jours, que, dans l'impossibilité de prendre la hauteur des astres, il fut forcé de s'abandonner au caprice des vents et des flots, qui le jetèrent sur une île qu'on prétend être Saint-Domingue.

Ce pilote, nommé *Alphonse*, descendit à terre; après avoir radoubé son navire, il remit à la voile. Pendant une longue traversée où les vivres vinrent à lui manquer, il perdit douze matelots, et le reste périt d'épuisement et de fatigue en débarquant à Tercère où il aborda.

Christophe Colomb reçut Alphonse dans sa maison; et ce fut, dit-on, sur la relation que le pilote lui communiqua de ses voyages, qu'il forma le dessein de pénétrer dans les Indes occidentales.

Le pays des Basques et Bayonne ont fourni des marins célèbres, parmi lesquels *Larue, Detcheverry, Tournès, Balanqué, Ducasson, Duler, Dalbarade*, etc.

Larue, ayant aperçu dans l'une de ses courses sur les attérages d'Angleterre, deux vaisseaux de construction française amarinés par un vaisseau anglais qui s'en était rendu maître, forma aussitôt le projet de les délivrer.

Quoique inférieur en forces, il attaqua hardiment *le Vautour* (c'était le nom du vaisseau anglais); celui-ci, commandé par Bromelger, un des plus intrépides soldats de la marine anglaise, fait la résistance la plus vive. Bientôt les ponts des deux vaisseaux sont couverts de morts et de blessés; Bromelger, furieux d'une attaque opiniâtre, arbore le pavillon sans quartier, qui, sur un fond rouge, porte un bras armé d'un sabre. Quoique ce pavillon ne fût plus d'usage, le farouche Bromelger le déployait dans tous les combats; cette action, qui n'annonçait que trop le sort réservé aux vaincus, ne fit qu'animer le courage de Larue: il commande l'abordage; et, le premier à la tête de ses Basques, il s'élance sur le vaisseau ennemi: tout ce qui leur résiste tombe sous leurs coups; les Anglais effrayés demandent grâce, et Bromelger lui-même rend son épée au capitaine basque qui rentra triomphant à

Bayonne, y ramenant sa prise et les deux vaisseaux qu'il avait délivrés.

Pendant le combat, un jeune mousse basque donna une marque de présence d'esprit au-dessus de son âge. Il était employé au service du canon avec un de ses camarades ; un boulet perce le vaisseau et tue celui-ci ; le jeune mousse, sans être effrayé, déshabille son compagnon, et avec ses dépouilles bouche le trou et approche ensuite le cadavre pour en faire un appui et maintenir le bouchon. Cette précaution, cependant, ne faisait que retarder le mal ; et, l'eau pénétrant avec abondance dans l'intérieur du vaisseau, le mousse court chercher un charpentier et un matelot, qui réparent la brèche et sauvent le vaisseau d'un naufrage imminent.

Le capitaine Ducasson aurait été compté au nombre des premiers marins de son siècle, si la fortune, à son début dans la carrière, n'eût trahi son courage. Fait prisonnier par les Anglais après des prodiges de valeur, l'ennemi, au lieu de respecter le courage et le malheur, jeta Ducasson blessé et presque mourant dans un cachot, espèce de cloaque infect. Après avoir langui quelques jours dans ce séjour de mort, aux sollicitations réitérées de deux de ses officiers, on le transporta en ville. Ce secours était trop tardif. Aigri par la douleur, exaspéré par les mauvais traitements qu'il avait essuyés, le malheureux marin fut saisi d'une fièvre brûlante. En proie au délire, son imagination offrait à ses regards l'appareil des combats ; il s'écriait : « Courage, mes amis, ils ne vous prendront pas... Vite à l'abordage... » Puis s'arrachant avec effort des bras des personnes qui cherchaient à le retenir : « Lâches, s'écriait-il, vous fuyez, vous m'abandonnez. » Il expira ainsi dans une cruelle agonie. Sa mort ajouta une nouvelle victime aux malheureux prisonniers morts dans les affreux cachots et les horribles pontons anglais.

Le capitaine Duler, de Bayonne, se distingua par de nombreux exploits sur mer. Pendant le cours de vingt-trois campagnes, il donna souvent la preuve d'une valeur intrépide, unie à une prudence consommée.

Un jour qu'il naviguait avec une goëlette sur les côtes de l'Amérique méridionale, il aperçut un navire anglais qui avait perdu hauteur sur les côtes de Cayenne. Duler descend, lui quatrième, dans la chaloupe, gouverne vers le navire anglais, et l'aborde. Bien reçu par le capitaine, il le fortifie dans l'opinion où il est qu'il se trouve sur les attérages des possessions anglaises, et s'offre à lui servir de pilote. L'Anglais accepte imprudemment son offre ; Duler le conduit dans le port de Cayenne. Lorsque le capitaine anglais reconnut son erreur, il était trop tard pour fuir. Entouré aussitôt de vaisseaux français, il fut forcé de se rendre, et son bâtiment fut déclaré de bonne prise.

Duler se trouvait à Saint-Domingue pendant un tremblement de terre épouvantable. L'effroi s'était emparé de tous les cœurs ; partout fuyaient égarés par la terreur les malheureux habitants. Le désordre n'était pas moins grand sur la côte. Arrachés à leurs ancres, jouets d'une tempête furieuse, les vaisseaux étaient lancés par les flots sur les rochers et les récifs ; et les cris des infortunés qui voyaient l'abîme prêt à les engloutir, se mêlant au fracas des vents, faisaient un horrible concert. Duler, supérieur à la crainte quand l'humanité réclamait ses secours, brave les dangers qui de toutes parts l'environnent. Monté sur une frêle barque, il parcourut le rivage ; menacé à chaque instant d'être englouti, il parvient, à travers mille périls, à sauver deux frégates près de se briser contre les rochers. Un vaisseau s'engloutit sous ses yeux : Duler recueille l'équipage attaché à ses débris. Surchargée par le nombre, sa barque est sur le point d'enfoncer ; des vagues énormes se brisent au-dessus de ses bords ; mais, animé par l'exemple de Duler, l'équipage rame avec force, et l'esquif touche la rive aux acclamations de tous les marins réunis sur la plage.

Aux noms des marins distingués nés sur les côtes du département des Basses-Pyrénées, nous devons joindre encore Bergeret, dont Bayonne fut le berceau.

Le gouvernement de la Grande-Bretagne ayant des craintes sur le sort de Sydney Smith, pris au Havre et

qu'on voulait juger comme incendiaire, envoya Bergeret
à Paris pour obtenir son échange contre le commodore, à
cette condition que, s'il ne réussissait pas, il reviendrait
se constituer prisonnier. Après d'inutiles efforts pour obtenir cet échange, il voulut tenir sa parole; et, malgré les
ordres les plus positifs du Directoire, il s'échappa et alla
se livrer au ressentiment de ses ennemis.

Le port de Saint-Jean-de-Luz s'ouvre au fond d'une
vaste baie à droite de laquelle s'étend la ville. Une des
choses les plus remarquables de ce port sont les *perrés*,
entre lesquels les flots resserrés prennent assez de force et
d'élan pour porter le navire au-dessus de la digue opposée
à la violence des flots, et pour l'échouer sans danger sur
le rivage. Cette construction ingénieuse et hardie est due
aux travaux de M. Baur, ingénieur en chef du département. Une pareille lutte avec l'Océan était cependant difficile à soutenir, et les efforts de l'art doivent être continués avec persévérance. Le second perré a été en partie
renversé par les flots.

Saint-Jean-de-Luz est situé au fond d'une anse et à
l'embouchure de la Nivelle, qui la sépare en deux parties,
savoir : la cité proprement dite et le faubourg de Cibourre.

Sur les deux pointes qui forment l'entrée de l'anse sont
des constructions défensives : à droite, une forte batterie
de canons et de vastes magasins; à gauche, du côté de
l'Espagne, un fort et un petit port nommé *Socoa*.

Le port de Saint-Jean-de-Luz, présentant une trop
grande ouverture à son entrée, exposait les vaisseaux qui
venaient y mouiller à être tourmentés par la grosse mer :
la fréquence des ouragans ajoutait encore aux dangers qui
naissaient de cet inconvénient.

En cinq ans, cette ville éprouva deux ouragans terribles. Celui de 1777 rompit la digue qui défendait le port ;
et la mer pénétra avec une telle force, et s'éleva à une
telle hauteur, que peu s'en fallut qu'elle n'engloutit la
ville entière. En 1782, un ouragan non moins terrible
emporta 150 toises du quai et tous les bâtiments environnants.

On rebâtit ce quai, mais plus en arrière ; et, dans un espace de 160 toises, on lui donna une forme courbe, et on le construisit tout à-la fois en charpente et en maçonnerie de pierre de taille. On l'adoucit en talus du côté de la mer pour donner moins de prise à l'effort des vagues, et par derrière on le renfonça d'un mur de contrefort composé de semblables matériaux. Enfin, l'espoir de ramener un jour le commerce à Saint-Jean-de-Luz, et la nécessité d'avoir un port voisin de l'Espagne, où des vaisseaux de guerre pussent être à l'abri, déterminèrent à accéder au projet de rétrécir même l'entrée du golfe, en construisant les deux perrés.

Les rivages, sans cesse dégradés par la violence des marées, présentent partout des traces de l'action des flots. Un couvent situé trop près de la mer a été envahi par elle ; et ses chapelles détruites sont déjà ensevelies sous les sables.

Près de Saint Jean-de-Luz est l'île de *Socoa*, qui sert de relâche aux barques de pêcheurs.

À six lieues de la ville se trouve la frontière d'Espagne, marquée par la petite rivière de la Bidassoa, à l'embouchure de laquelle est l'île des *Faisans*, connue sous le nom d'île de la Conférence : là fut arrêté le mariage de Louis XIV avec Marie-Thérèse d'Autriche.

Le port de Bordeaux, établi sur la Garonne, a encore de plus grands inconvénients que celui de Bayonne. L'embouchure de ce fleuve qui reçoit la Dordogne dans son lit s'est étendue sur une plage immense, où les alluvions se sont accumulées dans une largeur de cinq à six lieues : c'est une barre prolongée qui retient les eaux de la mer montante, jusqu'à ce qu'elles soient élevées à une certaine hauteur ; mais aussitôt que cette digue est surmontée, l'eau se répand dans le lit du fleuve avec une vitesse effrayante, et contre laquelle il est impossible de tenir. Cet effet de la mer est nommé par les riverains le *flot* ou le *mascaret* ; il faut combiner le moment de la sortie et de l'entrée des navires avec celui du mascaret ; et surtout il faut bien prendre les passes, c'est-à-dire le lieu où la rivière a établi son chenal ; ces passes changent très-fréquemment, et les pilotes lamaneurs sont occupés sans cesse à les reconnaître.

Sans ces inconvénients, la rivière de Bordeaux, qui reçoit les frégates, pourrait donner asile aux plus grands vaisseaux. Elle est cependant incommode pour ses courants et les crues auxquelles elle est très sujette.

On ne connaît aucun moyen de remédier à la trop grande largeur de la Garonne à son embouchure. Les travaux qu'une pareille entreprise exigerait sont trop considérables, trop dispendieux et trop peu sûrs pour qu'on essaie de les effectuer.

Quoi qu'il en soit, le port de Bordeaux est un des plus beaux et des plus commodes les quais sur les deux rives ; ont un développement immense, et une largeur très bien étendue ; de sorte qu'il s'y fait, sans confusion, un commerce considérable en vins et autres denrées pour l'approvisionnement des colonies et celui des meilleures tables de la nation et de nos voisins ; c'est en même temps le port le plus décoré. Bordeaux avec son port est vraiment une cité reine ; il n'est aucune ville d'Europe dont le premier aspect soit d'un effet plus magique et d'une disposition plus imposante.

La Garonne forme, devant Bordeaux, un quart de cercle, dont les deux pointes de l'arc sont éloignées l'une de l'autre d'une lieue ; et cette courbe est assez allongée pour qu'il soit possible de l'apercevoir d'un coup d'œil dans toute son étendue. On voit se développer sous les yeux un quai superbe, bordé de beaux édifices, de promenades agréables. La beauté du fleuve, qui coule avec une majestueuse rapidité, et dont la largeur est de sept cents mètres dans cette partie, ses eaux couvertes en tout temps d'une épaisse forêt de mâts, qui s'élèvent d'une multitude de vaisseaux de toute grandeur et de tous les pays : tous ces objets forment un ensemble impossible à décrire.

Le port est une enceinte circulaire dont la courbe correspond dans plusieurs parties à un rayon de 400 mètres;

on y a vu à la fois jusqu'à 800 navires de toutes grandeurs ; mille bâtiments peuvent y être contenus.

Le mascaret, dont nous avons parlé, est une lame haute de six pouces et quelquefois de la grosseur d'un tonneau ; à certaines époques, elle coule au confluent de la Garonne et de la Dordogne, parcourt le lit de celle-ci dans toutes ses sinuosités, et la remonte rapidement, en faisant entendre un bruit léger.

Bassi lou mascaret, disent les habitants en courant pour le voir. A son approche, les oies et les canards s'enfoncent dans les roseaux, et les bateliers tournent la proue de leurs bateaux vers ce courant rapide, afin de n'en être pas renversés.

Le mascaret remonte la rivière jusqu'à une distance de huit lieues de son embouchure ; il y a des endroits où il quitte les bords pour se porter vers le milieu, ou pour s'étendre sur toute la rivière. Il se forme à Saint-André, en lames qui tiennent dans la rivière la moitié de sa largeur, jusqu'à Caverne ; là il se perd un instant pour aller reparaître, entre Asques et Lille, en forme de promontoire ; puis il se change de nouveau en lames jusqu'à Tersac, où il reprend sa première forme ; il ne la quitte plus qu'à Arveyres. Il longe ensuite la côte jusqu'à Fronsac ; là il s'étend sur toute la rivière, passe devant la rade de Libourne, et ne paraît plus qu'avec peu de force à Genissac-les-Réaux et à Peyse-Feite.

Jadis le mascaret était beaucoup plus violent qu'il ne l'est aujourd'hui : tout ce qui se trouvait sur la côte que parcourait le mascaret était fracassé ou renversé ; les arbres étaient déracinés, les barques coulées à fond, les digues abîmées, et les pierres lancées quelquefois à cinquante pas de distance ; la frayeur saisissait même tous les animaux qui paissaient dans les environs de la rivière.

Le mascaret ne produit plus aujourd'hui tous ces grands désordres ; cependant on assure qu'il y a trente ans il se faisait encore sentir dans la Garonne au-dessus de Bordeaux ; qu'il renversait ou remplissait les canaux, et qu'on l'entendait à une demi-lieue de distance. Il est probable

Contrebandiers

que les attérissements, ayant changé le lit et le cours du
fleuve, ont détruit en grande partie les effets du mascaret.

Outre la barre dont il a été question, la marée est la
première cause de ce phénomène : en remontant la Gironde, le flux de la mer se porte dans la Dordogne, plutôt
que dans la Garonne, parce que le lit de celle-ci est dé-
tourné, tandis que le lit de la Dordogne est dans la direction du flux, et reçoit par conséquent la plus forte impulsion. Aussi, quand ses eaux sont basses (condition
indispensable pour que le mascaret ait lieu), la marée y pénètre fort avant ; et, comme les grosses lames n'y trouvent pas la profondeur nécessaire à leur développement,
elles s'élèvent et se brisent sur les bords ; ou, lorsqu'elles
sont repoussées par les rochers, elles se jettent au milieu
de la rivière. Les nombreux détours que le mascaret rencontre, les bancs de sable, la rapidité du courant et d'autres circonstances contribuent à augmenter sa force.

Parmi les marins auxquels Bordeaux donna le jour,
on cite Pierre Barthe qui de simple matelot devint contre-
amiral, après avoir passé par tous les grades, après s'être
signalé au siége de Mantoue, à la prise de Malte, et dans
l'expédition de Saint-Domingue, il commanda avec gloire au
siége de Saint-Domingue, il équipa en 1807, à Dantzick,
une flottille pour seconder le siége de Pillau, et s'empara
d'un convoi de quarante-deux voiles. Chargé, en 1809, de
s'emparer de l'île de Muleithem, il exécuta cet ordre avec
autant de bravoure que de célérité, et l'ennemi se vit forcé
d'abandonner cette île. Barthe par son habileté, presque
toujours suivie du succès, facilita à l'armée française le
passage de divers bras du Danube, et prépara avec les
généraux Aubry et Bertrand, la mémorable victoire de
Wagram.

Le pont de la Bastide est une des plus étonnantes constructions de Bordeaux ; ses arches au nombre de dix-sept
sont voûtées en briques, et embrassent une étendue de 486
mètres.

C'est à Bordeaux qu'en 1803 on fit l'essai d'un vaisseau
sous-marin, pendant qu'au Hâvre, on tentait une expé-

rience du même genre. L'idée d'une pareille invention n'appartenait cependant pas à notre époque. En 1653, un français montra aux curieux de Rotterdam un bâtiment sous-marin ayant soixante-douze pieds de longueur. L'auteur, qui tint secrets ses moyens de le manœuvrer, lui attribuait la faculté de détruire les escadres les plus nombreuses, et d'exécuter avec promptitude les plus longues traversées.

Le bâtiment sous-marin construit à Bordeaux était à quatre mâts et d'une forme toute particulière ; on n'en obtint pas tout le résultat qu'on s'en était promis.

Fulton essaya un bâtiment du même genre à Brest, en 1801 : ce bâtiment se nommait le *Nautilis*. Il contenait quatre hommes, et avait des voiles qui se couchaient sur le pont lorsqu'on voulait plonger.

Un anglais nommé Johnson, capitaine marchand, ou, suivant quelques journaux, *smuggler* (contrebandier), avait conçu le projet ingénieux d'enlever Bonaparte de Sainte-Hélène, à l'aide du plus grand navire sous-marin qui eût jamais été construit. Ce navire avait cent pieds de long ; les mâts et les voiles étaient disposés de manière à se coucher sur le pont ; Johnson se proposait de ménager sa route pour reconnaître Saint-Hélène vers la fin du jour ; et, afin de mieux éviter les croiseurs, il devait gagner le rivage entre deux eaux ; là il eût expédié un émissaire à Bonaparte, et attendu tout le temps nécessaire : des sommes considérables lui étaient promises en cas d'une réussite complète. En outre, on devait lui compter 40,000 liv. sterling quand son vaisseau serait prêt à partir ; mais, le jour où l'on appliquait sur la carène un doublage en cuivre, on apprit que le célèbre captif n'existait plus.

Le capitaine Johnson avait déjà donné des preuves d'un courage et d'un sang-froid imperturbables. Il avait répété, aux frais de l'amirauté, l'expérience de Fulton, qui consiste à fixer sous un bâtiment à l'ancre un pétard dont l'effet s'opère au moyen d'une espèce d'horloge et d'un pistolet chargé à poudre. L'ancre de son bateau s'engagea avec le câble du bâtiment soumis à l'épreuve ; et, après avoir fixé le pétard, il essaya vainement de s'éloigner. Il regarde tranquillement à sa montre, et dit à l'homme qui l'accompagnait : « Nous n'avons plus que deux minutes et demie à vivre, si nous ne pouvons pas nous dégager. » Cet homme, qui était marié depuis peu de jours, se mit à sangloter, et s'écriait : « Nancy! pauvre Nancy! » Johnson s'écria à son tour : « A quoi bon ces jérémiades; ôte ta veste et prépare-toi à boucher à l'écubier. » En même temps, saisissant une hache, il coupe le câble du bateau et gagne le large. Il était temps, car le pétard éclata au moment prescrit, et le grand navire fut brisé en mille pièces.

Ce fut du port de Bordeaux qu'appareilla, le 19 décembre 1783, le vaisseau qui portait M. Saunier, tombé après un naufrage, entre les mains des Maures d'Afrique. Voici comment lui-même raconte ses malheurs :

« Nous restâmes dix jours en rivière, contrariés par les vents; le onzième, on mit à la voile. Arrivés auprès du cap Finistère, nous reçûmes de violents coups de vent qui nous forcèrent de nous tenir à la cape (les voiles pliées) cinq jours de suite. On parlait d'aller relâcher dans quelque port voisin; mais, le temps s'étant calmé, on se remit en route.

» Le 17 janvier 1784, à quatre heures du matin, sans qu'on eût aperçu la terre, le vaisseau toucha : la secousse horrible que reçut le navire nous fit tous sortir de nos lits et monter sur le pont. La nuit était sombre : on distinguait avec peine les objets; les matelots couraient sur le pont en poussant des cris lamentables. La vague nous couvrait entièrement; l'obscurité de la nuit, l'horrible bruit des vagues, l'ignorance du lieu où nous avions échoué, le danger présent, tout portait dans nos âmes un sentiment de terreur.

» Cependant notre navire faisait très peu d'eau; il eût été facile de jeter une ancre, de l'alléger et de le mettre à flot; mais tout le monde était plongé dans un état d'anéantissement qui ôtait toute faculté de réfléchir. On s'abandonna à la Providence et on attendit le jour dans les angoisses de la crainte.

» Sur les cinq heures et demie, le navire, battu par les lames qui se succédaient continuellement, fit eau avec abondance. Tout le monde se mit aux pompes, mais sans espoir de sauver le navire.

» Le jour qui parut nous fit découvrir la côte près de nous : elle offrait une vaste étendue de sable ; bientôt nous la vîmes garnie d'une foule de Maures, et nous reconnûmes que nous étions échoués sur la côte inhospitalière de l'Afrique.

» A la vue des Maures, nous pressentîmes les maux cruels auxquels nous étions réservés : nous n'ignorions pas quels affreux traitements ces peuples barbares et fanatiques font éprouver aux malheureux chrétiens qui tombent en leur pouvoir. Les horreurs d'une longue et dure captivité s'offraient alors à nos yeux sous des couleurs que le danger présent rendait encore plus affreuses.

» Le capitaine prend une résolution terrible : il nous fait assembler sur le pont : « Mes amis, dit-il, vous voyez ces hordes de tigres qui, rassemblés sur ce rivage, semblent déjà dévorer des yeux la proie que l'Océan vient leur offrir ; il n'est qu'un moyen de leur échapper et de tromper leur avide férocité. Si vous êtes tous des hommes courageux, la mort doit vous paraître préférable à une captivité avilissante et terrible. Plusieurs milliers de poudre sont dans la sainte-barbe : j'y mets moi-même le feu, et nous terminons ensemble une vie que tôt ou tard nous perdrons dans les cruels traitements que ces barbares nous réservent. »

» Le discours du capitaine est d'abord reçu avec acclamation, mais le désir de la conservation, ce sentiment puissant qui n'abandonne jamais l'homme, même au milieu des plus grands périls, prend le dessus, et comme le capitaine s'avançait vers les poudres pour y mettre le feu, plusieurs de nous se précipitent vers lui et l'arrêtent. « Lâches, s'écrie-t-il, en tournant ses regards vers nous, vivez donc pour être les victimes de ces monstres, puisque vous n'avez pas le courage de m'imiter. » En même temps, il tire un de ses pistolets, pose le canon dans sa bouche, et se brûle la cervelle.

» Cet évènement ajouta encore à l'état de terreur où nous étions ; cependant le vaisseau qui s'enfonçait sensiblement, les vagues qui déferlaient jusque sur le pont, nous font songer aux moyens de sauver nos jours. Un radeau est construit : dix seulement de nous ne purent s'y placer et la lame était si violente qu'elle en emporta quatre.

» Nous fîmes un nouveau radeau sur lequel cinq arrivèrent au rivage, où ils furent à l'instant saisis et dépouillés par les Maures. Ceux-ci mêmes, profitant du radeau, arrivent près du bâtiment et l'envahissent. Il devient impossible de leur échapper ; nous nous soumettons à notre sort.

» Les Maures nous divisèrent en plusieurs troupes pour nous emmener comme leurs esclaves, et ne pouvant convenir entre eux du partage, ils se battirent avec acharnement.

» Je tremblais que cette lutte ne nous devînt funeste ; enfin ils s'accordèrent, et chacun d'eux se mit en route pour nous conduire dans son habitation. J'appris depuis que ces Maures appartenaient à deux tribus : celles des *Monselmines* et des *Mongearts* ; c'était entre les mains des premiers que j'étais tombé. Je remarquai que, comme tous nos malheureux compagnons qui leur étaient échus, j'étais entièrement nu, tandis que les esclaves des Mongearts avaient des peaux pour les couvrir et des hardes prises dans le naufrage.

» Cette diversité de mœurs dans des peuples si voisins me fit croire que sans doute mes compagnons avaient été si bien traités par leurs maîtres parce que ces peuples étaient accoutumés à voir les Européens dans la rivière du Sénégal ; je pensai donc que si je pouvais leur appartenir, j'aurais sûrement le bonheur d'être conduit à cette colonie. Cette idée vraie ou fausse m'inspira le projet de m'éloigner, si cela était possible, de l'endroit où mon patron avait sa femme et ses enfants. On ne faisait presque point attention à moi, ce qui m'engagea, sur les neuf heures, à m'enfoncer dans les terres sans savoir où j'allais.

J'eus à peine fait une demi-lieue, que je fus rencontré par des Maures qui me firent marcher à grand pas, et m'entraînèrent à leurs tentes, où je vis beaucoup de chèvres et de chameaux.

« Aussitôt que je fus arrivé, on me donna du lait, on me couvrit de plusieurs peaux de chèvres cousues ensemble ; lorsque nous reprîmes cette marche, un Maure me fit monter derrière lui sur son chameau, et je continuai ainsi de voyager sans savoir où j'allais.

« Les négociants français et anglais établis à Mogador, instruits de notre captivité, envoyèrent pour traiter de notre liberté. Le Maure Bentahar, qui logeait chez mon maître, m'acheta 80 piastres. Cet homme réunit en même temps cinq de nos camarades d'infortune, avec lesquels j'arrivai à Mogador le 21 avril ; et nous nous trouvâmes enfin en liberté, »

Près de l'embouchure de la Garonne est un des phares les plus renommés, la tour de Cordouan, dont les fondements furent jetés en 1584 par Louis de Foix, architecte et négociant, qui le construisit aux frais de la province. Sa décoration extérieure est composée de trois ordres d'architecture, placés en pyramide l'un sur l'autre : le premier est dorique, le second corinthien, et le troisième composite. Elle a dans sa base environ quatre mètres, sur vingt-cinq mètres d'élévation, non compris la lanterne de fer dont elle est surmontée. Au-dessus de la lanterne est un dôme terminé par un globe et une girouette. C'est dans la grande lanterne de fer que l'on place le foyer du phare ; c'est un réchaud qui contient deux cent vingt-cinq livres de charbon de terre, que l'on allume chaque soir au coucher du soleil, et qui dure toute la nuit.

On croit que le rocher sur lequel la tour est bâtie tenait jadis à la côte de Médoc, et que la mer, à la longue, a couvert le terrain qui l'en sépare aujourd'hui. Cette tour, environnée de toutes parts par les flots d'une mer presque toujours orageuse, présente un spectacle aussi majestueux qu'imposant.

La plupart des navires qui sortent de Bordeaux pour

naviguer dans l'Océan viennent mouiller devant Blaye où ils achèvent de compléter leur cargaison et de prendre une partie des vivres pour leur traversée. Là aussi ils embarquent des pilotes côtiers, dont le secours leur est nécessaire pour sortir du fleuve, à travers les bancs et les écueils qui s'y rencontrent.

Blaye a une ancienne citadelle où a été enfermée la duchesse de Berry.

La Gironde a 3,800 mètres de largeur devant Blaye, et dans le milieu du fleuve se trouve une petite île qui la partage en deux bras inégaux. Sur cette île on a construit un petit fort qui retient le nom de *Pâté* par sa forme. Les batteries de ce fort, se croisant d'un côté avec celles de la citadelle de Blaye, de l'autre, avec celles du fort Médoc, rendent le passage difficile aux ennemis, malgré la largeur des deux bras du fleuve.

Bien qu'on ait vu à Bordeaux des bâtiments de guerre, le port de cette ville n'est qu'un port de commerce.

Rochefort est un port de guerre. L'emplacement où il a été creusé n'était pas le plus favorable. Lorsque Louis XIV voulut le créer, on sonda en plusieurs endroits ; le bas de la Charente parut surtout convenir. On commença les travaux necessaires, successivement à Soubise et à Tonnay, mais le refus fait par les seigneurs de ces lieux de vendre les terrains destinés au port força les entrepreneurs à se rabattre sur Rochefort, petit château que Louis XIV fut contraint d'acheter, parce qu'alors on ne connaissait par l'expropriation pour cause d'utilité publique, et que le pouvoir absolu du grand monarque n'était pas si absolu qu'on s'est plu à le dire. Tous les obstacles étant levés, on commença en 1665 à creuser les bassins du port et à bâtir la ville. Rien de ce qui pouvait assurer au nouveau port quelque importance maritime ne fut négligé : les rues, vastes et régulières, furent tirées au cordeau ; la ville fut entourée de murailles et d'un rempart planté de deux rangées d'arbres. L'arsenal attira surtout les soins des ingénieurs : il fut composé d'un beau chantier de construction, de trois bassins appelés *formes*, pour les radoubs ;

de vastes magasins destinés à renfermer tout ce qui est nécessaire à l'équipement et à l'armement des vaisseaux furent élevés. Rochefort fut une manufacture d'armes et une fonderie d'où sortit en 1690 cent canons de 36 livres de balles et 37 de 24 ; la même année, cet arsenal vit en huit mois construire et armer quinze galères ; enfin, à ces édifices furent encore ajoutés des casernes spacieuses et un hôtel-de-ville. Plusieurs forts et redoutes furent bâtis sur des points de la côte voisins du port : tels étaient le fort de la ville d'*Aix*, la redoute l'*Aiguille*, le fort de la *Pointe*.

Destiné, en quelque sorte, à n'être qu'une colonie, Rochefort n'offrit, pendant près de cent ans, que quelques demeures misérables et malsaines, où la classe ouvrière appelée au service fut entassée : aussi vit-on bientôt se développer une longue suite d'épidémies qui forcèrent enfin à combattre ces causes d'insalubrité. On fit venir par un acqueduc, conduit à grand frais, une eau pure et saine de la Charente ; des réservoirs d'eau destinée à arroser les rues dans l'été, furent également établis. Plusieurs marais environnants furent desséchés ; malgré ces améliorations, les fièvres ne laissent pas de faire encore beaucoup de ravages à Rochefort.

Le port a 2,200 mètres de longueur ; ce ne fut qu'en 1669 qu'il fut disposé pour recevoir des vaisseaux ; l'expérience fit apprécier l'avantage de cet arsenal, par la possession de la rade de l'île d'Aix qui, quoique mal abritée des vents, peut cependant recevoir de fortes escadres et présente un mouillage excellent. Dès les premières années de son existence, on vit sortir de son sein de nombreux armements qui prirent une part active aux brillants succès de la marine française sous Louis XIV ; cette prospérité naissante éveilla l'attention des ennemis de notre pavillon, et, le 4 juillet 1674, Tromp parut devant le port de Rochefort dans l'intention de le détruire ; il avait soixante-douze bâtiments sous ses ordres, mais on était préparé à le recevoir ; il fut obligé de se retirer.

Tous les établissements à terre furent distribués avec beaucoup d'entente ; mais le port est rapidement comblé par la vase. Autrefois, il fallait draguer deux mois devant les portes d'un bassin où l'on voulait faire entrer un vaisseau pour le refondre, et le même travail devenait une affaire à sa sortie. Aujourd'hui l'opération a été beaucoup simplifiée par l'invention d'un bateau dragueur à auget, qui emporte la vase au milieu de la rivière. Cette drague est mue par des ailes comme celles d'un moulin à vent. Les vaisseaux ne peuvent s'avancer qu'à moitié dans le port; on les traîne dans la boue jusqu'à l'île de Rhé, où s'achève leur armement.

Rochefort a des formes et des calles en bois couvertes, à l'abri desquelles les vaisseaux sont construits.

La calle en pierre ne date que de 1820. Les ateliers de sculpture, tannerie, menuiserie, voilerie, sont des plus vastes. Il en est de même de ceux de la mâterie et de la corderie. La boulangerie peut fabriquer par jour 4,500 rations de pain et 19,000 de biscuit. Le bagne peut contenir 3,000 forçats.

La rivière peut contenir 20 vaisseaux de ligne, mais depuis la fin du règne de Louis XIV, on n'y en a jamais mis un aussi grand nombre. Il est à regretter que le port, enrichi des productions de l'Aunis, de la Saintonge et des pays adjacents, et si admirablement situé pour les approvisionnements des autres ports, soit disgracié sous tant d'autres rapports.

Entre la Rochelle et l'île d'Oléron, à quatre lieues de Rochefort, et dans le prolongement de l'axe de la rivière de Charente, est située l'île d'Aix. Elle n'a qu'un quart de lieue de diamètre; mais elle est d'une haute importance comme point militaire maritime; le canon de ses forts commande la belle rade à laquelle elle donne son nom. Depuis Brest jusqu'à Rochefort, cette rade est la seule où nos vaisseaux de premier rang puissent mouiller commodément et en sûreté; l'île sert d'entrepôt pour l'artillerie de marine; les vaisseaux viennent s'y armer et s'y désarmer à la sortie et à l'entrée du port de Rochefort; ils ne pourraient naviguer sur la Charente avec leurs pièces de batterie. La population de l'île ne s'élève pas au delà de quatre cents habitants; ils sont presque tous pêcheurs, et la plupart excellents pilotes côtiers.

La Rochelle est tout à la fois une place forte et un port de mer ; dès le 10ᵉ siècle, La Rochelle était une ville importante, puisqu'en 950 les Rochellois équipèrent quelques vaisseaux avec lesquels ils donnèrent la chasse aux pirates qui infestaient leurs côtes. De tout temps les Rochellois ont passé pour bons marins et intrépides. Leur port est un des plus sûrs que l'on connaisse, et défendu principalement par un ouvrage à cornes, qui a sa porte couverte d'une demi-lune et retranchée par deux autres demi-lunes, et qui est cerné du côté de la terre d'un mur épais, flanqué de tours rondes, propres à servir de magasin ; deux tours gothiques, unies par une chaîne de fer, ferment l'entrée du bassin qui s'avance dans la ville. Deux langues de terre, qui, en s'étendant à plus d'un lieue de la ville, forment la rade, sont également fortifiées.

A trois lieues de la Rochelle est l'île de Ré, qui peut avoir vingt lieues de long sur une de large et une population de 16,000 habitants, dont le quart au moins se consacre au service de la marine. L'île est divisée en deux cantons : Saint-Martin de Ré fortifié par Vauban, avec un port, est le chef-lieu de l'un ; le chef-lieu de l'autre est La Flotte, petite ville sur une rade, située comme Saint-Martin sur la côte est de l'île, la côte de l'ouest présentant des escarpements inabordables. C'est sur un des escarpements qu'est située la tour de la Baleine, d'où l'on découvre à huit ou dix lieues à la ronde.

Un peu plus au sud est une autre île de six lieues de long sur deux de large : c'est l'île d'Oleron. Son sol est assez fertile : on y cultive une grande quantité de légumes ; le sel est un de ses principaux produits. A l'extrémité ouest est *Le Château*, petite ville fortifiée ; la tour de *Chassiron* indique aux vaisseaux l'entrée du *Pertuis d'Antioche* ; c'est ainsi qu'on nomme le détroit qui sépare l'île du continent.

Si de la mer nous ramenons nos regards sur la rive, nous apercevons *Marennes*, petite ville à une demi-lieue de la mer, célèbre par ses huîtres vertes que l'on exporte dans l'intérieur de la France : des paniers ficelés avec du fil de laiton, remplis d'huîtres de Marennes, sont envoyés jusque dans la Provence.

La Rochelle, les îles de Ré et d'Oleron ont été des pépinières de braves marins ; parmi les Rochelois qui se signalèrent par leur courage et leur présence d'esprit, on cite le chef de timonerie Sélis.

En 1796, une expédition partit de Rochefort pour les Indes orientales. La corvette *la Bonne citoyenne*, qui faisait partie de cette expédition, fut séparée de l'escadre par un coup de vent et capturée par les Anglais, qui menèrent l'équipage à Portsmouth.

Sélis et Thierry, l'un chef de timonerie, l'autre pilote côtier de la corvette, furent envoyés à Petersfield et de là traînés dans différents dépôts de prisonniers, où ils essuyèrent les plus durs traitements. On les enleva de ces prisons avec six autres Français, et on les transporta, sans aucune forme de jugement, au dépôt des prisonniers condamnés à la déportation et destinés pour Botany-Bay, et, le 28 mars 1797, ils furent embarqués pour cette colonie sur un bâtiment de la Compagnie des Indes, nommé *Lady Shore*, de 500 tonneaux, armé de 22 canons et chargé de 119 prisonniers. Ce bâtiment avait 26 hommes d'équipage et une garnison de 58 soldats, tous bien armés.

Nos braves Français n'avaient d'autre moyen de recouvrer leur liberté que de se rendre maîtres du bâtiment. Ils conçurent ce hardi dessein ; mais, réduits au nombre de huit, sans armes, sans espoir de secours, tout semblait devoir le faire avorter. Cependant ils le confient à trois Allemands et à un Espagnol destinés, comme eux, à être transportés à Botany-Bay. Leurs forces ainsi augmentées, ils tinrent conseil, formèrent leur plan d'attaque, convinrent du moment, distribuèrent à chacun ses fonctions et promirent tous d'être fidèles à leur serment et de mourir à leur poste.

Le moment de cette audacieuse exécution fut fixé à deux heures du matin, le 1er août. Le navire se trouvait alors

par les 19° de latitude sud et les 36° de longitude ouest.
Ils se rendent furtivement et un à un dans le panneau
de la force armée, saisissent les armes des soldats endormis et attendent en silence le signal convenu, qui était le
cri de *Vive la République!* A ce cri, tous s'élancent avec la
rapidité de l'éclair : un sur le panneau où couchaient les
femmes, deux au côté du panneau des soldats, avec ordre
de tuer quiconque se présenterait pour sortir, deux autres
sur les passavants pour faire feu sur tous soldats ou matelots qui se trouveraient sur le pont et qui refuseraient de
se rendre ; deux se portent au panneau de derrière où couchaient les officiers ; deux se rendent chez le capitaine, et
le somment, au nom de la république, de rendre son bâtiment et de se rendre lui-même ; deux tiennent en arrêt
l'officier de quart avec deux autres officiers de service, et
les forcent de garder le plus profond silence; enfin le
douzième force une caisse de munitions, en distribue à
tous les postes, et veille à ce que ses frères d'armes ne
soient pas pris entre deux feux.

L'officier de quart, les voyant armés et courant à la fois
sur tous les points du bâtiment, saisit ses pistolets et
blesse mortellement l'un des assaillants; mais lui-même
est tué sur-le-champ. Le capitaine, ne voyant que deux
hommes armés devant lui, veut faire résistance ; à l'instant il reçoit trois coups de baïonnette et crie en tombant du pont dans l'entrepont : *Rendez le bâtiment aux Français!* Effrayé des menaces qui lui sont faites, le commandant
de la troupe répète aussi : *Rendez le bâtiment aux Français!*

Cependant les soldats prennent les armes, et veulent
s'élancer hors de leur panneau ; mais un Français s'empara d'une barrique de salaisons et la lança dans le panneau sur un caporal, qui jeta un si grand cri que tous les
soldats, effrayés et ignorant le nombre des insurgés qui
combattaient sur le pont, s'écrièrent qu'ils se rendaient
prisonniers.

Maîtres alors de tous les postes et assurés du bâtiment,
les Français répètent, en signe de victoire, le cri de *Vive*

la République! Mais, dans la crainte d'une contre-révolution, ils fermèrent tous les panneaux et désarmèrent ensuite officiers, soldats et matelots; enfin ils nommèrent Sélis capitaine et Thierry lieutenant de la prise.

Les deux nouveaux officiers rendirent à l'instant des lois, dont voici les plus remarquables :

Tout homme de la force armée qui entretiendra des relations criminelles avec les prisonniers, et qui sera convaincu de complot contre la sûreté du navire, sera pendu.

Tout homme qui parlerait de se rendre, en cas de rencontre d'un bâtiment sera puni de mort.

Tout défenseur de la prise qui se prendra de boisson pendant son service sera puni de mort.

Tout prisonnier à qui il sera trouvé des armes sera puni de mort.

Tout prisonnier qui tiendra des propos contre la République sera puni de cinquante coups de corde.

Tout prisonnier qui sera convaincu de tenter une révolte sera puni de mort.

Les lois signées Sélis, capitaine ; Thierry, lieutenant, et Morillot secrétaire, furent traduites en langue anglaise, lues, publiées et affichées pour que personne ne pût en ignorer, et les chefs des prisonniers furent contraints de signer le certificat de prise dans les forme et teneur établies par les lois de la guerre.

Cependant les vainqueurs, craignant avec raison qu'un aussi grand nombre de prisonniers ne devînt trop difficile à contenir avec leur peu de moyens, saisirent l'occasion d'en débarquer vingt-neuf, presque tous officiers et soldats, sur les côtes du Brésil; ils leur donnèrent, tant en vivres qu'en instruments de marine tout ce qui était nécessaire pour se nourrir et se diriger; mais ils exigèrent d'eux, par écrit, le serment de ne point servir pendant un an contre la république et ses alliés. Toutefois, comme ils ne se trouvaient pas en assez grand nombre pour faire la manœuvre du bâtiment, ils proposèrent aux matelots anglais de continuer leur service avec promesse de récompense. Ceux-ci acceptèrent, et le bâtiment fit voile pour Montevideo, dans la rivière de la Plata, où il arriva le 31 août. Ils jetèrent l'ancre, hissèrent le pavillon tricolore, et saluèrent le vaisseau commandant de la rade de onze coups de canon, et la place de quinze.

Sélis et Thierry comptaient vendre leur prise à Montevideo, et chercher ensuite les moyens de repasser en France avec leurs compagnons ; mais, quoique l'Espagne fut l'alliée de la République française, le gouverneur contesta la validité de leur capture et les traita avec une certaine rigueur. Ils protestèrent contre cette conduite vis-à-vis du vice-roi de la province, auquel ils écrivirent avec l'énergie d'hommes capables d'un trait d'audace semblable à celui par lequel ils venaient de se signaler ; et, sans attendre sa réponse, ils surent, à l'insu du gouverneur de Montevideo, faire parvenir à l'ambassadeur français à Madrid, *Truguet*, toutes les pièces qui constataient leurs droits sur le navire *Lady Shore*.

L'ambassadeur ayant réclamé auprès du prince de la Paix, des ordres furent expédiés, en vertu desquels les Français devaient rester maîtres de disposer à leur gré du bâtiment et de la cargaison. Les Allemands et l'Espagnol qui les avaient si bien secondés devaient être traités comme eux, et les prisonniers qu'ils avaient faits, considérés comme appartenant à la République, ne pouvaient être échangés que par elle et suivant le mode ordinaire de ses échanges.

La ville des Sables-d'Olonne occupe une petite presqu'île unie au continent du côté de l'est. Cette ville est bâtie en amphithéâtre. Son port est, avec la rade d'Aiguillon, le seul point maritime un peu important du département ; il reçoit des bâtiments marchands et des bâtiments armés destinés à convoyer des transports. Il est malheureux qu'une chaîne de rochers, nommée les Barges d'Olonne, située environ à une lieue de la côte, qu'on ne distingue qu'à la basse mer, en rende l'accès difficile.

Cette ville fut sur le point d'être détruite par des courants marins qui avaient envahi sa plage, ses jardins, et une de ses rues. En vain on avait essayé de la défendre par des digues, des pieux, des murs : la ville voyait sa ruine s'avancer de jour en jour. Un habile ingénieur, Lamandé, trouva enfin le moyen de faire rendre à la mer ce qu'elle avait pris à la terre. Après avoir observé que le courant destructeur venait frapper une partie de la côte d'où il se réfléchissait directement sur la ville, il construisit, à l'angle de réflexion, une digue qui détournait obliquement le courant de sa direction; de sorte que, loin de dégrader désormais la ville, il lui rendit en moins d'une année plus de grève qu'elle n'en avait perdu. Les habitants des Sables-d'Olone regardèrent cet ingénieur comme leur sauveur ; et l'un d'entre eux, qui n'avoit d'autres héritiers que des collatéraux riches, lui légua par son testament quarante mille francs pour récompenser le service rendu à son pays.

Nantes est un port de commerce des plus importants : il se divise en plusieurs parties; depuis le pont de la Bourse, qui commence à l'île Feydeau, jusqu'à celui de Glo-riette, sont les grands bateaux de la Loire; depuis ce point jusqu'à la Piperie, mouillent les chasse-marées, gabares, grands et moyens navires. Au bout de la promenade de la Fosse, bordée de nombreux embarcadères, sont les quais de Chésine, couverts d'actifs chantiers de construction. Ils se terminent par les Salorgel, monument colossal, tant par l'étendue immense de ses six pavillons prolongés, contigus, que par son imposante architecture; ce bâti-ment, édifié en 1776, est l'entrepôt des douanes.

Nantes n'étant qu'à une journée de la mer, est très heureusement situé pour le commerce; cependant il ne reçoit que des navires au dessous de 100 tonneaux : ceux d'une charge plus considérable se déchargent à Paimbœuf, qui est à neuf lieues de là, et le transport des marchan-dises s'achève par des bateaux légers nommés *gabares*. Les vaisseaux vides de leur cargaison remontent le fleuve et se rendent devant le bourg de Pellerin, à quatre lieues de Nantes. C'est là qu'on les désarme entièrement et qu'on les radoube, après qu'ils ont mouillé ou qu'ils se sont échoués dans cette rade qui est très bonne. On arme à Nantes un très grand nombre de bâtiments qui vont à la pêche de la morue au banc de Terre-Neuve et au cap Breton. Dans le temps que la Compagnie des Indes avait aliéné, pour un certain nombre d'années, la traite des Nègres, on armait à Nantes tous les ans 18 ou 20 vaisseaux pour cet odieux trafic, et ils transportaient au moins trois mille nègres dans nos colonies. Mieux éclairées sur leurs intérêts et leurs devoirs, la plupart des nations, à l'instigation de l'Angleterre, ont aboli cette traite où l'homme est assimilé à un vil bétail. Des lois de répression ont sanctionné cette abolition, mais elles seront plus ou moins dérisoires aussi longtemps qu'on n'aura pas aboli l'esclavage. En 1822, les Anglais capturèrent sur les côtes d'Afrique plusieurs bâtiments chargés de nègres qu'ils venaient d'acheter : du nombre de ces bâtiments étaient *la Vigilante* et *la Betzy*, sorties de Nantes. Les capitaines furent traduits devant les tribunaux et condamnés. Les malheureux nègres avaient été entassés dans la cale avec une barbarie sans exemple : tenus dans une position intolérable à cause des fers dont on les avait chargés, ne respirant qu'un air vicié, accablés des plus durs traitements, privés même de la nourriture nécessaire pour soutenir leur existence, ils s'étaient livrés à un si violent désespoir, qu'ils s'entre-déchirèrent avec leurs dents. Il en serait mort plus des trois quarts, s'ils n'eussent été délivrés par la prise du bâtiment qui les portait.

Il y a dans le pays nantais plusieurs autres petits ports, tels que Bourgneuf, Pornic, le Croisic, où l'on arme, soit pour la pêche lointaine, soit pour le cabotage.

Nantes fut la patrie de l'héroïque Cassard, marin non moins habile qu'intrépide. Dans un abordage il était toujours le premier et il était terrible. Il n'y avait pas de pilote plus adroit ; au milieu des circonstances les plus périlleuses de la mer, il prenait le gouvernail et le vaisseau était sauvé. Ce fut à l'attaque de Carthagène qu'il se fit plus particulièrement remarquer. Nantes lui ayant donné le commandement d'un vaisseau, il fit un grand nombre de

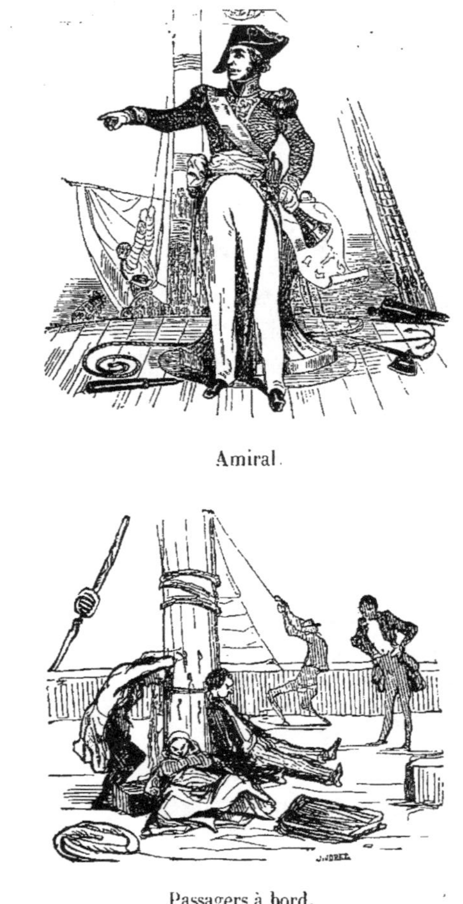

Soldat de Marine

Amiral.

Contre-Amiral.

Querelle à bord.

Passagers à bord.

riches captures. Louis XIV l'appela alors dans la marine royale, et l'envoya croiser dans la Manche, que sa valeur active eut promptement purgée des corsaires qui l'infestaient. Victorieux dans toutes les rencontres, Cassard fut nommé capitaine de vaisseau. Il devint la terreur des ennemis de notre pavillon jusque sur le continent américain où il porta la désolation dans les colonies portugaises.

Mais, au milieu de ses succès, une injustice qu'il éprouva fit naître dans son cœur une farouche misanthropie qui influa sur le reste de sa vie. Il avait équipé à ses frais, pour la ville de Marseille, deux vaisseaux avec lesquels il fit plusieurs prises. Cette ville devait le rembourser, et même lui donner une gratification : elle ne fit ni l'un ni l'autre. Les tribunaux devant lesquels il porta ses justes réclamations restèrent muets. En vain il s'adressa à la cour : privé de protecteurs, on n'écouta pas ses plaintes. La cour ne pouvait pas cependant se dissimuler qu'il avait rendu de grands services à l'État, et qu'on lui devait des récompenses. On lui proposa des pensions : « Je ne veux point, répondit Cassard, que, pour me dédommager, on me donne les dépouilles du peuple ; je demande le remboursement de trois millions que j'ai avancés ; et j'ai droit de les exiger. »

Lorsque le cardinal de Fleury devint ministre, Cassard alla le trouver, lui exposa ses droits avec une brusque franchise. Le cardinal se crut offensé ; le reçut avec froideur. Le marin, dont la patience était depuis longtemps épuisée, se permit des paroles injurieuses au ministre et à l'État. Pour en finir avec un homme qui réclamait un acte de justice et de reconnaissance, on le fit renfermer au château de Ham, où il termina sa carrière à soixante-huit ans.

Cassard avait un extérieur négligé, qui, joint à une figure commune, le laissait sans considération. Un jour que Duguay-Trouin était dans l'antichambre du roi, à Versailles, où il se promenait avec plusieurs seigneurs, il aperçoit à l'écart un homme dont l'extérieur annonçait la misère ; il se nommait Cassard. Il quitte aussitôt les seigneurs qui l'entourent, va joindre Cassard, l'embrasse et cause avec lui. Les seigneurs étonnés lui demandèrent qui était cet homme. « C'est, leur répondit-il, le plus grand marin qu'ait à présent la France : c'est Cassard ; je donnerais toutes les actions de ma vie pour une des siennes. »

Lorient est une des villes les moins anciennes de la France ; fondée par la compagnie des Indes en 1689, elle était florissante lorsqu'en 1769 cette compagnie fut dissoute. Depuis ce temps Lorient a vu décroître ses prospérités. Son port, situé au fond d'une baie profonde, au confluent de deux rivières navigables, est d'un bon mouillage ; on en exporte pour l'Amérique presque toutes les productions d'Europe. Lorient a vu naître le contre-amiral Bompart. Entré dans la marine comme volontaire, il signala sa bravoure dans les campagnes de l'Inde et de l'Amérique : chacun de ses grades fut le prix d'une action d'éclat. Bompart, en 1793, commandait le brick l'*Embuscade* de 36 canons; il était mouillé dans la rade de New-York ; une frégate anglaise de 44 canons vint le défier : Bompart accepta le combat, et, après avoir harangué son équipage, engagea une action qui dura sept heures et dont le succès lui resta. La frégate ennemie, démâtée et forcée de s'éloigner, le vit rentrer dans la baie aux acclamations des habitants, et la ville de New-York fit frapper une médaille pour conserver la mémoire de cet évènement.

En 1795, le Directoire le chargea de l'expédition d'Irlande. Quelques heures avant celle fixée pour le départ, les équipages s'étant soulevés à cause du dénûment dans lequel ils étaient, Bompart se rendit à son bord le pistolet au poing, reprocha aux matelots leur lâcheté, ranima leur courage et donna l'ordre de mettre aussitôt à la voile. Mais, arrivé seul dans la baie de Killala, il ne put résister à toute l'escadre anglaise. Après lui avoir mis deux bâtiments hors de combat, il tenta inutilement de jeter le sien à la côte pour éviter d'être pris ; ayant perdu une grande partie de son monde, et épuisé toutes ses munitions, il se rendit. Dans cette occasion, les Anglais lui donnèrent un éclatant témoignage de considération en le renvoyant en France sur parole.

Entre Lorient et Brest, sur une côte des plus accidentées, se trouvent les ports de Quimperlé, Concarneau, Quimper. Landernau. Le port de Quimperlé est formé par la réunion de l'Elle et de l'Isol qui se jettent ensemble dans la mer ; il s'encombre journellement et ne peut recevoir que des bâtiments de 50 tonneaux. Le port de Concarneau a 200 mètres de largeur et 52 de longueur ; le mouillage en est bon, mais difficile pour les marins étrangers qui ne connaissent pas les rochers de Penro, couverts à peine de quatre pieds d'eau. Il peut contenir trois cents barques et quelques bâtiments de cinq à six cents tonneaux ; les frégates doivent rester au delà des rochers de Penro. Plus de trois cents bâtiments y sont occupés à la pêche de la sardine. On en prend, année commune, de douze à quinze mille barils, et jusqu'à trente mille dans les années abondantes, sans y comprendre sept à huit mille de sardines anchoisées.

Ce fut sur la côte de Pospoder, non loin de Concarneau, qu'échoua en 1820 le navire norwégien la *Providence*, du port de 140 tonneaux et de 8 hommes d'équipage. Il fut poussé par une tempête, dans la nuit du 22 au 23 octobre. Le bâtiment paraissait mouillé, et n'était entraîné que lentement vers la côte ; les vagues le couvraient, et, malgré leur bruit et leur fureur, on distinguait les cris lamentables de l'équipage qu'il était impossible de secourir. À deux heures après minuit, le bâtiment s'étant approché de la côte de trois encâblures (environ 600 mètres), on put compter à bord six hommes dont les cris se faisaient encore entendre inutilement. A tout instant la mer couvrait le vaisseau. Bientôt une lame rompit le grand mât ; celui de misaine éprouva le même sort et entraîna un homme dans sa chute ; on s'approcha de la rive pour lui porter secours, en cas qu'il y fût poussé par la vague ; mais il parvint du milieu des débris de la mâture à bord. La mer était si furieuse que le navire, quoique privé de ses mâts,

continua d'être entraîné vers la côte, où il fut jeté violemment par une lame, qui couvrit en même temps les
spectateurs d'eau et d'écume, quoiqu'ils fussent un peu
éloignés du bord. A peine le bâtiment eut-il touché le
rivage, que d'intrépides riverains encouragés par leur curé
s'en approchèrent avec une ligne de pêche à laquelle
ils avaient attaché un boulet pour qu'elle parvînt à bord
et établît par ce moyen une communication avec le bâtiment ; ils allaient lancer cette espèce de fronde, lorsque
l'équipage, qui avait eu la même idée, jeta sur le rivage
un épissoir qui tenait à une ligne de sonde. A l'aide de
cette faible corde, on tira à terre un fort grelin, afin que,
si le navire venait à se briser, les hommes eussent du
moins dans ce câble un point d'appui pour se sauver. Le
bout de ce grelin fut fixé contre une roche et amarré à
bord sur le tronçon du grand mât ; mais, un nouveau coup
de mer ayant donné un grand mouvement au navire, le
grelin, en se raidissant, arracha la roche ; et les hommes
qui s'étaient placés entre elle et le bâtiment faillirent être
écrasés.

« Lorsque la vague eut fait son effet, dit M. de Lafosse,
auteur de la relation de ce naufrage, j'ordonnai qu'on laissât le câble libre dans ses mouvements. On était occupé à
le débarrasser de la roche, quand nous vîmes un homme
de l'équipage s'y placer pour tenter d'aller à terre. Afin
de lui faciliter l'exécution de son projet, une trentaine
d'hommes prirent à la main le grelin pour le tendre ; mais
un mouvement terrible que la mer imprima de nouveau au
navire fit raidir le câble, et tous ceux qui le tenaient ayant
été entraînés, il fut abandonné. L'homme qui ne l'avait
pas quitté fut englouti dans la mer ; cependant on ressai-
sit promptement le câble pour sauver ce malheureux qui
s'y tenait attaché. Dans ce moment, un roulis porte le
navire au large ; le câble se raidit encore avec violence,
et l'homme qui s'y est fixé est soulevé dans les airs à plus
de quinze pieds, sans toutefois l'abandonner.

» Ce marin, par des efforts inouïs, s'approchait de terre,
lorsqu'un mouvement semblable au premier le plonge

encore dans les flots ; même moyen pour l'en retirer, même succès. Enfin ses forces, quoique prodigieuses, s'épuisent, et une troisième chute d'autant plus dangereuse que les rochers vers lesquels il est porté se découvrent à chaque instant devient imminente. Un troisième mouvement arrache le grelin des mains de ceux qui le tiennent avec tant de constance, et l'homme tombe pour la troisième fois à la mer, mais épuisé, anéanti. Soudain deux intrépides riverains, Marie Trébaol et François l'Argonal, se dévouant à une mort presque certaine, se précipitent dans les flots, et, malgré leur fureur, parviennent à saisir ce malheureux déjà presque mort, et l'amènent sur la rive, où il est confié à plusieurs riverains qui lui prodiguent leurs soins.

» La position critique, continue M. de Lafosse, dans laquelle s'était trouvé ce marin, le premier des naufragés, avait montré le danger du moyen dont on avait voulu se servir pour sauver l'équipage. Comme le navire était assez près de la côte pour qu'il fût possible de se faire entendre, je fis défendre par un interprète à ceux qui restaient à bord d'imiter l'exemple de leur camarade, parce qu'une heure d'attente leur permettrait aisément de descendre à terre. Comme la mer déferlait toujours sur eux et qu'ils étaient privés d'aliment et de boisson, au moyen de la ligne de sonde dont le bout était à bord, je réussis à leur faire parvenir une bouteille d'eau-de-vie ; ils en burent, ce qui ranima leur courage et leur confiance. Ils obéirent, et, la mer descendant promptement dans la baie, ils purent, trois quarts d'heure après, venir à terre, à l'aide d'une longue échelle qui fut placée sur le bord. »

Il y a sept lieues de Concarneau à Quimper. Les bâtiments de 300 tonneaux remontent jusqu'à cette ville ; ceux de 500 à 600 ne peuvent se rendre qu'à l'anse de Lanroz, à deux lieues de Benodet. Des frégates peuvent se mettre en sûreté dans cette dernière rade ; elles n'y viennent cependant que dans les cas forcés ; car, quoique la passe soit bonne, quand on est contraint de louvoyer, on redoute les bas-fonds.

Le port de Quimper est situé sur deux rivières , l'Odet et le Styr, qui se réunissent et se rendent ensemble à la mer.

La rivière d'Elhorn se jette dans le port de Landernau, après avoir traversé la ville de ce nom. Ce port est un des plus importants du Finistère; il est protégé par les fortifications et les mouvements du port de Brest; les caboteurs des côtes méridionales de la France ne courent pas en temps de guerre, pour entrer à Landernau, les risques de tomber entre les mains des corsaires ou des vaisseaux qui croisent à la hauteur de la pointe du département; il servirait aussi très utilement d'entrepôt à celui de Brest; mais, pour lui assurer ces caractères d'utilité, il serait nécessaire d'opérer quelques travaux suffisamment indiqués par la position des lieux. Les seuls vents qui permettent l'entrée du port sont les vents d'ouest, de sud et de nord-ouest; le mouillage est de trois ou quatre brasses dans les plus hautes marées.

Brest est le plus grand et le plus beau port de la France. On y a vu en même temps une flotte espagnole de 28 vaisseaux de ligne. On y a réparé en trois mois d'hiver une armée de 25 vaisseaux et fait l'armement de 300 voiles. Les vaisseaux, dans ce port, sont amarrés sur huit câbles et calés à deux ou trois pieds près de leur tirant d'eau en charge. Non-seulement jamais ils ne touchent, mais à peine la mer a-t-elle monté une heure et demie que l'on trouve partout assez d'eau pour y faire passer un vaisseau du premier rang chargé. Mais il se trouve peu d'endroits où les vaisseaux puissent évoluer, parce que le chenal est trop étroit. Par la même raison, le port est incommode à mer basse dans les temps de mouvement. L'entrée du port n'est pas facile; il faut bien la connaître pour éviter un banc et plusieurs rochers qui forcent les vaisseaux d'un grand tirant d'eau à faire plusieurs détours pour passer entre les pointes.

La rade est superbe; son bassin a plus de trois lieues de diamètre. On y a vu mouiller en même temps 65 vaisseaux de ligne avec beaucoup de frégates et de navires de

Simulacre d'un combat naval dans la rade de Brest.

charge, et cependant il restait encore assez de place pour en mouiller plusieurs fois autant. On ne sort de cette rade qu'en passant par un bras de mer nommé le Goulet dont les deux bords sont hérissés de batteries de canons et de mortiers qui foudroieraient une flotte ennemie avant qu'elle fût à portée de canonner le port. Quoique n'ayant à peine qu'un mille de largeur, le Goulet est encore divisé par une chaîne de roches sous-marines. Dans cette rade, qui est située à l'extrémité de la Bretagne, les bâtiments sont à l'abri des coups de vent, mais les eaux qu'elle renferme, battues de violentes tempêtes du sud-ouest, imitent les mouvements de la grande mer, et dessinent quelquefois d'assez fortes lames pour compromettre les embarcations qui entreprennent de les affronter.

En dehors du Goulet, deux chaussées, ou chaînes de roc, s'étendent à treize milles au large; sur celle du nord, qu'un de ses groupes a fait nommer la *chaussée des pierres noires*, s'élèvent plusieurs îles, dont la plus grande, Ouessant, forme la pointe avancée des écueils, et porte le phare qui les annonce au navigateur; sur la chaussée du sud, s'élève l'île de Sein, célèbre dans les fastes druidiques. Dans ce dédale de rochers aux noms pittoresques, aux souvenirs dramatiques, le passage de Toulinguet est formé par la côte et un îlot d'une bizarre structure; il est percé à la hauteur de vingt pieds d'un trou de plusieurs brasses de diamètre.

L'arsenal secondaire de Saint-Servant, situé sur la côte vis-à-vis de Saint-Malo, dans la baie de Dinan, renferme des chantiers où l'on construit des corvettes et des frégates; une fois ces bâtiments lancés à la mer, c'est à Brest qu'ils vont effectuer leur armement.

Le rocher qui partage le goulet en deux est le Mingan. Sur ce formidable écueil se perdit, en 1794, le superbe vaisseau *le Républicain*. Il avait reçu l'ordre d'appareiller: à peine fut-il engagé dans la passe, qu'un vent contraire se déchaîna avec furie. La neige, un froid insupportable, s'opposaient à toutes les manœuvres; le pilote assurait cependant qu'on avait doublé le Mingan. Tout-à-coup on sentit que le vaisseau talonnait et qu'il portait sur un rocher. En vain s'empressa-t-on de l'alléger : inutiles efforts. Qui le croirait? dans cette fatale conjoncture, trois hommes, se dérobant au danger commun, descendirent dans un canot, seul moyen de salut de l'équipage, et se sauvèrent sans reparaître ; un d'eux abandonnait son fils ! L'ouragan redoublait, bientôt la carcasse s'ouvrit ; par un mouvement presque insensible l'arrière du vaisseau s'éleva, l'avant fut englouti. Un cri d'effroi s'est fait entendre, on s'élance dans la chambre du conseil, on s'attache à la galerie ; huit cents hommes sont agglomérés, suspendus sans espoir. Le vaisseau descendait encore.... ; il s'arrêta sur quelques pointes de rochers. Le vent redoublait de violence ; on craignait une autre secousse et la mort qui devait la suivre. Dans cet état d'angoisses, on attendit le jour ; des secours vinrent de l'escadre, une grande partie de l'équipage fut sauvée ; les capitaines furent envoyés en prison ; mais l'équipage, témoin de leur bravoure, de leurs savantes manœuvres, sollicita et obtint leur liberté.

Quarante ans auparavant, un accident plus terrible encore arriva dans cette rade. Des officiers de marine donnaient une fête aux dames de Brest, sur une frégate ; tandis qu'on se livrait au plaisir, le bâtiment toucha et tout fut englouti.

Les caps, les enfoncements, les îles variées de forme, la pointe de Plougastel où sont les forts de l'Armorique et du Corbeau, ses collines avec son puits merveilleux qui baisse quand la mer monte et s'élève au contraire quand elle descend, l'embouchure vaporeuse de l'Elhorn, des rivages à pic et dépouillés, des vergers fertiles, des forêts éparses sur un espace immense, la masse imposante des vaisseaux à trois ponts, les frégates légères, mille pavillons flottants au gré des vents, ces flammes qui serpentent sur une forêt de mats, des voix, des cris qui se répondent, le bruit du canon roulant sur le rivage, la fumée de ces vapeurs rapides, ces longues chaloupes à cinquante avirons aux mains des forçats, ces bricks, ces cutters qui coupent comme un trait la surface de l'onde, un monde de canots en mouvement, tout cet ensemble animé offre au voyageur un spectacle des plus étonnants, des plus majestueux.

Chaque soir, le port se ferme au moyen d'une énorme chaîne de fer que l'on tend d'une rive à l'autre; elle ne s'ouvre qu'au coup de canon de la diane. L'entrée du port est défendue, du côté de Brest, par la citadelle qui s'élève sur un rocher à pic, et du côté de Recouvrance, grand faubourg bâti en amphitéâtre sur la rive opposée, par deux batteries formidables, dont l'inférieure est à Barbette. Là sont placés les signaux, d'où l'on répète ceux que l'on reçoit de l'entrée du goulet, et d'où l'on aperçoit tout ce qui se passe en pleine mer.

Le port de Brest est un canal fort long, mais très étroit; il peu contenir seize vaisseaux du premier et du deuxième rang, vingt-quatre du troisième, dix du quatrième, vingt-six brûlots, flûtes et vaisseaux de charge, en tout soixante-quinze bâtiments, sans compter cependant une multitude de corvettes, de cholans, de chaloupes, et mille canots nécessaires au service. Dans toute la longueur de ce canal, et dans le milieu de son courant, reposent, à la file et sur deux rangs, tous les vaisseaux de guerre; quand ils sont désarmés, fortement assujettis sur deux câbles, des tentes énormes, que l'on nomme *chemises*, les garantissent de l'intempérie des saisons et de l'ardeur des rayons du soleil. Arrêtons-nous un instant sur les bords du canal, et examinons rapidement tous les édifices qui nous entourent.

Jetons d'abord un coup d'œil sur la machine à mâter; elle se compose d'un mat vertical implanté dans une maçonnerie solide, sur le bord du quai, et de deux longues pièces de bois placées obliquement, et dont la tête chargée d'une petite galerie, d'une hune, déborde sur le port. De fortes chaînes et des grelins, fixés en arrière à des ancres et à des canons scellés, étayent le système entier.

Le vaisseau qui doit recevoir ses bas mâts vient se placer sous cette machine; des caliornes, partant de son sommet, accrochent au bas mât qui lui est destiné leur seconde poulie. Leur cordage, leur *garant* vient s'enrouler à des cabestans volants. En virant à ces cabestans, en les faisant tourner, les caliornes élèvent le mât; on en dirige le pied dans l'étambrai, au moyen d'un cordage qui se nomme le *guide*; puis, en *dévirant*, en détournant les cabestans, on descend, on *amène* le bas mât jusqu'à ce que son pied repose sur la carlingue.

Tout le monde connaît le cabestan, ce cylindre de bois tournant sur un axe; sur sa surface, on enroule la corde dont l'extrémité est attachée à l'objet qu'on veut enlever. On introduit dans les *amolettes*, trous pratiqués à la tête des cabestans, l'extrémité de longues barres de bois, où se placent les hommes dont la force employée à faire tourner le cabestan est multipliée par la longueur du bras de levier sur lequel ils agissent.

Une fois les bas mâts en place, on monte le *gouvernail*; cette machine, dont les fonctions sont désignées par son nom seul, s'accroche à l'étambot par des gonds en cuivre qu'on nomme *les ferrures*. Ordinairement, la tête du gouvernail pénètre dans l'intérieur, en interrompant la continuité de l'étambot; une longue *barre* de bois ou de fer y engage une de ses extrémités dans un trou carré, et, par son moyen, l'on fait varier les angles du gouvernail. Dans les grands bâtiments, cette barre porte à son extrémité des poulies formant palan dont le cordage, le *garant*, qu'on nomme *drosse* du gouvernail, va s'enrouler sur le pont autour d'un treuil, un *moyeu de roue*, les rayons de cette roue, dépassant la *jante* donnent prise aux mains du timonier.

En face du quai, du côté de Recouvrance, sont des magasins particuliers des vaisseaux, les forges, les hangards et les bassins de construction. Le premier bâtiment que l'on aperçoit en se rendant de l'entrée au fond du port est un magasin qui date de 1692; ses salles basses, nommées *Sainte-Barbe*, reçoivent tous les ustensiles utiles à l'artillerie, à l'armement des vaisseaux et des batteries; les deux étages qui les dominent servent d'arsenal et d'ateliers aux ouvriers qui prennent soin des armes. Plus loin est un corps de vingt-cinq magasins particuliers pour le désarmement de vingt-cinq navires des premiers rangs : on y dépose les câbles, les agrès, les voiles, les ustensiles de calfat, de charpentier ; on découvre ensuite l'arsenal c'est-à-dire un vaste enclos dans lequel est compris tout ce qui est nécessaire à la construction, l'équipement et la conservation des vaisseaux de guerre : les dépendances de l'arsenal sont la corderie, la voilerie, les magasins de mâture, d'agrès et d'ancres. Le bagne est un immense bâtiment où sont enfermés les forçats.

Les bassins sont d'une construction assez moderne ; ils sont destinés à la construction des vaisseaux ou à leur refonte et aux diverses réparations dont ils ont besoin. Brest est en France le premier bassin de construction ; il est surtout remarquable par la charpente de sa toiture, chef-d'œuvre de solidité et de légèreté. Ce bassin est une espèce de caisse en maçonnerie de la grandeur des plus gros vaisseaux, et creusée en terre au-dessous du niveau de baie des plus hautes marées ; c'est-à-dire, à 25 ou 30 pieds. Le fond est garni d'un plancher solide sur lequel est placée une longue pièce de bois destinée à recevoir la quille du vaisseau en construction ; la quille s'emboîte dans des pièces de bois endentées et le vaisseau est soutenu tout autour par des arcs-boutans nommés pontilles. Le bassin n'a qu'une ouverture qui regarde la mer ; cette ouverture est fermée par une porte à deux battants, de la hauteur de tout le bassin, et présentant une forme demi-circulaire du côté de l'eau pour lui opposer plus de résistance ; cette porte faite en madriers, et roulant sur des gonds épais, est si hermétiquement fermée que l'eau ne filtre pas à travers les joints des battants. Veut-on faire entrer un vaisseau pour le radouber, on ouvre cette porte : alors l'eau entre insensiblement. Lorsque la mer est parvenue à sa plus grande hauteur, on introduit le vaisseau dans le bassin ; lorsque le flux a entraîné l'eau qui le remplissait, la porte est refermée, et l'on travaille à sec aux réparations dont il a besoin : on se sert du même moyen pour le faire sortir dans les ports de la Méditerranée, qui ne ressentent pas le mouvement des marées ; on épuise l'eau des bassins au moyen de pompes mues par des machines à vapeur. Mais la plus grande partie des vaisseaux n'est pas construite ainsi dans des formes ou des bassins : ordinairement ils sont posés sur un plancher incliné sur la mer qu'on nomme *cale de construction*. La cale est une espèce de grillage uni, long de trois cents pieds, sur une inclinaison d'un pouce par pied ; sur ce plancher, composé de madriers de chêne, sont placés les *tins*, et sur les *tins* la quille du vaisseau en construction.

Lorsque la construction de la *coque* est terminée, on se dispose à l'importante opération de la mise à l'eau. Aux étais fixés par le terrain pour soutenir le vaisseau, on en substitue d'autres, dont le pied aboutit à deux longues pièces de bois appelées *coittes* mobiles, qui glisseront sur le plan incliné de la cale de construction. Un système ingénieux de cordages, entrelacés d'un côté à l'autre sous la quille, soutient le bâtiment, qui descendra à la mer, porté sur cette espèce de traîneau, qu'on nomme le *berceau* ou *ber*, sans qu'un seul clou les unisse l'un à l'autre.

Le jour du lançement est une grande solennité pour un port de mer : mille embarcations pavoisées de toutes couleurs portent de brillants uniformes et d'élégantes toilettes. La marée haute vient mouiller le pied de l'étambot, les derniers *étançons* sont enlevés ; le navire porté sur son *ber*, n'est plus retenu que par un câble sur l'avant ; il y a peu de temps encore un arc-boutant, fiché en bas de la cale, et portant de l'autre bout sur l'étambot, formait seul le dernier obstacle à l'élan du navire ; alors on voyait s'avancer un forçat, armé d'une hache, il entamait l'arc-boutant, la *clef ;* si le *ber* était bien installé, si les cordes, passées sous la quille, mouillées à propos, avaient bien soulevé le bâtiment, la masse énorme faisait sauter en éclats la *clef* déjà affaiblie, et l'infortuné, n'ayant pas le temps de se blottir dans un trou creusé en terre, sa seule chance de salut disparaissait, broyé dans cet épouventable choc. Échappait-il à cette mort presqu'inévitable, sa grâce était le prix de son adresse. Aujourd'hui, la *clef* est enlevée avant que le câble soit coupé.

Sur le bâtiment, décoré de guirlandes de feuillage, de bouquets de fleurs, flottent des banderoles, des pavillons et des flammes ; une musique militaire prend place sur le colosse chancelant. Le signal est donné, un silence religieux règne dans la foule assemblée. Le câble est coupé ; le bâtiment, un moment immobile, s'ébranle lentement d'abord, puis le mouvement se prononce, s'accélère, se précipite. Les *coittes*, en glissant, s'échauffent ; le bois fume, s'enflamme même. L'*arrière* écarte la mer, la refoule, la soulève ; forcée de recevoir brusquement un hôte aussi colossal, elle ondule comme après une tempête, et, sortant de ses limites, envahit la côte opposée. Les fanfares résonnent ; les applaudissements retentissent ; les embarcations balancées sur les vagues, s'entre-choquent, se remplissent à moitié ; les cris d'effroi se mêlent aux acclamations ; de toutes parts on salue avec transport le premier pas de ce vaisseau qui peut-être porte dans ses flancs de grandes destinées. Puis, les oscillations des eaux diminuent, la foule s'écoule, et la mer, rentrée dans son lit, caresse paisiblement la carène dont le premier embrassement avait été si impétueux.

Destinés désormais à rester en contact perpétuel avec l'eau salée, les fonds du vaisseau doivent être protégés, soit contre son action corrosive, soit contre les vers marins, soit enfin contre les coquillages et les algues marines qui s'attachant à la carène la couvriraient d'une mousse rocailleuse défavorable à sa marche. A cet effet, le vaisseau une fois lancé, on l'introduit dans le bassin où, après l'avoir enduit d'une couche de goudron, l'on le recouvre de feutre sur lequel on applique les feuilles de cuivre mince qui formeront sa dernière enveloppe, son *doublage*. Ce système, depuis longtemps adopté en Angleterre, a remplacé ce qu'on nommait le *mailletage*, qui consistait à recouvrir la carène de clous à large tête, qui formaient bientôt une croûte de rouille sur toute sa surface ; ce doublage préservateur avait l'inconvénient d'alourdir le bâtiment.

Avant d'appliquer le doublage, pour assainir le bois et

enlever les traînées de brai et de goudron qu'a laissées le calfatage, il a fallu flamber le navire, ce qui est effectué en amassant auprès de la quille, sur des échafaudages étagés le long de ses flancs, des combustibles secs et légers auxquels on a mis le feu.

Les ponts du vaisseau ont été percés de trous ronds nommés *étambrais*, pour donner passage aux mâts, qui sont au nombre de quatre, dont trois verticaux, et un oblique ; le mât oblique se place à l'avant, à la proue du bâtiment, c'est le *beaupré*. Les trois autres mâts, de l'avant à l'arrière, sont : le *mât de misaine*, le *grand mât* et le *mât d'artimon*. Ces mâts ne sont pas d'un seul brin ; trois pièces de mâture superposées constituent le mât d'un navire : un *bas mât* surmonté d'un *mât de hune*, que prolonge un *mât de perroquet*. Les bas mâts d'un vaisseau, par exemple, sont d'une telle longueur qu'aucun arbre ne pourrait les fournir, aussi les fait-on de pièces d'assemblages réunies entre elles par des cercles de fer.

L'extrémité supérieure d'un mât est équarrie, forme un *tenon* ; huit ou dix pieds plus bas, un renfort naturel ou ajouté sert à appuyer des barres et les colliers que forment les *dormants* qui consolident la mâture. Au-dessous de ce renfort, ou *noix*, les mâts de hune et de perroquet sont traversés par une fente longitudinale, un *clan*, où l'on introduit un *réa*, ou *rouet* de poulie ; c'est dans ce clan que passera la corde servant à hisser la vergue, et la voile appartenant à chaque mât.

La poulie se compose de trois parties : la *caisse*, l'*essieu*, le *rouet* ou *réa*.

La *caisse* est un bloc de bois de forme ovoïde, légèrement aplatie ; elle est percée au centre, dans sa moindre épaisseur, d'un trou rond destiné à recevoir l'*essieu*, et, perpendiculairement à l'essieu, d'une large fente où se placera le *rouet*, dont le trou central, que traverse l'essieu, est garni d'une bande de cuivre. Les deux côtés de la *caisse* de la poulie s'appellent les *joues* ; une rainure sur les joues, dans le sens de la longueur, reçoit un collier de corde dont l'excédant, serré par un amarrage, forme un anneau qui, muni d'une *cosse* de fer, sert à suspendre la poulie ou à l'accrocher dans le gréement; ce collier s'appelle l'*estrope*. En fixant une corde à la partie de l'estrope opposée à l'anneau, au cul de la poulie, ce qui s'appelle *faire dormant*; en passant cette corde dans une autre poulie semblable, et la faisant revenir dans le clan de la première, on forme un *palan* simple.

Une même *caisse* de poulie, percée de deux clans parallèles, traversée par un même essieu, constitue une poulie double; il y en a aussi de triples. Un cordage, passant alternativement dans des poulies doubles, et faisant *dormant* sur l'estrope de l'une d'elles, forme un *palan*. Dans des poulies triples, ce serait une *caliorne*; à terre, ces appareils s'appellent des *moufles*.

C'est devant la rade de Brest qu'eut lieu le premier juin 1774 le célèbre combat dans lequel le vaisseau *le Vengeur* immortalisa son nom par le glorieux trépas des marins qui le montaient. Brest a été la patrie des amiraux Linois et Kersaint. Le double port de Saint-Servan est séparé de celui de Saint-Malo par un bras de mer. Le port de Saint-Malo est un port qu'on appelle port de marée, où les vaisseaux restent à sec pendant la basse mer. Comme il est situé dans le fond d'une espèce de cul-de-sac, la mer s'y engouffre avec rapidité; et, dans les hautes marées, le flux s'y élève à quarante-cinq pieds au-dessus du niveau de la basse mer. Le port est formé par une espèce de goulet compris entre une pointe de rochers qu'on nomme le Nez, et un commencement de jetée appelé l'*Éperon*. Le bassin renfermé au-dedans de ces limites offre aux vaisseaux plusieurs postes commodes pour leurs opérations; le fond est de sable battu ou de vase demi molle.

La rade est à l'ouest de la ville; des rochers à fleur d'eau rendent son entrée difficile. Les forts de l'île *Harbour*, de la *Canchée*, en protègent l'abord.

Saint-Malo expédiait autrefois une cinquantaine de bâtiments pour la pêche de la morue de Terre-Neuve; et, à la fin du dix-septième siècle, ce port était peut être le plus florissant du royaume. Des armements redoutables s'y

formaient et rentraient avec de riches prises. Les *Malouins*
étaient regardés comme les meilleurs marins. Formés dans
les expéditions au banc de Terre-Neuve et dans les pêches
de la baleine, ils réunissaient au degré le plus éminent les
qualités d'un bon matelot.

Il n'était pas de jour où les vaisseaux malouins ne ren-
trassent dans le port avec plusieurs captures. Les registres
de l'amirauté de cette ville prouvent que, depuis 1688
jusqu'en 1697, ses armateurs avaient pris aux Anglais et
aux Hollandais cent soixante douze vaisseaux d'escorte et
trois mille trois cent quatre-vingt-quatre bâtiments marchands. Irrités de ces pertes multipliées, les Anglais ré-
solurent d'anéantir Saint-Malo; ils employèrent, pour
arriver à leur but, un moyen qui les couvrira à jamais
d'une honte ineffaçable.

Un énorme brulôt, vaisseau d'environ trois cent cinquante tonneaux, plus long cependant que ne le sont
communément les bâtiments de cette sorte, et ayant
quatre-vingt-dix pieds de quille, fut construit par l'ordre
de Guilaume.

Maçonné en dedans et revêtu de briques, il était chargé
de cent barils de poudre recouverts de fascines, de paille,
de poix, de soufre et de carcasses remplies de boulets, de
chaînes, de grenades, de canons, de pistolets chargés, et
de toutes sortes de combustibles enveloppés d'étoupes et
de toiles goudronnées; des barres de fer remplissaient les
vides de ces horribles carcasses. Cet atroce volcan enfin,
était ouvert par six endroits comme par six bouches, qui
devaient vomir un feu violent.

L'escadre destinée à mettre Saint-Malo hors d'état de
nuire désormais au commerce de l'Angleterre a paru devant la ville qui a répondu au canon de la flotte. Les habitants prennent les armes, les garnisons des forts les plus
exposés sont augmentées; des courriers sont expédiés sur
tous les points pour sonner l'alarme.

Les Anglais attaquent le fort de la *Canchée*, s'en em-
parent; mais, repoussés par le feu des assiégés, ils s'éloignent de la place. Deux jours de suite, ils tentent des

attaques nouvelles; leur attention était d'attirer dans Saint-Malo la noblesse des environs, persuadée qu'on en ferait le siège, et les commandants de la province, afin de tout anéantir en même temps.

Tout à coup le feu cesse, leur escadre paraît vouloir effectuer une retraite. Manœuvre perfide ! Le brûlot est lancé : favorisé par l'obscurité d'une nuit profonde, il s'avance à pleines voiles vers la partie du mur où il doit être attaché. Déjà, sans que les vigies l'aient signalé, il touche le fort royal ; mais le ciel veillait à la conservation des malheureux Malouins. Un coup de vent détourne la machine infernale de sa route, et la fait toucher sur un rocher à fleur d'eau, qu'elle ne peut ni éviter ni franchir.

Voyant que le bâtiment est entr'ouvert, et que l'eau, qui d'abord ne faisait que suinter, pénètre dans les soutes, l'ingénieur chargé de diriger l'entreprise met précipitamment le feu à la machine. Il était trop tard : les poudres étaient mouillées; il n'y eut que les artifices du milieu et du dessus qui s'embrâsèrent. Telle fut cependant la violence de l'explosion que le cabestan du brûlot, pesant au moins deux milliers, fut enlevé à une hauteur prodigieuse, et écrasa entièrement une maison de la place.

L'air et la terre furent au loin ébranlés; les édifices chancelèrent sur leurs fondements; les toits de plus de trois cents habitations furent enlevés; toutes les vitres furent brisées. Enfin, malgré l'accident arrivé au brûlot, ses ravages auraient été incalculables, si le rocher qu'il toucha ne lui eût donné une inclinaison contraire à celle qu'il devait avoir pour que les trois cent cinquante carcasses dont il était chargé tombassent sur la ville.

Saint-Malo n'a plus aujourd'hui la même importance maritime; cependant on y compte encore un grand nombre d'armateurs qui font des expéditions pour les colonies.

Duguay-Trouin naquit à Saint-Malo le 10 juin 1773. Il fit, à dix-sept ans, sa première campagne sur un corsaire. Une affreuse tempête, un naufrage imminent, un incendie à bord, éprouvèrent en quelques mois le courage du jeune homme.

Après plusieurs beaux faits d'armes, il ne put éviter une de ces rencontres où la valeur et l'habileté demeurent impuissantes contre des forces trop supérieures. La frégate qu'il montait fut attaquée par une escadre entière de six vaisseaux anglais. Duguay-Trouin osa se défendre, et soutint pendant quatre heures ce combat inégal. Un vaisseau de 66 l'attaqua à portée du pistolet. L'équipage, épouvanté, se cache à fond de cale ; Duguay-Trouin, indigné, y fait jeter un si grand nombre de grenades, que la plupart de ses gens, effrayés, sont forcés de remonter sur le pont. Cependant son vaisseau est démâté ; le feu prend au magasin à poudre ; Duguay-Trouin y descend et le fait éteindre ; quand il remonte, il trouve le pavillon abaissé ; il veut qu'on le relève ; ses officiers lui représentent que toute défense serait désormais inutile, il frémit, il se désespère, il hésitait encore...., lorsqu'un boulet le renverse sans connaissance. Le capitaine anglais, admirant sa bravoure, lui céda sa chambre et le fit mettre dans son lit. Duguay-Trouin fut conduit à Plymouth et enfermé dans la citadelle. Une jeune Anglaise lui fournit les moyens de s'évader, et l'amour, dit Thomas, rendit un héros à la France. L'intrépide marin reparut sur l'Océan plus terrible que jamais : monté sur un vaisseau du roi, il s'empara d'un convoi de soixante voiles escorté de deux vaisseaux de ligne. Ces exploits le placèrent bientôt au rang des Duquesne, des d'Estrées, des Tourville, des Jean Barth, des Château-Renaud et des Forbin, qui faisaient alors l'honneur de la marine française. Louis XIV voulut le voir ; ce prince aimait à entendre de la bouche de Duguay-Trouin le récit de ses actions. Un jour qu'il avait commencé celui d'un combat où se trouvait un vaisseau nommé la *Gloire* : « J'ordonne, dit-il, à la *Gloire* de me suivre. — Elle vous fut fidèle, » reprit le monarque.

La prise de Rio-Janeiro mit le comble à la gloire de Duguay-Trouin. Il était à la cour, lorsque le bruit se répandit que Duclerc, capitaine de vaisseau, ayant tenté

cette conquête avec environ mille soldats une partie avait
été taillée en pièces en donnant l'assaut à la ville et à la
forteresse, et que lui-même, fait prisonnier, avait été
lâchement assassiné, quoiqu'il se fût rendu à composi-
sition,

A ce récit, Duguay-Trouin entre en fureur; il jure de
venger la mort de Duclerc et l'honneur de la patrie; des
obstacles presque insurmontables ne peuvent le détourner
de sa résolution. Il communique son projet à des gens
riches; la confiance qu'ils ont en ses talents les excite :
ils forment une compagnie, arment les vaisseaux qu'il demande. Duguay part de La Rochelle, le 9 juin 1711, avec
huit vaisseaux, plusieurs frégates et une galiote à bombes.
Le 12 septembre, il est devant Rio-Janeiro. Quatre vaisseaux défendent en vain l'entrée du port. Une vive canonnade les force à s'échouer sous les batteries de la ville.
Après quelques actions particulières, Duguay-Trouin
donne l'assaut. Pendant l'attaque, il s'éleva un orage terrible. Le bruit du canon, joint aux éclats du tonnerre, jeta
la consternation dans la ville. Les milices et les habitants, effrayés par le feu terrible des Français s'étaient
enfuis.

Duguay-Trouin entra dans la ville dont il ne put empêcher le pillage. Bientôt après le gouverneur, qui s'était retiré dans les bois, entama des négociations, et la ville lui
fut rendue moyennant douze millions d'argent et cinq
cents caisses de sucre; ce ne fut pas là le seul profit de
cette expédition, qui rapporta aux intéressés 92 pour 100 de
l'argent qu'ils avaient versé. Ce nouvel exploit mit le comble
à l'admiration que la France avait pour cet amiral. On s'y
pressait sur son passage pour le voir. Une dame de la
cour traversant un jour la foule pour le considérer de
plus près, et Duguay-Trouin en ayant marqué quelque
étonnement : « Je voulais, dit-elle, voir un héros en vie. »

Le port de Granville fut construit sous Charles VIII. Il
y règne une grande activité. On y voit les femmes se livrer à des travaux qui, ailleurs, sont exclusivement réservés aux hommes. Employées dans les chantiers de con-

struction, elles sont charpentiers, calfats ; elles vont à la pêche, virent au cabestan, halent sur le grelin, et, dans ces occupations masculines, on en voit qui conservent toutes les grâces de leur sexe. En même temps qu'il sort du port de Granville des armements pour les colonies, pour la pêche de la morue de Terre-Neuve, il s'y fait un commerce étendu en poisson, huile, granit de l'île Chaussey, connu sous le nom de carreau de Saint-Sevier, cidre, grains ; on y importe pour la Basse-Normandie et l'intérieur, indigo, bois de teinture et autres denrées coloniales, huiles, savon, vins de Bordeaux, etc. ; ce port sert encore de communication pour le cabotage entre la Bretagne et la Normandie.

C'est à Granville que naquit, le 26 juin 1726, Pléville-le-Peley, un des meilleurs marins que la France ait produits. Il s'échappa à douze ans de la maison paternelle et alla s'embarquer au Hâvre en qualité de mousse, sous le nom de Vivier, afin d'échapper aux recherches de sa famille.

Après avoir fait plusieurs campagnes à la pêche de la morue, il fut fait lieutenant à bord d'un corsaire du Hâvre. Un combat qu'il livra contre deux vaisseaux anglais lui fut fatal : il eut la jambe droite emportée et fut fait prisonnier ; de retour en France, et à peine guéri de sa blessure, il passa comme lieutenant de frégate sur l'*Argonaute*.

En 1746, étant sur le vaisseau *le Mercure*, qui faisait partie de l'escadre du duc d'Auville, il fut pris à son retour de Chiboucto par l'amiral Anson. Dans le combat que soutint le vaisseau, un boulet emporta à Pléville la jambe de bois qu'il avait perdue. « Le boulet s'est trompé, » s'écria en riant l'intrépide marin.

Il servait comme lieutenant de port à Marseille, en 1770, lorsque la frégate anglaise *l'Alarme*, commandée par le capitaine Gervis, depuis lord Saint-Vincent, fut jetée par la tempête dans la baie de ce port. Ce bâtiment, se trouvant affalé sur la côte, courait le danger de se briser sur les nombreux rochers dont elle est semée ; Pléville, informé de sa détresse, se rend au fort Saint-Jean, réunit tous les marins qu'il rencontre, et les engage à porter secours à la frégate anglaise. La nuit était très noire, le vent soufflait avec fureur et soulevait les vagues qu'on entendait se briser avec fracas sur les rochers qui bordent la côte : les plus intrépides hésitent. Pléville prend sur-le-champ sa résolution. Il se passe autour du corps un cordage assez fort pour porter le poids de son corps, saisit le bout du câble qu'il avait eu la précaution de faire amarrer fortement à terre, se laisse descendre du haut des rochers escarpés jusqu'à la mer en fureur, et alors s'abandonnant aux vagues, repoussé à chaque instant par elles sur le rivage, il arrive cependant après des efforts inouïs jusqu'à la frégate, et, au moyen de la manœuvre qu'il ordonne, parvient à la faire entrer dans le port.

L'amirauté de Londres, frappée d'admiration et voulant donner un témoignage de sa reconnaissance à l'intrépide marin, lui envoya un service d'argenterie pour un repas de cinquante couverts avec une lettre des plus flatteuses. La noble conduite de Pléville trouva encore une autre récompense : pendant la guerre de 1778, son fils, embarqué sur une frégate, fut pris à la suite d'un combat. Aussitôt que l'amirauté anglaise en fut instruite, des ordres furent donnés pour son envoi en France, sans échange, et il eut la faculté d'emmener avec lui un certain nombre de ses camarades à son choix.

Pléville servit dans la guerre de l'indépendance, et ne s'y distingua pas moins par sa bravoure que par son désintéressement. Chargé de faire la vente, dans divers ports d'Amérique, des nombreuses prises faites sur les Anglais, un mois lui suffit pour cette importante opération. A son retour, il rendit compte de sa mission à l'amiral d'Estaing ; celui-ci, voulant récompenser son zèle, décida qu'il lui serait alloué 2 pour cent sur les 15 millions, produit de la vente. Pléville refusa : « Je suis satisfait, dit-il, du salaire que le roi me donne pour le servir.

Tant de grandeur d'âme, unie à de si beaux talents, fixa l'attention du gouvernement. Il comptait douze campa-

gnes sur mer et s'était trouvé à cinq batailles navales et
au siége de Mahon, lorsqu'en 1797 il fut nommé ministre
de la marine. Il ne vit, dans cette nouvelle marque de
confiance dont l'État l'honorait, qu'un nouveau moyen
d'être utile à son pays. Une somme de 40,000 fr. lui avait
été allouée pour faire une tournée sur les côtes de l'ouest;
le modeste Pléville n'en prit que 12,000 et n'en dépensa
que 7,000 dans sa tournée. A son retour, il voulut remettre le reste à la trésorerie nationale; le gouvernement ne
crut pas qu'il fût de sa dignité de souscrire à l'intention
du ministre. Pléville, ne pouvant insister et ne voulant pas
non plus garder une somme à laquelle il ne se croyait aucun droit, voulut au moins qu'elle tournât à l'utilité de
l'État et la consacra à l'érection d'un télégraphe qu'on voit
encore aujourd'hui sur l'hôtel du ministère de la marine.

L'administration active et sage de Pléville lui valut le titre
de contre-amiral. Comblé d'honneurs, environné de l'estime de la France entière, il mourut le 2 octobre 1805, à
l'âge de quatre-vingts ans.

Cherbourg, le premier chef-lieu des quatre arrondisse-
ments maritimes de la France, est situé sur une côte presque droite, dans les conditions les moins favorables à la
navigation, mais que, par un travail gigantesque, on a
rendu un arsenal de premier ordre. Une digue, construite
en mer par cent pieds de profondeur, fait, de tout l'espace
compris entre elle et la terre, une rade tranquille; c'est
dans des parages orageux sillonnés par des courants rapides, que, sous le règne de Louis XVI, on a osé jeter les
bases de cet ouvrage prodigieux, qui s'élève maintenant
au dessus du niveau de la mer.

A chacune des extrémités de la digue, un étroit passage, protégé par les feux croisés des deux forts, permet
aux bâtiments de prendre la mer, quelle que soit la direction du vent. Avec une rade, il fallait un port; pour
continuer les merveilles de cette entreprise, c'est dans le
roc vif que Napoléon a commencé à creuser des bassins
qui contiendront cinquante vaisseaux de ligne.

Aujourd'hui Cherbourg est une des premières villes

maritimes de France ; elle a un hôpital, un arsenal de
marine, de beaux magasins, des casernes, et tous les établissements qui constituent un port militaire. Sa rade
fermée, qui peut contenir 500 navires, est défendue par
les forts de Querqueville, du Hommet, du Galet et de
l'île Pelée. Du haut des rochers qui dominent la ville, on
jouit d'une vue très étendue ; de là on aperçoit le port
de La Hogue, célèbre dans nos fastes maritimes par l'échec
terrible qui ruina notre marine en 1692.

Quoique forcé de soutenir une guerre désespérée contre
toute l'Europe, le roi de France n'avait pas encore déses-
péré de replacer Jacques II sur le trône d'Angleterre ;
un débarquement de vingt mille hommes devait être protégé par une flotte de 65 voiles. Jacques avait, ou croyait
avoir, sur la flotte anglaise, des intelligences qui lui con-
seillaient de la faire attaquer avant sa jonction avec les
Hollandais. Ce fut le motif qui fit sortir en toute hâte
Tourville de Brest, avec l'ordre mal conçu d'aborder
l'ennemi quelle que fût sa force. Aussitôt que le roi eut
avis que la flotte Anglaise montait au double de celle de
Tourville, on lui dépêcha jusqu'à dix corvettes pour con-
tremander les premiers ordres ; mais déjà les flottes
étaient en présence ; et Tourville, avec quarante-quatre
vaisseaux, attaqua lord Russel, qui en commandait
quatre-vingts. Le premier, il lâcha sa bordée à l'amiral
anglais ; et l'action, commencée ainsi à dix heures du
matin, ne cessa entièrement qu'à dix heures du soir.
Malgré la longueur de l'engagement, et une supériorité
qui permit aux Anglais de doubler notre ligne, aucun
vaisseau français n'amena, aucun ne fut entièrement
désemparé ; plusieurs avaient eu cependant à lutter
contre trois ou quatre bâtiments à la fois ; mais la retraite
décéla l'avantage réel qu'avaient obtenu les Anglais. Nos
vaisseaux, inégalement maltraités, ne purent faire route
de concert, et se dispersèrent en divers ports de la Normandie et de la Bretagne ; ceux qui accompagnaient
Tourville, pressés par l'ennemi, auquel la lenteur de leur
marche ne leur permit pas de se dérober, se virent con-

traints de relâcher dans les ports sans défense de la Hogue et de Cherbourg, où les Anglas les brûlèrent au nombre de treize, à la vue du camp des Irlandais et sous les yeux mêmes de Jacques II.

A l'extrémité du cap de la Hogue est la pointe de Barfleur où l'on a placé un phare, et d'où l'on aperçoit un écueil célèbre par un évènement tragique.

Henri Ier, troisième et dernier fils de Guillaume-le-Conquérant, avait abordé à Barfleur, le 11 mars 1106, pour dépouiller Robert, son frère, du duché de Normandie dont il était le souverain légitime, et en usurper la souveraineté, après être parvenu à mettre sur sa tête la couronne d'Angleterre. Cette injuste entreprise fut couronnée du succès ; mais, au milieu de son triomphe, une affreuse catastrophe vint troubler le cours de ses prospérités. Le roi reprenait la route d'Angleterre avec sa fille et un brillant cortége de grands seigneurs et de prélats ; il fit heureusement la traversée, et ne douta pas que le bâtiment qui portait sa fille, sa bru , et tant d'augustes personnages, n'arrivât promptement au port. Le vaisseau qu'ils montaient avait quitté Barfleur favorisé par un vent propice. La joie était au comble. Sa blanche nef était conduite par le fils de cet Étienne Airard qui avait servi de pilote au conquérant. Tout présageait une heureuse et prompte traversée ; une jeunesse brillante et inconsidérée ne songeait qu'aux fêtes qui l'attendaient. Malheureusement le vin fut prodigué à l'équipage. Le vaisseau, abandonné pour ainsi dire à lui-même, alla toucher sur un écueil très redoutable. En un moment, on passa de la gaîté la plus vive à la douleur et au désespoir. Plus de vingt jeunes femmes qui étaient à bord jetaient des cris affreux. Cependant une large voie d'eau avait été faite au navire ; sa cale s'emplit, et l'esquif s'engloutit. Notron, comte du Perche. parvint à se sauver. Adelin, le seul fils de Henri dont la naissance fût légitime, et qu'il venait de faire reconnaître duc de Normandie, avait heureusement gagné la terre mais ce prince, ne put résister aux cris de la comtesse du Perche, sa sœur, qui se débattait au milieu

des flots ; il revint sur un esquif pour la recueillir : à peine
y est-elle montée, que plusieurs naufragés s'y précipitent
en même temps et font chavirer le frêle bâteau. Tout
périt : les princesses, les grands seigneurs, un neveu de
l'empereur d'Allemagne, deux fils de Henri, les chapelains
du roi, cent cinquante soldats, cinquante matelots, trois
pilotes.

Honfleur est une des plus anciennes villes maritimes de
la Normandie, son commerce avait pris autrefois une
grande extension, son port et celui de Harfleur étaient
le rendez-vous des vaisseaux espagnols et portugais. La
pêche de la morue au banc de Terre-Neuve occupait un
grand nombre de ses navires et de ses marins. C'est de
Honfleur que partit *Binot-Paulmier*, qui, en 1503, fut
jeté sur la côte de Madagascar, qu'il prit pour celle des
terres australes. *Lelièvre*, qui commença à établir en 1517
des relations commerciales avec Java, Achem et Sumatra
était né à Honfleur ; *Pierre Berthelot*, pilote de Honfleur,
rendit les Indes témoins de sa bravoure et de son habileté ;
il se fit carme déchaussé, continua d'exercer sa profession,
et souffrit le martyre, en 1629, dans la ville d'Achem.
Honfleur est encore la patrie du contre-amiral *Motard*,
du capitaine de vaisseau *Morel Beaulieu* et du contre-amiral
Hamelin.

L'avant-port de Honfleur est assez spacieux. Il y peut
entrer des navires tirant jusqu'à seize pieds d'eau ; mais
l'entrée du port est difficile et même dangereuse, à cause
de la mobilité des bancs qui l'obstruent. C'est une des
principales causes du peu de commerce de ce port. Cependant, quelques bateaux pêcheurs, appelés *besquines* et
picoteux, dans la saison, rapportent du nord de l'Angleterre
des cargaisons de maquereaux qu'on peut évaluer, année
commune, à 150,000 fr. A l'ouest d'Harfleur est la chapelle
de *Notre-Dame-de-Grâce* bâtie au sommet d'une côte escarpée. C'est là que les matelots se rendent en procession
pour remplir le vœu que leur a arraché la crainte du
péril. Ce pèlerinage se fait les pieds nus, et quelquefois en
chemise : le front humilié, les marins suivent avec fer-

veur la bannière de la sainte. Ils gravissent les sentiers rocailleux qui conduisent à la chapelle ; arrivé dans ce sanctuaire tout le monde se prosterne. Un silence de recueillement succède à la psalmodie la plus discordante ; tout-à-coup le chef de l'équipage se relève, s'avance vers l'autel y dépose le simulacre d'un vaisseau qui doit augmenter le nombre des *ex voto* suspendus à la voûte.... On revient vers la ville ; à peine les matelots ont-ils perdu de vue la chapelle que les premiers penchants reparaissent avec d'autant plus de force qu'ils ont été plus comprimés. Soudain ils se répandent dans tous les lieux de débauche ; au milie de l'orgie les jurements les plus grossiers, les paroles et les actes obscènes succèdent aux cantiques et les blasphêmes aux actes de religion ; et celui qui tout-à-l'heure s'abaissait avec tant de componction pour s'acquitter du prix qu'il avait mis à son existence, semble maintenant chercher dans une forfanterie sacrilége l'énergie factice que le premier orage va confondre de nouveau.

Le Hâvre, se nommait anciennement le Hâvre de grâce, parce que sur l'emplacement qu'occupe cette ville, il y avait une chapelle dédiée à Notre-Dame-de-Grâce. Ce port ne fut d'abord qu'une crique creusée par le flot. Aujourd'hui il a acquis une grande importance, et il est des plus fréquentés. Les vaisseaux y sont rangés dans trois beaux bassins fermés par des écluses ; le *Vieux bassin*, ou bassin du roi, est entouré des bâtiments de l'arsenal aujourd'hui sans objet, depuis le départ pour Cherbourg des établissements de la marine royale. Le bassin de la Barre, vaste réservoir, d'une superficie de 59,540 mètres, où deux cents navires se trouvent à l'aise, fut mis à la disposition du commerce en 1820; on a pratiqué dans les deux massifs une écluse de chasse pour nettoyer le port et le dégager de la vase que le flux y dépose. Enfin le bassin du *Commerce* peut contenir environ deux cents navires. On regrette que les travaux ne soient pas combinés de manière que l'avant-port reste toujours, comme les autres bassins, rempli d'eau. Entre ces trois bassins et leurs écluses, d'une superficie de 345,392 mètres, et l'avant-port, il existe parallèlement à la Seine une retenue d'eau de 104,580 mètres, destinée à balayer les obstructions du port, et nommée *la Floride*.

Entre la Floride et l'avant-port, sous les anciens murs de la citadelle, prospère un établissement que le Hâvre peut seul offrir : c'est un parc composé de deux bassins, où gisent sur une grève factice des milliers d'huîtres transplantées là vivantes des rochers de Cancale.

L'entrée du port est resserrée d'un côté par une jetée d'une grande étendue, et de l'autre par un môle très élevé à l'extrémité duquel un phare à feu fixe, allumé la nuit, sert de point de reconnaissance aux bâtiments qui viennent de la haute mer et de guide aux caboteurs pour l'entrée du Hâvre et celle de la Seine.

Le port du Hâvre a sur les autres ports de l'Océan plusieurs grands avantages : les navires peuvent y entrer à tous les vents; et la mer y garde son plein pendant trois heures, tandis qu'ailleurs elle diminue aussitôt qu'elle est parvenue à sa plus grande élévation.

C'est ici le lieu de parler d'un phénomène que présente la Seine à partir de son embouchure qui commence au-dessous d'Aizier. Ce phénomène est la barre; c'est ce qu'on nomme le *Mascaret* à Libourne, le *Bour* dans la Saverne, la *Prodroca* dans la rivière des Amazones, le *Boyaz* dans le Nil, le *Kalibré* dans le Gange. La barre est un courant produit par la marée qui se porte as ez loin en glissant à la surface de l'eau. Les bancs de sable, les caps et les falaises changent la direction de la *barre*; cependant elle s'étend jusqu'à Jumiéges et quelquefois au delà de Rouen. Comme une vague allongée, qui se soutient sur l'eau par sa propre puissance, dit M. Noël, elle s'avance avec bruit vers les bancs, et s'engage au milieu de leurs passes étroites. Contrainte et resserrée, elle paraît s'indigner des nouveaux obstacles qui gênent son passage; elle redouble ses efforts; un bruissement tumultueux la précède; on la reconnaît de loin à la ligne blanche qu'elle trace sur les eaux. Sa rapidité devient bientôt celle d'un torrent; et, quoique divisée souvent en autant de barres particulières qu'elle rencontre de passes, imposante et superbe, elle signale sa marche par un mugissement semblable à celui d'une cataracte, et élève ses crêtes inégales couronnées d'écume ; les eaux troublées et chargées de sable et de vase la suivent à flots précipités. Arrivée sur les bancs de Quillebœuf, elle se déroule avec fracas au milieu d'eux, après s'être annoncée comme un tonnerre qui gronde à l'extrémité de l'horizon. Diverses circonstances curieuses accompagnent ce phénomène : tantôt on voit des arrières-barres, tantôt des entre-barres, et tantôt une espèce de lutte entre l'eau douce qui descend et l'eau saumâtre qui remonte ; d'autres fois la barre passe auprès du courant du fleuve , et il n'y a de choc que sur la lisière des deux courants.

La barre n'est pas également redoutable dans toutes les marées ; elle n'est pas même sensible dans le plus grand nombre ; ce n'est que dans les marées de la pleine et de la nouvelle lune qu'elle est très élevée. Malheur aux marins qui oseraient, sans le secours d'un pilote braver les dangers de la barre : ils y périraient infailliblement !

Fécamp est un port peu fréquenté ; ses écluses méritent d'être remarquées ; elles ont été établies pour empêcher ses atterrissements : on tient en réserve une grande masse d'eau qui, s'écoulant rapidement à travers le port, enlève les dépôts de sable et de galets qui y sont accumulés. Les écluses du port de Fécamp sont au nombre de trois ; les eaux coulent sur un glacis qui les porte avec fracas au milieu du canal qu'elles entretiennent assez net ; la jetée nord-est du port est extrêmement élevée et bâtie en bois , ainsi qu'une digue très courte qui lui est opposée ; la grande jetée se lie à la chaussée des écluses par un quai de pierre assez bien construit.

A sept lieues de Fécamp est le petit port de Saint-Valery, qui est resserré entre deux falaises. C'est là que Guillaume duc de Normandie s'embarqua pour aller à la conquête de l'Angleterre.

Le port de Dieppe est formé de deux belles jetées. Il renferme rarement d'autres navires que des bâtiments pêcheurs. La pêche est l'occupation ordinaire des Dieppois : celles du hareng et du maquerau sont pour eux des plus productives. Ils vont aussi pêcher la morue sur le banc de Terre-Neuve. C'est dans le faubourg appelé le Pollet, qu'habitent principalement les marins.

Parmi les nombreux sauveteurs dont Dieppe a gardé la mémoire, on cite le pilote Bourard. Le 31 août 1777 , vers les neuf heures du soir, un bâtiment sorti du port de La Rochelle, chargé de sel, et monté de huit hommes d'équipage, poussé par un vent impétueux, s'approcha des jetées du port de Dieppe. La mer était si agitée qu'un pilote côtier essaya en vain, à quatre reprises, de sortir pour le faire rentrer dans le port. Un autre pilote, nommé *Bouzard*, s'apercevant que celui du navire faisait une mauvaise manœuvre, s'efforce en vain de lui indiquer son chemin avec une porte-voix : le bâtiment vient échouer à 190 pieds de la jetée. La nuit, le bruit des flots, les cris des malheureux que la mer engloutit : tout ajoute un nouveau caractère d'horreur à cette scène de désolation. Mais Bouzard ne balance pas à leur porter secours. Il fait éloigner sa femme et ses enfants, se passe autour du corps une corde dont un bout est fixé à la jetée, et s'élance dans les flots. Après d'incroyables efforts, il parvient au navire, qu'une mer furieuse mettait en pièces ; vingt fois il s'approche, vingt fois les vagues l'engloutissent et le rejettent sur le rivage ; intrépide, il se jette encore une fois à la mer, et une vague l'entraîne sous le vaisseau. Les spectateurs ne le voyant pas revenir poussent un cri d'effroi. Tout-à-coup Bouzard reparaît : d'une main il soutient un malheureux matelot qu'il amène mourant sur la grève ; il l'abandonne aux soins des assistants, et se précipite encore dans les flots. Ses forces s'épuisent ; il est couvert de blessures et de sang ; une seconde fois il atteint le vaisseau, y fixe sa corde, ranime l'équipage, fait saisir le câble à chaque matelot qui, avec ce moyen de salut, affronte les flots et l'obscurité. Bouzard les soutient quand leurs forces s'affaiblissent ; nageant autour d'eux, et luttant contre les vagues, il parvient à en déposer sept sur le rivage ; épuisé de tant d'efforts, le généreux marin tombe expirant près des malheureux qu'il vient de sauver. On s'empresse autour de lui, on lui administre des secours; il a repris ses esprits, quand de nouveaux cris frappent son oreille; il s'arrache aux bras de ses amis; il affronte de nouveau les flots, et sauve encore un des deux passagers restés sur le bâtiment.

Bouzard rentre dans sa maison avec les huit hommes qu'il a arrachés à la mort, au milieu des transports de joie, des félicitations et des marques d'admiration et de respect de ses concitoyens. L'État avait contracté une dette envers lui: Louis XIV fit délivrer au brave Bouzard une gratification de 1,000 livres, et le brevet d'une pension annuelle de 300 livres. Bouzard reçut bientôt après de nouvelles marques de la gratitude du Gouvernement: l'État lui fit construire une maison pour lui et ses enfants. Il semblait que la vertu fût héréditaire dans la famille de Bouzard : son fils obtint, en 1784, une gratification de 400 fr. et une médaille d'argent pour avoir sauvé la vie à quatre naufragés.

C'est à Dieppe qu'en 1618 naquit le célèbre Duquesne. Il fit l'apprentissage de la marine sous son père et ses premières armes au siége de La Rochelle; après avoir lutté plusieurs fois avec avantage contre le fameux Ruyter, il défit de nouveau les Hollandais et les Espagnols réunis, le 23 avril 1676; ce fut dans cette journée que le brave Ruyter eut la partie antérieure du pied gauche et les deux os de la jambe droite brisés par un éclat de bombe.

L'amiral hollandais mourut quelques jours après. Le capitaine Kullembourg qui montait une frégate légère fut chargé de transporter en Hollande le cœur de l'illustre marin. Ayant été pris par les Francais et conduit à Duquesne, celui-ci passa sur le vaisseau du capitaine, se rendit à sa chambre où était placé sur une estrade tendue de noir le vase qui contenait le cœur de Ruyter; et, contemplant ces froides dépouilles, Duquesne s'écria en levant les mains au ciel: «Voilà donc les restes d'un grand homme! il a trouvé la mort au milieu des hasards qu'il a tant de fois bravés. » Puis, s'adressant au capitaine Kullembourg, il ajouta : « Votre mission est trop respectable pour que je vous arrête. »

De nouveaux triomphes attendaient Duquesne. Il fut chargé d'aller bombarder Alger, dont Louis XIV voulait punir l'insolence. Après une première expédition qui détruisit presque entièrement ce repaire de pirates, il en tenta, en 1683, une nouvelle. Effrayés des terribles effets du bombardement, les Algériens avaient consenti à rendre sans rançon les nombreux prisonniers qu'ils avaient faits dans leurs courses, lorsque Mezzomorto souleva contre le dey une partie de la milice, le fit massacrer, et s'empara du pouvoir. Sur le refus qu'il fit d'accomplir les conditions, le bombardement recommença. Exaspéré à la vue des dégats que faisaient les projectiles françias, le barbare Mezzomorto fait mettre le consul de France dans un des plus gros canons; il envoie ses membres déchirés et palpitants sur la flotte ennemie : dix prisonniers de guerre subissent le même sort.

Au milieu de ces atrocités, un beau trait de générosité et de dévouement vient consoler un instant l'âme attristée. Choiseul était au nombre des prisonniers ; Mezzomorto ordonne qu'il partage le sort de ses compagnons d'infortune. Déjà Choiseul est attaché à la bouche d'un canon, un soldat tient la mèche allumée. Un capitaine de corsaire, que dans une autre circonstance Choiseul avait fait prisonnier et traité avec les plus grands égards, se précipite vers le dey et le supplie d'épargner le prisonnier; il se jette à ses genoux : Mezzomorto demeure inflexible, et ordonne au canonier de mettre le feu. Alors le capitaine s'élance vers Choiseul, le presse dans ses bras, et s'écrie : « O généreux Français ! si je n'ai pu te sauver, du moins je mourrai avec toi. » Le cœur du farouche dey s'émeut à cette vue; il fait détacher le prisonnier, et celui-ci conserve la vie. Peu après Duquesne obtint la reddition des prisonniers, et le corsaire s'humilia devant Louis XIV. Le général français obtint un succès aussi brillant devant Gênes, qui abaissa également sa fierté devant le pavillon français. Enfin, Duquesne, couvert de gloire, se retira dans le sein de sa famille, où il mourut à soixante-dix-huit ans.

Ce brave marin était protestant , et sa religion nuisit à son avancement. Louis XIV, en lui donnant un marquisat près d'Étampes, fit sentir à Duquesne que, s'il n'avait pas été de la religion prétendue réformée, il aurait pu obtenir davantage. Il rapporta à sa femme les propos que le roi avait tenus : «*Cent diables!* lui dit-elle, il fallait lui répondre : Oui, sire, je suis protestant, mais mes services sont catholiques. »

A douze lieues de Dieppe est Saint-Valéry sur Somme, petite ville dont le port devient de plus en plus impraticable à cause de l'accumulation des sables, qui, par leur extrême mobilité, déplacent souvent le lit de la Somme et rendent sa navigation très dangereuse. Ces dunes s'étendent sur toute la côte jusqu'à la mer, en formant une chaîne de monticules plus ou moins élevés.

Montreuil, situé sur la couche dans laquelle remonte la marée, n'est regardé comme un port que parce que les gros bateaux arrivent jusque sous ses murs.

Boulogne a été sous l'empire un port de guerre dans lequel n'entraient que les petits bâtiments tirant peu d'eau; tels étaient les prames, les canonnières et les bateaux plats avec lesquels Napoléon menaça l'Angleterre d'une descente. Boulogne est aujourd'hui un point d'embarquement et de débarquement pour les relations entre l'Angleterre et la France.

Dunkerque, sur l'Océan, était autrefois un des grands entrepôts du commerce de l'Europe. Dunkerque comme Marseille étaient ports franc, c'est-à-dire que les vaisseaux n'y payaient point de droits. Pendant la guerre, il s'y formait des armements considérables, et pendant la paix, la pêche devenait l'occupation de tous les habitants. Aujourd'hui le port de Dunkerque a encore une grande importance. Il en sort chaque année près de cent bâtiments pour la pêche de la morue et du hareng, dix-huit ou vingt pour celle de la baleine. Devant l'entrée de ce port et des deux côtés est la rade en deçà de laquelle est un banc de sable au milieu duquel on a pratiqué un canal. Le port ne consiste qu'en un canal large et profond, qui ne se remplit qu'aux marées et se vide en partie quand elles se retirent : il peut contenir trente vaisseaux de guerre. De chaque côté du port sont deux jetées défendues à leurs extrémités par deux batteries ; vis-à-vis de nous, sur la rive gauche, sont le fort de Risban et le Rivers, placés de la manière la plus avantageuse pour défendre l'entrée du port.

C'est à Dunkerque que naquit, le 20 octobre 1650, le célèbre Jean Bart, le marin le plus intrépide dont on ait gardé le souvenir. Sa vie est trop connue pour que nous la retracions ici.

Si nous nous transportons sur les bords de la Méditerranée, en nous rapprochant des frontières de l'Espagne, le premier port que nous aurons à décrire est Port-Vendres. Port-Vendres est encaissé entre des montagnes. Les tempêtes trop fréquentes en cet endroit firent sentir la nécessité d'un port où les vaisseaux fussent à l'abri. Port-Vendres parut réunir pour cet objet les conditions les plus favorables.

Le port, entouré d'une chaussée, présente une anse qui forme le coude en s'enfonçant dans les terres : c'est une espèce de canal d'environ 400 toises, et large de 100 en quelques endroits ; quoiqu'il ne soit pas entièrement à l'abri des vents, cependant la tenue y est bonne. Le fort de Saint-Elme, que vous voyez sur cette hauteur, et deux autres petits forts dont l'un sert en même temps de phare, le dominent. Les casemates en sont à l'épreuve de la bombe : ce qui n'empêcha cependant pas qu'ils fussent pris en 1794 par les Espagnols.

Le port de Saint-Charles ou de la Nouvelle est le seul que possède le département de l'Aude. C'est un chenal formé par deux levées dans une longueur de 2,377 mètres, qui communique à la ville de Narbonne par le canal de la Robine.

Le chenal du grau de la Nouvelle ne date guère de plus d'un siècle : la première pierre fut posée, en 1704, sur les plans de M. Niquet.

Le grau ou entrée de la Nouvelle n'ayant que sept à huit pieds de profondeur, les tartanes trop chargées ne peuvent y entrer sans alléges. Ce goulet est si étroit, que les barques elles-mêmes courent des dangers, si les vents du sud ou du sud-est, les seuls à la faveur desquels on y puisse entrer, sont trop violents. Malgré cette imperfection, la construction du canal de Narbonne en a fait un des débouchés du canal du Midi, et ce port sera toujours intéressant pour le commerce et utile dans le cas d'une guerre en Catalogne, à cause de son voisinage de l'Espagne et des Pyrénées orientales.

A 160 mètres du fort qui protége l'entrée du grau, est un fanal à neuf becs de lumière.

Agde avait un port jadis assez fréquenté ; les sables l'ont depuis comblé en partie, et l'on a cherché à remédier à cet inconvénient par la construction de deux jetées encore inachevées ; leur effet a été d'augmenter la profondeur de la passe, qui, de six pieds, a été portée à treize. Cependant elles n'opposent qu'un obstacle imparfait aux ensablements ; il s'est formé plusieurs dépôts qui gênent la navigation au point que la plupart des navires sont obligés de ne prendre à Agde que la demi-cargaison et d'aller attendre le reste en mer, après leur sortie du chenal.

Cette est le second débouché du canal du Midi dans la Méditerranée ; ce port est fermé au sud par un môle d'environ 600 mètres de longueur et d'une grande solidité ; une jetée, qui part de la plage et qu'on nomme jetée de Frontignan, le termine du côté de l'est. Depuis quelques années, un nouveau môle a été construit. Le môle du sud porte une batterie et une tour très élevée, sur laquelle on allume un fanal pour diriger les vaisseaux pendant la nuit. L'ouverture du port de Cette est de 292 mètres, et sa profondeur est très variable. La sonde, qui amène plus de cent mètres d'eau à l'entrée des môles, ne donne que quelques brasses sur un banc de sable. Il communique avec l'étang de Thau par un canal qui, dans ses moindres dimensions, a 29 mètres de large.

Ce port participe aux inconvénients de tous ceux qui

sont situés aux débouchés de grandes lagunes ; il a des ensablements à gauche, et la passe à droite ; on y entre par les vents du sud-est.

C'est le seul point qu'on ait pu trouver entre les Pyrénées et le Rhône pour servir d'asile à de gros bâtiments ; il n'a d'ailleurs ni rade ni mouillage. En 1671, pendant une tempête qui dura quatre jours, il servit de refuge à soixante-dix vaisseaux, dont aucun ne fut endommagé.

La ville de Cette, que les Anglais tentèrent d'incendier en 1809, est l'entrepôt général de toutes les productions du Languedoc.

Les tempêtes sont plus fréquentes dans le parage de Cette ; quelquefois la mer, soulevée par les vents qui s'engouffrent avec furie dans le golfe de Lyon, a causé les plus grands désastres. Dans une de ces tourmentes, un vaisseau fut jeté à la côte et vint se briser à l'extrémité de la jetée de Frontignan ; le bâtiment avait reçu une large voie, et l'eau, qui se précipitait avec violence par cette ouverture, menaçait de l'engloutir avec plusieurs hommes d'équipage qui s'y trouvaient, lorsqu'un jeune homme, nommé Douissa, affrontant une mort certaine, parvint, après les plus pénibles efforts, à sauver l'équipage.

Marseille et son port sont situés au fond d'un golfe couvert et défendu par plusieurs îles. Le port est un bassin de forme ovale de près de 1100 mètres de longueur sur 300 de largeur. Il peut contenir plus de 900 vaisseaux. A l'entrée du port, sur un îlot, est le château d'*If*, dont les batteries protégent la rade ; près de cet îlot s'arrêtent les bâtiments de ligne ; au delà du port et de la rade, semée d'îlots, s'étend la mer dans un immense horizon : quelques bateaux de pêcheurs, quelques tartanes à voiles latines, des navires, la sillonnent et se perdent dans un lointain bleuâtre. Sur les quais règne presque en tout temps une activité prodigieuse : ce sont des traîneaux, des brouettes traînées par des portefaix ; de vastes magasins d'où sort par bouffées une odeur aromatique ; des groupes de négociants, d'armateurs ; des matelots avec leur chemise rouge ; des Espagnols, des Barbaresques et des Arméniens avec leurs turbans, leurs larges caleçons et leur air flegmatique. Les hommes de toutes les nations semblent s'y être donné rendez-vous. Outre les navires des riverains de la Méditerranée, tels que les chétives barques de San-Remo, qui apportent des ognons de fleurs ; les bâtiments génois, chargés de châtaignes et de pommes ; les navires de Toulon , de Majorque et de Fréjus, chargés d'oranges et de sardines ; les felouques de Nice et de Porto-Ferrajo , qui apportent des cargaisons de bois ; enfin les gros vaisseaux levantins, dont les équipages viennent montrer en France les mœurs de l'Afrique et de l'Asie, on voit affluer dans ce port des bâtiments hollandais , suédois , danois, russes, etc.

Parmi les marins célèbres de Marseille, nous devons en citer deux dont l'élévation offre un curieux exemple des jeux de la fortune.

Le premier est le chevalier *Paul*, fils d'une lavandière de Marseille ; né dans un bateau, il parvint par son courage au grade de vice-amiral. Le second, fils d'un boucher, servait comme mousse à bord d'un vaisseau, lorsqu'il fut pris par un vaisseau turc : il embrassa l'islamisme, et devint successivement pacha de Rhodes et grand amiral de l'empire ottoman ; un cordon, serré par des muset, terminasa brillante carrière en 1760.

Cassis et la Ciotat sont deux ports intermédiaires de Marseille à Toulon. Cassis est une petite ville et un petit port défendu par un espèce de château. La pêche du corail est la seule industrie des habitants de Cassis. Le corail se trouve aù fond de la mer ou il se précipite sous la forme d'une ramification assez semblable à une branche de prunellier dépouillée de ses feuilles ; la ramification commence à un pouce de hauteur, et l'ensemble de la végétation ne s'élève pas dan snos mers à plus d'un pied ; sa substance est très dure, etce pendant, malgré cette dureté, elle est sujette à être rongée par de petits tarets alors le corail devient fragile ; et ne peut plus être employé.

On trouve du corail sur les côtes du Languedoc et de la Provence , particulièrement auprès de Cassis et de la

Ciotat. Il se pêche à l'aide d'un instrument en fer dont la forme approche de celle d'une croix : on le laisse tomber dans les endroits où l'on soupçonne que se'trouvent quelques branches de corail. Les ramifications s'engagent dans les branches de la croix, qu'on remonte à l'aide de la corde à laquelle elle est attachée.

La Ciotat est une petite ville commerçante avec un port et des chantiers de construction pour les navires marchands entre Marseille et Toulon. La Ciotat perd beaucoup de son importance. Quoi qu'il en soit, son port est plus vaste et moins ensablé que celui de Cassis, et est fermé par deux môles, le vieux môle et le neuf. Le dernier, qui est le plus considérable, est défendu par un fort qui n'a pas d'autre dénomination que *la Forteresse ;* il est bâti sur le roc, et commande à la fois la ville, le port et la rade.

Toulon est un port de guerre de premier ordre. Après bien des vicissitudes, cette cité maritime reçut, sous Louis XIV, un système de fortification approprié à sa destination. Le roi fit élever à l'entrée de la rade les forts de l'Éguillette et de Saint-Louis et construire l'arsenal. Ainsi fortifié, Toulon résista, en 1707, aux forces réunies de l'Angleterre et de la Hollande ; mais nos discordes civiles lui firent éprouver, en 1793, un désastre dont la funeste influence s'étendit sur la France entière. Des royalistes, traîtres à leur patrie, avaient livré Toulon à l'occupation des Anglais ; ils espéraient que cette ville allait devenir un point de réunion pour les partisans des Bourbons, qui viendraient s'y rallier sous la protection de l'Angleterre et des puissances alliées. Ils furent cruellement déçus dans leurs espérances ; la perfidie britannique devait encore se signaler : des massacres et des proscriptions furent les premiers actes de l'occupation anglaise. Mais bientôt une armée victorieuse s'avança vers Toulon ; ce fut là que commença la gloire de Bonaparte : l'artillerie, placée par lui, fut si habilement dirigée, que les troupes anglaises se virent contraintes à la fuite avant d'avoir pu enlever des magasins les immenses trésors d'agrès, de cordages, de mâture , dont elles espéraient enrichir les arsenaux de la Tamise ; mais détruire ce qu'on ne peut enlever est le principe du droit politique de la Grande-Bretagne ; et il fut résolu que le port de Toulon, et tout ce qu'il renfermait, serait livré aux flammes ; on consentit cependant à recevoir sur les vaisseaux les malheureux que le fer de la vengeance attendait. L'amiral Hood, qui commandait la flotte anglaise, fit exécuter cette résolution avec une scrupuleuse barbarie. Sydney-Smith , que de vastes incendies ont rendu célèbre , et qui débutait alors dans cette effroyable carrière , se réserva la destruction des chantiers, des magasins, des arsenaux ; d'autres capitaines furent chargés de brûler la flotte. Bientôt les arsenaux, le port, dix vaisseaux de ligne et tous les magasins ne formèrent plus qu'un vaste incendie. Du haut des vaisseaux anglais , 14,000 Toulonnais, qui avaient cru y trouver un refuge, contemplaient ce spectacle effrayant, et pleuraient sur les ruines de leur patrie qu'ils ne devaient plus revoir. Le lendemain on n'entendait plus leurs cris : six mille familles avaient disparu dans la mer, foudroyées par le feu des batteries.

Toulon, depuis la conquête de l'Algérie , est devenu le port le plus important de la Méditerranée. Son arsenal est un des plus vastes et des plus imposants. Tout y a été calculé pour l'ordre et la majesté du coup d'œil. La cour d'entrée est garnie de boulets, d'obus , de bombes de tous les calibres, de rangées de canons de fer et de bronze, de caronnades , de mortiers de pierriers; des grenades, des boulets ramés , des grappes de raisin , occupent pittoresquement les intervalles. Quand on ouvre les portes de ce magasin formidable, on aperçoit tout à coup au fond , comme dans un sanctuaire martial, l'autel de la guerrière Pallas. La statue de la déesse, couverte de fer, la lance à la main, le casque en tête, porte au bras sa flamboyante égide; vingt mille fusils tapissent les murs des salles ; des milliers de piques, de lances, de hallebardes, de mousquets, d'obusiers, de pistolets, de petits canons, sont rangés avec ordre sur des tablettes parallèles. Les soleils qui brillent dans les plafonds en rosace y sont figurés par des sabres dont les poignées sont rassemblées dans un centre, et dont les lames rayonnantes, tout en lançant mille étincelles, peuvent vous servir de miroirs. Les colonnes sont hérissées depuis la base jusqu'au chapiteau de baïonnettes nues et acérées. Ces pointes menaçantes, ces lames et leur triple arête, l'éblouissant poli des armures de nos vieux guerriers, leurs pertuisanes, leurs masses de géants, leurs haches d'armes, leurs arquebuses auprès des épées légères et des fusils des modernes, forment un contraste affligeant par la comparaison de notre vigneur avec celle de nos aïeux.

La corderie est un édifice des plus étonnants par son immense longueur; elle est voûtée dans toute son étendue. La corderie est une des parties essentielles de la marine; une foule de machines ingénieuses ont été inventées pour en abréger ou perfectionner le travail; on a soumis à des essais un grand nombre de matières filamenteuses; le *phormiumtenax*, plante apportée de la Nouvelle Zélande, a surtout fixé l'attention : il paraissait devoir fournir des cordages qui, sous le même volume, présentaient plus de solidité et d'élasticité, mais ces qualités ont besoin d'être confirmées par un long usage.

La menuiserie, la tonnellerie, les forges où deux cents bras se lèvent et s'abaissent alternativement pour battre en cadence d'énormes barres de fer, la boulangerie et ses fours toujours fumants, les écoles des gardes de la marine dans lesquelles on voit les plus parfaits modèles des vaisseaux de toute espèce, la fonderie des canons, tels sont les établissements dont Toulon est pourvu. Partout on voit des ancres, des amas de gueuses, des chaudières à vapeur, des câbles roulés, des mâts, des pièces de bois. Le bassin, construit par M. Grognard, est des plus remarquables : c'est une caisse de cent mètres de long sur 32 de large. Quand le vaisseau à radouber y est entré, on ferme la porte par le moyen d'un bateau fait en cône tronqué et chargé de tout ce qu'il y a de plus pesant, pour le faire plonger. Il s'engrène parfaitement dans les rainures, et, quand on a pris toutes les mesures convenables pour que l'eau extérieure n'entre point, on met à sec le dedans de la caisse par le moyen des pompes. La tranquillité de la mer, qui dans le port de Toulon est exempte du flux et du reflux, a facilité les moyens de donner à cet ouvrage la solidité dont il avait besoin.

Le port de Toulon est moins long, mais plus large que celui de Brest. Il se divise en port vieux et en port neuf; celui-ci est fréquenté par les marchands et bordé d'un quai beau et large; l'autre port est réservé aux vaisseaux et bâtiments de guerre. Des forts et des batteries protégent la rade, une des plus spacieuses et des plus belles de l'univers.

A Toulon, il y a des forçats, mais, à proprement parler, il n'y a point de bagne : les vaisseaux rasés ou *pontons* en tiennent lieu; cinq cents forçats sont contenus dans une vaste salle pratiquée dans l'entrepont. Le nombre de ces condamnés est très considérable; on en a compté à Toulon jusqu'à quatre mille. La plupart sont occupés aux travaux du port, déblaient ou creusent les bassins, servent les chantiers, les arsenaux; d'autres, dispersés dans la ville, en nettoient les rues et se livrent aux différents travaux que réclame l'utilité publique.

A huit lieues de Toulon, est Saint-Tropez, sur le golfe de Grimauld. Son port n'est guère fréquenté que par des tartanes et par des barques de pêcheurs; au besoin les vaisseaux peuvent mouiller dans une anse voisine qu'on appelle les *Canabiers*.

Cannes est un petit port; comme Saint-Tropez, il ne reçoit que des tartanes et des bâtiments d'un faible gabarit. C'est près de Cannes, dans le golfe Juan, que débarqua, le 1ᵉʳ mars 1815, Napoléon à son retour de l'île d'Elbe. A deux lieues de là est Antibes, dont le port peu profond tend de plus en plus à se combler par le sable que le Var y charrie.

Nous venons de passer en revue les principaux ports de la France; nous allons maintenant jeter un coup d'œil sur les autres grands ports des nations étrangères.

L'Espagne, jadis maîtresse des deux mers qui l'entourent, préside, de la baie de Cadix, aux communications de la Méditerranée à l'Océan. Les navires partis de ce port atteignent en quelques jours les parages heureux des vents alisés. L'arsenal de Cadix, la Carraque, fut un des plus beaux du monde; le Ferrol, près du cap Ortegal, ne lui cédait guère en magnificence; mais l'issue de la rade, dont les deux rives serpentent parallèlement, en rend la sortie impossible par les vents d'ouest qui y sont cependant les plus fréquents.

La Hollande établit dans ses marécages des arsenaux d'où sortirent des flottes célèbres dans l'histoire.

Les États-Unis, réunissant au suprême degré l'esprit commercial et maritime, ont aussi la plupart de leurs *navy-yards* (arsenaux) dans le voisinage des ports de commerce.

La Russie a placé à Cronstadt sur la Baltique, à Sébastopol sur la mer Noire, à Archangel sur la mer Blanche, les établissements de sa marine.

Par l'admirable position de Constantinople, lien de l'Asie et de l'Europe, du fond de la *Corne d'Or* la Turquie domine sur le Bosphore le passage de la mer Noire à la Méditerranée.

Alexandrie, clef de la route des Indes, renferme un arsenal tout moderne. Les constructions navales y ont peut-être été en progrès dans celles des Européens; mais le peu d'eau qui se trouve sur les passes oblige les vaisseaux de haut bord à débarquer leurs canons sur des *djermes*, bateaux du pays, pour entrer ou sortir de la rade; la promptitude avec laquelle les équipages de Méhémet-Ali exécutent cette pénible opération a souvent excité l'admiration de nos marins.

La côte de l'Angleterre que baigne la Manche est *saine* et d'un accès facile. Les rades de Falmouth, Darmouth, ont leurs entrées sinueuses tellement abritées, que les navires qui y pénètrent ne reçoivent bientôt plus assez de vent pour gouverner. Plymouth, moins protégé contre la mer, mais dont une jetée, construite dans l'intérieur de

la baie, complète la clôture imparfaite; Porstmouth, le
premier arsenal de la Grande-Bretagne, dont le port intérieur peut être regardé comme une autre rade; Shernesse,
à l'embouchure de la Tamise; et Yarmouth, enfin, vis-à-
vis de la Flandre, sur la mer du Nord.

Les arsenaux.

Tout ce qui fait partie du matériel d'un port est dans la
dépendance de l'arsenal, qui se compose ainsi de tous
les établissements maritimes. On ne pénètre dans l'arsenal qu'avec une permission signée par le major-général.
L'arsenal , du côté de la terre , est défendu par des
grilles ou des murs élevés , et par mer son enceinte est
continuée au moyen d'une chaîne que soutiennent des
radeaux. Une partie mobile de la chaîne se replie pendant
le jour pour la circulation des embarcations et des navires. Auprès de la chaîne est amarré un bâtiment qu'on
appelle l'*amiral*, parce que c'est à son mât unique qu'est
arboré le pavillon du préfet maritime. Ce bâtiment, qui est
d'ordinaire une vieille frégate dont on a rasé un étage à
l'exception des deux extrémités, est tout à la fois un corps
de garde et une prison , soit pour les matelots récal-
citrants, soit pour les officiers coupables d'un manque au
service.

Nous avons déjà pris connaissance de plusieurs des établissements appartenant à un port. Entrons maintenant
dans la voilerie. Les voiles, suivant leur forme, prennent
des noms différents. On appelle voiles carrées celles dont
les côtés supérieurs et inférieurs sont parallèles entre
eux, et les deux autres côtés obliques. Les voiles latines
ont la forme d'un triangle dont un des angles a été
retranché. Ces voiles s'attachent dans le sens de leur
plus grande longueur à des vergues qui prennent le nom
d'*antennes*. Une troisième espèce, les voiles *auriques*, affec-
tent, entre quatre côtés , les formes les plus irrégulières.
Dans cette catégorie se classent les *brigantines* et les *voiles
de lougre*.

Les voiliers travaillent assis sur des bancs de bois auxquels se lie par une petite corde un croc assez semblable
à un hameçon : c'est au moyen de ce croc qu'ils fixent la

toile qu'ils travaillent ; les lés sont assemblés par des coutures plates. Les voiliers conservent leurs aiguilles triangulaires dans des cornes pleines de suif ; ils les poussent au moyen d'une rondelle de fer ciselé, qu'une sorte de mitaine de cuir fixe à la paume de la main, d'où ce dé plat a pris le nom de *paumelle*.

La toile qu'on emploie pour les voiles est de chanvre ou de lin. Les Levantins se servent cependant de tissus de coton, et les Chinois et les Indiens ont des nattes de jonc pour la voilure de leurs jonques et de leurs fries.

Nous avons parlé de l'importance de la corderie ; voici quelques détails : le chanvre filé en faisceaux d'une demi-ligne de diamètre forme les fils de *caret* ; ceux-ci, tordus ensemble au nombre de deux à six cents, deviennent un *toron* ; trois ou quatre torons tournés autour d'un faisceau de fils de caret appelé *mèche*, forment un cordage *commis en aussière* ou une *aussière* ; trois aussières tournées autour d'une mèche forment un *grelin* ; les *câbles* ne sont autre chose que de fort grelins.

En arrière de la corderie, mais sans communication avec elle de peur d'ncendie, est la *pigoulière*, où l'on tient enfusion le goudron dont tous les fils de caret doivent être imprégnés avant la confection des cordes.

L'atelier de la *garniture* est celui où les cordes de toutes grosseurs, fournies en pièces de 120 brasses ou 204 mètres, sont débitées et préparées pour leurs différents usages à bord. Les cordages ou *manœuvres* d'un navire sont divisés en deux classes : les *manœuvres dormantes*, qui une fois mises en place et raidies pour assurer les mâts, soutenir les vergues, etc., ne sont plus mobiles, et les *manœuvres courantes*, qui, étant destinées à mouvoir les mâts, vergues et voiles, sont toujours susceptibles de courir dans les poulies où elles passent.

Une manœuvre fourrée est un cordage recouvert d'une ou deux couches de fil de caret tourné autour comme le fil métallique qui recouvre deux cordes d'un violon. Les manœuvres armées de leurs colliers et de leurs poulies sont mises en place par les *gabiers*.

Point de port dont les quais n'offrent des piles d'ancres et de ces lingots de fonte appelés gueuses dont on se sert pour lester les navires. L'ancre, dont il n'est personne qui ignore la forme, se compose d'une verge de fer que termine un double crochet appelé les *bras de l'ancre*. Chaque branche du crochet est terminée par un large triangle appelé *patte*; le bout aigu de la patte se nomme le *bec*. L'endroit de jonction de la verge aux bras s'appelle la *croisée*; le *biseau* qui termine cette partie renforcée de l'ancre se nomme le *diamant*. A l'autre extrémité de la *verge*, est un anneau de fer, la *cigale* de l'ancre. La barre de bois placée transversalement sous la cigale, et formant la croix, se nomme le *jouail* ou *jas* de l'ancre.

Les ancres sont de différentes grandeurs; elles varient de poids depuis 150 jusqu'à 5000 kilogrammes. Aujourd'hui que les chaînes de fer ont remplacé les câbles qui s'amarraient aux ancres, le jouail lui-même est une barre de fer ronde. Ces chaînes se décrochent à volonté.

Les ateliers de construction sont les plus coûteux de tout l'arsenal sous le rapport de la main d'œuvre et des matériaux employés. Un vaisseau de premier rang ne consomme pas moins de 120,000 pieds cubes de bois.

La construction des bâtiments est divisée en vingt-quatre phases. En temps ordinaire, on avance chaque année un bâtiment de trois ou quatre de ces périodes, appelées simplement des vingt-quatrièmes; arrivé au vingt-deuxième vingt-quatrième, on attend que le besoin s'en fasse sentir pour mener à sa fin sa construction.

Les bois de construction et ceux de *mâture* sont conservés dans l'eau; à Cherbourg, depuis quelque temps, on les enterre dans le sable.

Lorsqu'on construit un bâtiment, la première pièce que l'on pose est la *quille*, formée de plusieurs fortes pièces de bois, quadrangulaires comme les poutres de nos maisons, ajoutées les unes aux autres, et qui reposent dans le sens de la longueur de la cale.

Sur la quille se montent perpendiculairement les *membres* ou *couples*; ils figurent absolument les côtes d'un animal qui viennent s'enchâsser dans son épine dorsale. A l'une des extrémités de la quille, la plus proche de la mer, qui doit former l'*arrière* du bâtiment, au bas de la cale, une pièce de bois vient s'enter sur la quille : c'est sur elle que plus tard s'accrochera le gouvernail.

Les baux, recouverts d'un plancher, forment les ponts ; ils règnent à tous les étages du bâtiment, dans toute sa longueur, et sont seulement percés de panneaux pour communiquer de l'un à l'autre. Le nombre d'étages ou de ponts d'un navire sert à en désigner la grandeur, le rang.

Lorsque la quille a été posée, que les couples ont été élevés perpendiculairement sur elle, que les serres courant sur les couples ont commencé à dessiner les façons du navire, que l'arcasse a été montée, les baux endentés dans les serres, etc., etc., le bâtiment est ce qu'on appelle *monté en bois tors*.

Il reste à le recouvrir extérieurement de planches qui forment ensemble la muraille du bâtiment.

Il ne s'agit plus que de calfater le bâtiment afin d'empêcher l'eau de pénétrer dans la cale. Cette opération s'effectue en bourrant toutes ses fentes d'étoupe chassée à grands coups de maillet et recouverte d'un enduit de *brai*, sorte de résine noire. Elle se renouvelle chaque fois qu'un bâtiment revient d'une longue campagne. Les ouvriers employés à ce travail sont les *calfats*.

On radoube, on répare les navires, en les couchant sur un côté, puis sur l'autre ; ce qui s'appelle *abattre en carène*. nous avons raconté ailleurs l'opération du lancement.

Le navire lancé, on l'équipe et on l'arme de ses canons. Anciennement ils étaient de divers calibres. Depuis dix ans, on a adopté le calibre unique de 30, et, suivant leur destination, on a des pièces de 30, longues, moyennes ou courtes.

Les pièces de marine en fonte de fer sont montées à bord sur des affûts de la forme la plus simple. Ce sont des chariots portés par quatre petites roues massives. Les deux montants latéraux, les *flasques*, reçoivent les tourillons dans une entaille semi-circulaire ; la queue des flasques est coupée en gradins ; une barre de bois, nommé *anspect*, d'un côté ; une *pince* ou barre de fer, de l'autre, engagées sous la culasse, et appuyées sur un de ces gradins, servent à élever la culasse pour le pointage. Des précautions sont prises contre le recul.

Pour manœuvrer une pièce de 36, pesant 5,000 kilogrammes, il ne faut pas moins de quatorze hommes d'équipage. Pour manœuvrer une caronade, dont l'affût est de forme telle qu'il rend le recul impossible, trois hommes suffisent.

Le colonel Paixhans a proposé de nouvelles pièces destinées à lancer des boulets creux du calibre de 30, 80 et même 150 livres. Ces canons obusiers ont au fond de l'âme une *chambre* en forme de poire, pour recevoir la poudre. Divers procédés ont été imaginés pour que les boulets creux ne s'enflamment qu'au choc du vaisseau qu'ils frappent.

Dans une épreuve qui eut lieu à Brest, un seul de ces boulets, lancé contre un vieux navire, éclata en traversant sa membrure, et mit en pièces vingt-cinq des planches qui y figuraient des hommes aux postes de combat.

On met aujourd'hui le feu aux pièces au moyen d'une capsule et d'une batterie à percussion.

La principale nourriture du matelot en mer est le biscuit, et, deux fois par semaine, le pain frais confectionné à bord. On ajoute à cela les viandes conservées, la choucroute et l'oseille confite, données comme préservatives du scorbut. L'arsenal a des ateliers pour toutes ces manutentions.

L'arsenal et le port sont gardés par les régiments d'infanterie de marine.

L'arsenal s'ouvre aux ouvriers à la cloche du matin, une demi-heure après le coup de canon de *diane*. A midi, un autre coup de cloche annonce la suspension des travaux pendant une heure : c'est le moment du repas des ouvriers et des équipages. Le soir, de quatre à sept heures, suivant la saison, les travaux cessent, et les ouvriers, avertis par un dernier coup de cloche, se rendent auprès des issues : la garde se met sous les armes, les ouvriers défilent devant elle deux par deux; l'arsenal se ferme, tant sur mer que sur terre, après leur sortie, et les grilles ne s'ouvrent plus qu'aux officiers de ronde porteurs des mots d'ordre et de ralliement, ou sur une autorisation par écrit du préfet maritime.

Pendant toute la nuit, des rondes s'assurent, par terre et par eau, de la vigilance des sentinelles et des gardiens des vaisseaux désarmés. Ils doivent *héler* toute embarcation. *Ho! de la chaloupe!* s'écrient-ils dans leurs rauques porte-voix. Celle-ci répond, d'un ton solennel : *Ronde-major!*

Au milieu du silence de la nuit, ces cris se répètent comme le qui-vive des patrouilles, et de tous côtés on entend : *Sentinelle, prenez garde à vous !* puis : *Bon quart partout ! Bon quart !*

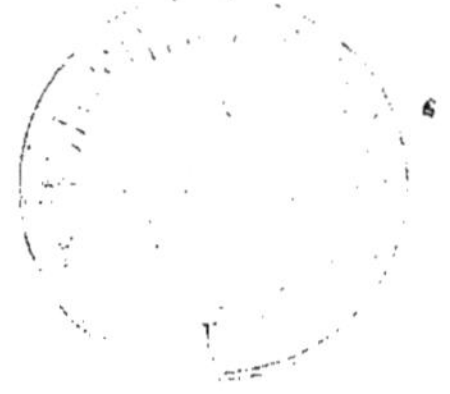

FIN.

Paris, imprimerie de Cesron, rue du Four-Saint-Germain , 47.

DEUXIÈME PARTIE.

◦─❦◦◒◦❧─◦

CHRONIQUES DE MER.

L'INCENDIE.

Parmi les dangers sans nombre auxquels est exposé un navire, il en est un bien terrible, l'incendie, qui est sans cesse menaçant. Que d'aliments le feu ne trouve-t-il pas à bord ? Tout, dans un navire, à l'exception du fer et du bronze, est facilement combustible. Le feu se déclare-t-il, ses ravages sont rapides, et, dans cette affreuse calamité, l'eau n'offre souvent que le choix de la mort. Aussi les précautions les plus strictes sont-elles prises à bord des bâtiments de guerre. Tout feu, tout fanal a un gardien ; les cuisines sont éteintes chaque fois que l'on fait dans le bâtiment un transport de poudre ; les hommes qui se rendent dans la *soute*, où n'entre pas un morceau de fer, sont contraints de se déchausser ; la pompe à incendie est toujours prête, et un rôle est organisé pour multiplier les secours en cas d'accident ; mais il n'en est pas de même à bord de la plupart des bâtiments de commerce, les américains entre autres, et notamment les baleiniers.

Dans la mer qui sépare le Brésil du cap de Bonne-Espérance, il n'est pas rare d'apercevoir sur le ciel, noir et gros d'orage, une immense lueur, un navire en feu : c'est tout simplement un baleinier joyeux qui fait fondre la graisse de ses riches captures. La chaudière est sur le pont ; le foyer est entretenu au moyen de la couenne du lard de la baleine, dont l'huile ruisselle et darde ses flammes jusqu'à la hauteur des mâts. Le baleinier fume tranquillement assis autour de ce volcan capable de dévorer en un instant le bâtiment qui le porte, et tous ses pareils en font tout autant que lui.

Les marins ont gardé le souvenir de plusieurs incendies.

Parti du port de Lorient, le vaisseau *le Prince*, de la compagnie des Indes, fut dévoré par les flammes au milieu de l'Océan. Les détails de ce désastre, donnés par un

11

témoin oculaire, sont de nature à produire les plus profondes émotions.

« Le vent, dit ce témoin, soufflait bon frais. Dans le moment qu'on observait le point du midi, à l'entrée d'un quart que je devais commander, un homme annonça que la fumée sortait imperceptiblement du panneau de la grande écoutille. A cette nouvelle, le premier lieutenant chargé des clefs de la cale en fit ouvrir les écoutilles, pour découvrir la cause d'un accident, dont les plus légers soupçons font toujours trembler les plus intrépides. Le capitaine, qui était à table dans la grande chambre, se présenta sur le gaillard, et donna ses ordres pour étouffer le feu. Je les avais déjà prévenus en faisant tremper dans la mer quelques voiles pour en couvrir les écoutilles, et par ce moyen empêcher l'air de pénétrer dans la cale; j'avais même proposé, pour plus grande sûreté, de faire entrer l'eau dans l'entrepont à la hauteur d'un pied. Mais déjà l'air, qui avait un libre passage par l'ouverture des écoutilles, occasionna une fumée très-épaisse qui sortit avec abondance, et le feu s'anima de plus en plus : la consternation était au comble. Le capitaine fit armer cinquante soldats pour contenir l'équipage; tout le monde fut requis pour jeter de l'eau; tous les seaux étaient employés, toutes les pompes en mouvement : efforts superflus ! l'eau semblait augmenter encore l'activité des flammes; elles sortaient en tourbillons à travers les écoutilles; une fumée noire et fétide s'échappait de toutes les parties du navire, et, couvrant les ponts d'un nuage opaque qui dérobait la vue des objets, augmentait encore la confusion. Des femmes échevelées, la pâleur de la mort sur le front, couraient çà et là sur un plancher brûlant; quelques-uns des gens de l'équipage, l'œil morne et stupide, étaient immobiles en attendant la dissolution du navire; d'autres poussaient des hurlements affreux qui se mêlaient aux longs craquements de la carène calcinée; et, au bruit sourd et sinistre des flammes qu la dévoraient, le bruit des canons, auxquels l'incendie mettait le feu, ajoutait le dernier degré d'horreur à cette scène de désolation. La yole avait été mise à la mer : quatre hommes s'en emparèrent; et, rejoints par trois matelots, ils faisaient force de rames pour s'éloigner du vaisseau..... A chaque instant on voit le désordre s'accroître; en vain le capitaine ordonne de mettre les bateaux à la mer : ses ordres ne sont pas entendus d'une foule d'hommes dont la terreur a glacé le courage et paralysé les forces. La flamme met bientôt dans l'impossibilité de les exécuter; elle s'élève le long des mâts : les cordages, les voiles, les vergues, sont en feu; et le vaisseau tout entier ne présente qu'un vaste incendie... La mort s'offre dans toute son horreur... Le délire s'empare de quelques-uns : ils s'élancent au milieu des flammes pour y trouver plus promptement la fin de leurs tourments; d'autres se frappent; chacun n'est occupé qu'à jeter à la mer ce qui pourra lui conserver encore quelques instants la vie. Cages, vergues, planches, tout ce qui se présente sous la main égarée par le désespoir est saisi, arraché; les haubans, les cordages, le long du bord, sont couverts de malheureux qui s'y tiennent suspendus, hésitant entre deux extrémités également terribles, également présentes. Je vis une mère arracher des flammes son fils, l'embrasser, le jeter à la mer, le suivre, le saisir et mourir avec lui. Mon cœur saigne encore au souvenir d'une jeune fille, parée de toutes les grâces de la beauté et de l'innocence : placée sur le gaillard d'arrière, tout à coup le plancher, miné par le feu, s'écroule; par un mouvement spontané ses bras saisissent des cordages qui sont au-dessus de sa tête; elle reste ainsi suspendue sur un gouffre de feu. Je détournai les yeux... Un cri affreux les ramena malgré moi vers l'infortunée. Tout était disparu. Dans ce moment terrible, les idées, les souvenirs, se pressent en foule dans notre âme : les uns nommaient la France; d'autres répétaient, en se précipitant dans les flots, le nom de leur mère et des personnes qui leur furent chères. Tout le monde avait quitté le pont; mais les vergues et les mâts étaient chargés d'hommes qui luttaient contre les flammes autour du navire, et dont plusieurs étaient emportés à chaque instant par les boulets que la flamme faisait sortir des canons. Le cœur serré d'angoisses je détourne mes regards de la mer. J'entre dans la galerie du côté de stribord ; je vois la flamme sortir avec un bruit épouvantable par les fenêtres de la grande chambre et celle du conseil. Le feu m'approchait et allait me dévorer : ma présence était alors inutile pour la conservation du vaisseau et le soulagement de mes frères... Je quitte mes habits et me précipite à la mer, en me recommandant à la miséricorde du ciel. Un soldat vigoureux, qui se noyait, me saisit dans cette extrémité : j'essaie vainement de m'en débarrasser, je me laisse couler au-dessous de l'eau, il ne me quitte pas ; je replonge une deuxième fois, mais il me tient toujours. Enfin, après une lutte assez prolongée, voyant que je replongeais pour la troisième fois, il quitta prise ; je m'élevai au-dessus de l'eau à quelque distance de lui. Cette première aventure m'inspira plus de précautions dans ma route ; j'évitai même les cadavres ; le nombre en était déjà si grand que, pour m'ouvrir un passage, j'étais obligé de les éloigner d'une main, en me soutenant de l'autre. Mes forces, commençant à diminuer, ne m'annonçaient que trop que j'avais besoin d'une station. Une vergue s'offrait à mes yeux ; elle était toute chargée de monde ; et je n'osai y prendre place sans en demander la permission, que ces malheureux m'accordèrent volontiers.

« Le grand mât, brûlé par le pied, tomba à la mer, et donna par sa chute, aux uns la mort, aux autres une faible ressource. Je vis ce mât, chargé de monde, abandonné au gré des flots. Dans le moment, j'aperçus deux matelots sur une cage à poules ; je leur criai de se diriger vers moi. Ils m'approchèrent ; je m'accrochai à cette cage ; et tous, une portière à la main, qui nous servait d'avirons, nous allâmes nous joindre à ceux qui s'étaient emparés du grand mât ; nous étions près de quatre-vingts hommes menacés d'être emportés par les boulets que la flamme chassait des canons.

« Comme j'y pensais le moins, j'aperçus la yole assez proche de nous ; il était alors cinq heures du soir. Je criai aux rameurs que j'étais leur sous-lieutenant, et leur demandai la permission de partager avec eux notre infortune. Ils y consentirent, à la seule condition d'aller moi-même les joindre à la nage ; je rassemblai toutes mes forces, et je fus assez heureux pour y parvenir ; peu à peu nous recueillîmes le pilote et le maître, que je venais de laisser sur le grand mât. Nous étions alors dix dans le canot.

« Cependant les flammes dévoraient toujours notre vaisseau. Nous n'en étions éloignés que d'une demi-lieue. Notre trop grande proximité pouvant nous être funeste, nous nageâmes un peu au vent. A peine avions-nous eu le temps de nous éloigner, qu'une détonation épouvantable se fit entendre ; le ciel parut couvert de débris enflammés : c'était le feu qui avait pris aux poudres de notre vaisseau. Un nuage épais nous déroba l'aspect du soleil ; tout autour de nous nous entendions tomber les pièces encore embrasées qui menaçaient de nous engloutir.

« Échappés à ce nouveau danger, nous voguâmes huit jours et huit nuits sans apercevoir la terre, exposés nus aux rayons du soleil et au froid piquant de la nuit. Un nouveau genre de supplice vint nous assaillir : nous n'avions sauvé des débris du bâtiment qu'un tonneau de lard salé et quelques bouteilles d'eau-de-vie : cette faible ressource menaçait même de nous manquer ; bientôt nous fûmes réduits à lécher notre voile, que la pluie avait trempée.

« Je passai la huitième nuit au gouvernail ; j'en tins la barre pendant plus de dix heures ; je demandais en vain à mes malheureux compagnons exténués de me relever. Le désespoir s'était emparé d'eux ; ils refusaient de faire aucun effort pour éloigner de quelques instants une mort inévitable. Enfin, le neuvième jour, nous découvrîmes la terre : c'était la côte du Brésil : là finirent nos souffrances. Environnés des soins les plus généreux, nous restâmes quelque temps au milieu des Portugais, qui nous facilitèrent ensuite les moyens de revenir en France. »

Les navires à bord desquels l'incendie se déclare le plus fréquemment sont ceux qui transportent des chargements de coton. Il s'écoule rarement un mois sans qu'on annonce un sinistre de ce genre. Le coton, trop comprimé pendant qu'il est humide, s'enflamme spontanément, comme les meules de foin. Dans le canal de Bahama, dans le golfe du Mexique, à la Havane, nombre de ces bâtiments américains sont abandonnés ou perdus ; l'immense circulation dans ces parages permet du moins de sauver quelquefois les passagers et les équipages, qui, en général, ne se soucient guère de se sacrifier pour arracher aux flammes une cargaison et un navire assurés.

En 1836, dans les mers de l'Inde, un beau trois-mâts anglais, *la Princesse Victoria*, fut dévoré par l'incendie, sans qu'on pût découvrir la cause de ce désastre. Le capitaine, propriétaire d'une partie du chargement, s'embarqua avec ses trente matelots dans les canots du bâtiment; ils se dirigèrent vers l'île Bourbon, dont ils étaient éloignés de cent lieues, et où un vent favorable les conduisit le quatrième jour. Ils n'avaient pu emporter que les vivres qui se trouvaient sur le pont, et avaient dû se nourrir de moutons et de poules crus.

L'incendie du vaisseau de la compagnie des Indes, *le Kent*, est un des événements les plus extraordinaires en ce genre ; six cents hommes y périssaient sans le hasard qui amena un petit brick en vue, et sans la protection du ciel qui poussa rapidement au port ce petit bâtiment surchargé d'hommes expirants, en raison de leur grand nombre qui les privait d'air, de vivres et d'eau.

L'épisode suivant présente plus d'un côté bizarre et tragique.

Le trois-mâts les *Six-Sœurs*, chargé de coton, conduisait des Seychelles à l'île de France plusieurs colons accompagnés de leurs serviteurs noirs. Les hauts pitons de Mahé, dorés par les derniers rayons du soleil, avaient plongé sous l'horizon leurs cimes boisées. Pendant les deux premiers jours, un bon vent, un temps délicieux, promettaient un heureux voyage. Le soir, en ouvrant le panneau de la cale, on en vit sortir une épaisse fumée. *Le feu est à bord !* A ce cri terrible, le capitaine monte à la hâte sur le pont ; équipage et passagers, tout le monde accourt. On essaie de combattre les progrès de l'incendie, mais c'est en vain : l'écoutille vomit comme un cratère d'épais tourbillons de fumée; le pont brûle les pieds des travailleurs ; il faut renoncer à sauver le bâtiment. La chaloupe est mise à la mer; on y jette à la hâte des vivres, des armes. Les femmes, les colons, puis l'équipage s'entassent dans la faible embarcation. Les nègres voulurent à leur tour y chercher asile, mais la chaloupe était déjà surchargée; les matelots hissèrent précipitamment la voile, et firent leurs efforts pour s'éloigner. Cependant le corps du navire les abritait de la brise, et l'embarcation restait presque immobile à quelque distance *sous le vent*. Les malheureux noirs, menacés d'une double mort, se jetèrent à la nage pour l'atteindre, et s'efforcèrent d'y monter, malgré la résistance des matelots. L'un de ces nègres, de race malaise, au teint cuivré, aux narines fendues, les épouvanta à plusieurs reprises de ses furieux assauts; une fois, il parvint à s'accrocher à la chaloupe, il allait l'escalader lorsqu'un terrible coup de rame lui brisa le genou qu'il avait posé sur le bord; il poussa un cri de rage, et, s'attachant à quelques débris, parvint, malgré sa blessure, à regagner le navire pendant que l'embarcation continuait à s'en écarter. On le vit alors, par-dessus le *plat-bord* du bâtiment, saisir la roue du gouvernail, et, s'en servant avec habileté, faire évoluer le navire sous sa voilure de flammes et le diriger sur la chétive embarcation; son étrave, fendant la mer colorée des sanglants reflets de l'incendie, s'approchait rapidement; son noir pilote, dont le front cuivré s'illumina d'un éclair de rage satanique, allait envelopper ses ennemis dans sa perte inévitable, lorsque le capitaine, debout sur l'arrière de la chaloupe, l'abattit d'un coup de fusil; c'était l'unique moyen de salut. Le Malais frappé mortellement, abandonna le gouvernail, et le navire, sans guide, tout en feu de l'avant à l'arrière, se détourna de sa course et vint en travers au vent.

A bord des bâtiments de guerre, les précautions les plus grandes sont prises contre le feu. Indépendamment des sentinelles qui surveillent toutes les lumières, tous les feux, des rondes fréquentes parcourent sans cesse toutes les parties du vaisseau. Un rôle spécial indique à chacun son poste pour combattre le fléau; de nombreux seaux de cuir, des pompes dont un tuyau va chercher dans la mer l'eau qu'elles lancent à de grandes hauteurs, sont toujours prêtes. Enfin, pour éviter l'explosion des poudres dans un pareil moment, un robinet qui communique de la *soute* à la mer à travers le bord , permet de les couvrir d'eau, sans qu'elles puissent être avariées ; les caisses de cuivre qui les renferment les conservent sèches et in- tactes.

L'homme de vigie que nous avons vu le soir projeter de chaque côté du beaupré son regard horizontal est placé, pendant le jour, à la tête du mât de misaine, sur la vergue du petit hunier. De cette position élevée, sa vue s'étend au loin à l'horizon ; son regard perpendiculaire aperçoit les changements de couleur de la mer, indices de bas-fonds, tandis que, sur le pont, la surface polie des eaux empêche d'en pénétrer les profondeurs. Aperçoit-il d'en haut une ligne indécise sur le ciel, « *La terre devant nous !* » crie-t-il à l'instant ; aussitôt qu'il a entendu cet avertisse- ment *céleste*, l'élève de quart en rend compte à l'officier, qui l'envoie souvent lui-même en haut vérifier l'exacti- tude du rapport. Quel est le marin qui n'a passé ainsi quelques heures, surtout dans les mauvais temps, pour as- surer, par son rapport, la manœuvre du bâtiment ! Dans cette position aérienne, au milieu du craquement de toutes les parties de la mâture ébranlée, au roulis du vaisseau dont la coque étroite sert de base à l'édifice chancelant que l'on domine, l'Océan apparaît dans sa sombre poésie. Parfois, pour traverser un banc de glaces, une passe in- connue, des officiers, le commandant même se transpor- tent à cet incommode observatoire.

La vigie voit-elle poindre de blanches voiles à l'hori- zon, elle crie à l'instant : « *Navire au vent* ou *sous le vent !* » En temps de guerre, la vigilance ne saurait être trop grande ; en temps de paix même, on ne doit jamais laisser approcher un navire sans être prêt à tout événe- ment et le boute-feu à la main. Le droit des gens, parfois violé sur terre, est bien moins puissant sur mer, où les actes les plus coupables n'ont que des témoins intéressés. L'histoire à la main , il est facile de constater, sans pas- sion, que la marine anglaise n'a presque jamais commencé la guerre autrement.

Pendant la République, quatre frégates espagnoles, chargées des tributs de l'Amérique, rencontrent une escadre de plusieurs vaisseaux anglais. L'Espagne était en paix avec l'Angleterre, mais elle commettait le crime de traiter en ce moment avec la France. Attaquées à l'improviste par leurs alliés, les frégates espagnoles se défendirent courageusement contre des forces dix fois supérieures. Deux d'entre elles périrent dans les flammes, et les deux autres, écrasées par le nombre, ne se rendirent qu'après avoir, jusqu'à la dernière extrémité, soutenu l'honneur de leur pavillon. L'Angleterre récompensa les auteurs de cet abominable assassinat.

L'incendie, malgré toutes les mesures de précautions que prescrit une prudence qui ne saurait être trop grande, éclate quelquefois dans les ports. Il y a peu d'années, un vaisseau à trois ponts, *le Trocadero*, fut entièrement consumé : soumis à l'opération du flambage, sans qu'on eût auparavant enlevé sa toiture provisoire, ce superbe bâtiment fut complétement réduit en cendres, malgré la promptitude des secours.

⋆⋅❦⋅⋆

LA PESTE A BORD.

Récit fait au lieutenant Wellsted, par un de ses amis, comme lui officier de la marine anglaise.

« ..... Je vous fais grâce de mes aventures jusqu'à mon arrivée au Caire, en mars 1833, au moment où la peste exerçait de violents ravages à Alexandrie. Pour éviter d'entrer dans cette dernière ville, je résolus, ainsi qu'un officier de mes amis qui s'était joint à moi, de me rendre d'abord à Rosette et de là, par mer, au port d'Alexandrie, où je devais trouver facilement un navire en partance, sans être obligé de prendre terre. Comme nous arrivions, un petit brick, *l'Espirito-Santo*, mettait à la voile pour Livourne; nous nous y embarquâmes aussitôt, nous félicitant de réussir si promptement à fuir le foyer de la contagion. Tout était gaîté, vie et mouvement à bord : le léger bâtiment bondissait joyeusement sous l'impulsion d'une brise fraîche et propice, et nous voyions avec un

indicible contentement s'abaisser et disparaître à l'horizon des flots les dômes et les innombrables minarets d'A-
lexandrie, brillant de tant d'éclat au soleil couchant, qu'on
eût difficilement deviné que cette cité d'or et de pourpre
était un vaste sépulcre.

« Nous étions en mer depuis sept jours, lorsqu'un des
hommes de l'équipage tomba subitement malade et mourut dans la soirée. Un soupçon jaillit dans mon esprit
que ce pourrait bien être la peste. Je requis un jeune
médecin italien, qui s'était bien gardé d'approcher du
malade, d'examiner le corps, ce qu'il fit avec répugnance,
et son rapport me confirma dans l'opinion que le matelot
avait succombé à l'effroyable contagion. Cette nouvelle
frappa tout le monde de surprise et d'horreur ; cependant,
quoique tous parfaitement à même d'apprécier ce qu'il y
avait de critique dans notre situation, mes compagnons et
moi nous affectâmes une impassibilité vraiment musul-
mane, passant notre temps à fumer ou à dormir sur une
partie du tillac que nous nous étions appropriée.

« Un jour s'écoula sans accident, et nous nous livrions
déjà à l'espérance que le mal ne ferait pas de progrès ultérieurs ; mais le lendemain trois autres matelots furent
attaqués simultanément et montrèrent les mêmes symp-
tômes que le premier. Il devint alors urgent d'adopter
des mesures de précaution, et je suggérai de débarrasser
la chaloupe des objets qui l'encombraient pour y loger les
malades et les y tenir séquestrés. On leur passait à boire
au bout de grands bâtons. Deux moururent promptement, et leurs corps , qu'on retira au moyen de crochets
amarrés à l'extrémité de longs pieux , furent jetés par
dessus le bord.

« Cependant le troisième malade lutta pendant plusieurs
heures contre l'agonie, et le délire qui précède ordinairement la mort chez les pestiférés s'étant emparé de lui,
il se traîna en rampant hors de la chaloupe en dépit des
efforts des matelots qui s'efforçaient de le repousser avec
les avirons et les anspects. Le malheureux voulait venir
nous rejoindre à l'arrière du navire, et de ma vie je n'ai
vu un spectacle plus hideux. Dans la frénésie que lui inspi-
raient les obstacles qu'on opposait à son passage, il se

cramponnait au pont, roulait ses yeux hagards et vitrés,
et mordait d'une bouche écumante les barrières qu'on
jetait devant lui. Voyant avec terreur que, malgré la résistance, il avançait toujours, je criai de passer un nœud
coulant autour de son corps et de l'attacher ainsi à la chaloupe. Ce moyen fut, en effet, mis à exécution. Mais jugez,
mes amis, de mon horreur, lorsqu'après l'avoir pris dans
le nœud, je vis un matelot maltais sauter sur les haubans et couler dans une poulie placée au bout de la vergue de misaine, la corde, dont il jeta ensuite l'extrémité
sur le pont ! Je voulus en vain remontrer au capitaine la
barbarie de son action.

— « Laissez donc, me dit-il avec un sourire infernal, ce
sera peut-être votre tour demain !

« L'équipage s'empara avec ardeur de la corde qui pendait et se mit à tirer dessus. Le malheureux, rendu à la
raison par la perspective du sort qui l'attendait, implorait
merci d'une voix éteinte et entrecoupée. Merci à bord
d'un navire pestiféré !... il fut hissé et lancé dans l'air
par dessus le bord, se balança quelques instants dans
l'espace, tandis que le matelot à cheval sur la vergue tirait
son couteau de sa ceinture et l'ouvrait avec les dents; la
corde fut coupée et l'onde s'ouvrit avec bruit sous le coup
de la chute du malheureux, qui lutta faiblement une seconde et disparut pour toujours.

« Je ne suis point sujet aux vapeurs comme les dames,
et mes nerfs sont peu délicats; cependant, jusqu'à la
dernière heure de mon existence, jamais la figure de cet
homme ne s'effacera de ma mémoire. Après que tout fut
fini, je me sentis faible et souffrant, et je me rapprochai,
pour me distraire, de mes compagnons, à qui un vieux
marchand grec racontait comment la peste s'était intro-
duite à bord. La soif du gain en était la cause, comme il
arrive presque toujours en pareil cas. Le commandant,
homme grossier et avide, avait consenti, six jours auparavant, à recevoir, secrètement et à prix d'or, cinq pestiférés provenant d'un autre bâtiment qui, au moment
du départ, n'avait pas voulu conserver dans son sein des
germes aussi actifs de destruction. Les malades furent
relégués hors du brick, dans un bateau amarré à l'ar-

rière, et comme deux d'entre eux survivaient avec
quelque apparence de guérison au moment où nous mîmes à la voile, le capitaine, dans sa stupide insouciance,
leur permit d'entrer à bord et de se mêler au reste de l'é-
quipage. S'il y a lieu de s'étonner d'une chose, c'est de
la longueur du temps que le mal avait mis à se déclarer.
Il continua à faire des progrès, et, avant le coucher du
soleil, deux autres hommes furent pris à leur tour ; à huit
heures du soir, la peste en frappa un troisième, et tous
furent successivement confinés dans la chaloupe.

« Pas un de nous ne pouvait nourrir un seul moment
l'espoir d'échapper à la mort, si nous restions plus longtemps en mer ; en conséquence, la course du navire fut
dirigée vers l'île de Rhodes.

« Il faisait nuit, et les mahométans, dont une partie de
l'équipage était composé, s'étaient tous livrés au sommeil
avec cette indifférence qu'enfante la croyance à la fatalité ;
les chrétiens, au contraire, la plupart grecs et italiens,
erraient dispersés en groupes silencieux. Çà et là un passager solitaire arrêtait sur l'horizon un regard vague, en
rêvant à son foyer, en soupirant au souvenir de sa femme
ou de ses amis, et faisait peut-être en son cœur un vœu à
la madone ou à la panagia, si elle lui donnait de les revoir
un jour. La brise avait molli considérablement ; une houle
fatigante balançait lourdement le navire, et le clapote-
ment irrégulier des flots se mêlait aux sourdes plaintes qui
s'exhalaient de la chaloupe. Je ne puis décrire les sensa-
tions opposées qui m'oppressaient ; j'ai vu la mort en face
bien des fois et de bien des manières différentes, mais jamais je ne me suis senti si complétement abattu. Je veillai
néanmoins la plus grande partie de la nuit, et ce ne fut
qu'à la fin que je tombai dans cette espèce de tor-
peur qui suit une grande excitation morale. Lorsque je
m'éveillai au point du jour, tout paraissait à bord dans
la confusion : les cordages tombaient détendus sur le pont
et flottaient en désordre aux oscillations du navire ; les
hommes avaient l'air pâle et effaré, un seul excepté : c'é-
tait un Turc de soixante-dix ans, qui s'était emparé d'un
flacon de vin et en avalait le contenu à longs traits. Lui
ayant demandé comment il osait enfreindre d'une manière

aussi flagrante les préceptes de sa religion, il me répondit
gravement que c'était comme médecine qu'il buvait ainsi
la liqueur prohibée, et me cita un proverbe arabe qui équi-
valait à notre vieil adage : « Aux grands maux les grands
remèdes. » J'étais peu disposé à discuter avec un philo-
sophe d'une semblable force, d'autant plus que je conti-
nuais à éprouver un malaise étrange, et le jour s'écoula
pour moi avec une lenteur désespérante. Vers midi un
autre cadavre fut retiré du lazaret, et deux nouveaux malades y furent déposés.

« A souper, l'aspect des mets me souleva le cœur; je
me sentis saisi d'un étourdissement, et, ne voulant alar-
mer personne, je me retirai dans ma cabine, où le frisson
et bientôt une fièvre ardente s'emparèrent de moi. L'officier qui m'avait accompagné m'ayant vu pâlir et m'éloigner, conçut des soupçons et vint me voir. Il ne voulut
cependant pas m'inquiéter, et il observa avec calme que
nous ne pouvions manquer d'atteindre Rhodes dans la
matinée; il retira mon argent de ma malle et eut l'attention de le placer sous mon oreiller. Il ne craignit
même pas, et ce soin fait honneur à son courage, d'hu-
mecter mes lèvres desséchées avec du vinaigre et de
l'eau; puis il me laissa, après m'avoir recommandé de
prendre courage et fait espérer que je serais mieux le lendemain.

« Il paraît que je ne tardai pas à tomber dans un éva-
nouissement complet, car mon compagnon s'approcha encore de moi une demi-heure après, et, ne recevant aucune
réponse, présuma que je dormais. J'appris ensuite que le
capitaine et lui revinrent plus tard dans la nuit, et, après
d'inutiles efforts pour me réveiller, en conclurent que j'é-
tais réellement mort comme j'en avais l'apparence. Quand
le matin arriva, les plus poignantes douleurs m'arrachè-
rent de ma léthargie; mes tempes battaient avec violence,
et il me semblait que mes yeux allaient s'élancer de leur
orbite; une soif insupportable me dévorait, ma tête tour-
nait, bouillonnait; on eût dit que mes veines roulaient
du plomb fondu. Je m'aperçus aussi qu'un bubon s'était
formé sous mon aisselle gauche, symptôme irrécusable qui
aurait dissipé des doutes plus enracinés que les miens

sur la nature de mon mal. Néanmoins avec la fatale certitude revint toute mon énergie morale et la confiance dans la bonté divine.

« Je passai ainsi plusieurs heures en proie à des évanouissements successifs, jusqu'à ce que mon attention fut enfin éveillée par le fracas que faisaient les chaînes des ancres qui filaient par les écubiers, en ébranlant le navire. Le bruit cessa et fut suivi d'un concert de plaintes et d'imprécations qui grossissaient toujours. Cependant, les bruits habituels de la manœuvre à bord d'un bâtiment avaient cessé de se faire entendre. Inquiet de cette étrange inaction et curieux de savoir ce qui se passait, je me traînai hors de ma couche, jusque sur le pont, où j'aperçus seulement le cuisinier et trois autres individus pleurant, se désespérant et frappant leurs poitrines. Ils m'apprirent que le capitaine et ceux de l'équipage et des passagers qui se trouvaient encore en bonne santé, jugeant qu'ils étaient suffisamment près de la terre qu'on découvrait alors parfaitement, avaient mis le canot à la mer, et, après s'y être embarqués précipitamment, avaient poussé au large et s'étaient dirigés de leur mieux vers la plage.

« Par un raffinement de barbarie, les misérables, craignant sans doute que la connaissance du mal dont nous étions atteints ne les fît repousser par les habitants du pays, avaient eu la précaution de jeter l'ancre avant de s'éloigner ; mais comme il n'y avait pas de fond en cet endroit, le brick continua de dériver lentement vers la côte, chassé à la fois par le vent et le courant. L'effet des grandes souffrances physiques est de créer un égoïsme profond : mon premier mouvement fut de me traîner vers l'arrière, où je m'assis à côté d'une jarre d'eau, afin d'y satisfaire ma soif inextinguible. Mes quatre compagnons d'infortune se réunirent autour de moi : le mal ne sévissait pas encore sur eux avec violence ; mais la chaloupe en renfermait quatre autres, deux morts et deux agonisants, dont l'un, vieux gentilhomme italien, occupait depuis trois jours cette hideuse retraite ; il ne cessait d'appeler ses enfants, en poussant des gémissements à fendre le cœur, et s'efforçait de temps en temps de repousser, d'une main débile, le cadavre de son voisin, qui retom-

bait sur lui à chaque oscillation du navire. A la distance
de cent cinquante brasses du rivage, les ancres touchè-
rent le fond, le bâtiment s'arrêta, et nous pûmes contempler le pays qui offrait à nos yeux un aspect rocailleux et
sauvage, avec une chaîne de hautes montagnes bornant au
loin l'horizon. Nous apercevions sur la grève les matelots
et les passagers qui nous avaient si lâchement délaissés.
Cette vue augmentait le désespoir de notre situation ; car
ils avaient pris la seule embarcation que, par nos efforts
réunis, nous fussions en état de mouvoir. A nos gestes
suppliants, ils répondirent par des signes d'indifférence
ou de dérision qui nous firent clairement comprendre que
nous n'avions rien à attendre de leur secours. Alors,
exaspérés par tant de perfidie et de cruauté, mes compagnons se déterminèrent à couper les câbles, et y réussirent après beaucoup de peines et d'efforts. Délivré de ses
liens, le navire se mit à dériver de nouveau vers le rivage,
dont l'escarpement nous permit heureusement d'approcher de très-près ; ce fut seulement à une distance de vingt
brasses que le bâtiment fut arrêté par les écueils. La difficulté consistait alors à gagner la terre ferme ; le maître
d'équipage, qui était le moins malade de tous, n'ayant eu
qu'un court accès de fièvre, se jeta à la nage avec une
corde nouée autour de son corps, et arriva à terre ; là, il
en attacha un bout autour d'un rocher, tandis que les
hommes du bord amarraient l'autre bout aux porte-haubans, et établissaient sur cette corde un va-et-vient abou-
tissant à un sabord.

« Et tous, à l'exception des deux malheureux de la chaloupe, nous nous y assîmes chacun à notre tour et fûmes
tirés à terre par une seconde corde. Grâce à l'assistance
du cuisinier, je parvins, avec des efforts incroyables, à me
placer dans le va-et-vient ; mais au moment où l'on me
halait hors du sabord, je pirouettai, et mes yeux se repor-
tant en arrière rencontrèrent ceux du pauvre vieux mon-
sieur italien couché dans la chaloupe. Son regard fut si
douloureux, si rempli de désespoir et de reproche, que je
fermai mes paupières et me sentis défaillir ; en approchant du rivage ma faiblesse et mon émotion furent telles,
que, ne pouvant plus me soutenir, je tombai la tête la pre-

mière dans la mer. Quand je reparus à la surface, un matelot me tendit un aviron que je saisis avec une force désespérée, et ce fut ainsi qu'on m'attira à terre où je demeurai étendu, privé de sentiment.

« Quand je repris connaissance, je trouvai mon ami l'officier assis à mes côtés : « Avant de quitter le bâtiment, me dit-il, je descendis à votre cabine, afin de vous faire lever s'il était possible et de vous emmener; mais sur mon chemin je rencontrai le capitaine qui me dit qu'il venait de vous quitter à l'instant, et que bien certainement vous étiez mort. Tout coquin qu'il est, je pensai qu'il le croyait véritablement. Cependant, comme je persistais à descendre pour m'assurer moi-même de votre état, il me déclara que si je ne m'embarquais à l'instant même dans le canot, il partirait sans m'attendre, et je fus contraint de lui obéir, mais avec l'espérance pourtant que je pourrais revenir visiter le navire et vous chercher. Cet espoir ne dura pas longtemps, car en approchant de la côte, l'embarcation heurta contre un rocher et chavira; un des passagers fut noyé. Mais voyez, continua l'officier en s'interrompant brusquement, vous êtes parti à temps. Regardez *l'Espirito-Santo !* »

« Le fatal navire pris entre les récifs s'était heurté bruyamment durant quelque temps, battu par les flots. Tout à coup il se souleva, poussé sans doute par une lame plus forte que les autres, et se coucha pesamment sur babord. Les mâts craquèrent effroyablement et tombèrent avec tous leurs agrès; trois ou quatre énormes vagues fondirent sur le pont et le balayèrent complétement, engouffrant dans leur tourbillon la chaloupe et ceux qui l'habitaient. Morts et vivants furent engloutis si promptement, que nous n'en vîmes reparaître aucun.

« Il fallut alors se consulter quant à la direction future de nos mouvements. Deux Turcs s'approchèrent à quelque distance et répondirent à nos questions, qu'au lieu de Rhodes, nous avions échoué sur la côte de Caramanie, près de Castel-Rossa. Ils nous informèrent en outre qu'il n'y avait point de village à une moindre distance que celle de deux lieues; nous résolûmes donc de nous rendre à celui qu'ils nous indiquèrent.

Vaisseaux négriers.

Pêcheurs et Caboteurs des côtes de la Manche.

« Ma faiblesse était excessive, mes vêtements étaient entièrement mouillés, mes membres noirs de contusions et mes souffrances devenaient plus aiguës que jamais. Quand on parla de se mettre en route, je n'aurais pas cru pouvoir faire trente pas, et cependant je parvins, à force de courage, à accomplir cet effort. Les gens bien portants marchaient en tête, et les quatre pestiférés et moi nous formions un groupe à part. Au coucher du soleil, nous atteignîmes un misérable bourg, où nous rencontrâmes un individu appartenant au consulat russe. Notre capitaine se recommanda à lui comme naufragé, et lui demanda asile et protection, jusqu'à ce qu'on eût pu faire parvenir la nouvelle de notre malheureuse situation au consul anglais de Malte; mais il ne dit pas un mot de la peste. Cependant les habitants, tous Turcs et fatalistes qu'ils étaient, ne voulurent pas s'exposer imprudemment, et dès qu'ils surent que nous venions d'Alexandrie, ils nous assignèrent une demeure à quelque distance du bourg. Je refusai, comme le voulait le capitaine, de me réunir aux malades dans le lieu où ils furent séquestrés; et, ne désespérant pas encore de mon salut, je fis un marché particulier avec un Turc qui me permit de dormir dans son étable, au milieu des chevaux. Il me vendit un vieux tapis déchiré pour me servir de couverture, et ce fut dans ce misérable refuge que je m'installai avec une grosse pierre pour oreiller.

« Ma fièvre augmenta dans la nuit; à deux heures du matin, je tombai dans le délire, ce qui fut, je crois, la crise la plus terrible de ma maladie. Mille divagations effrayantes me traversaient le cerveau : c'était tantôt le pestiféré furieux qu'on avait laissé tomber de la vergue dans la mer, qui me saisissait la jambe entre ses dents et m'en déchiquetait la chair jusqu'aux os; tantôt le pauvre Italien abandonné dans la chaloupe m'enlaçait de ses bras glacés et cadavéreux, et m'étreignait à m'étouffer, avec un rire de démoniaque. Je conserve néanmoins le souvenir d'un moment où de grands cris se firent entendre, et je vis plusieurs personnes se précipiter dans le hangar. Je n'appris que le lendemain la cause de ce tumulte, ayant repris mes sens un peu après le lever du soleil. Il paraît que durant la nuit le cuisinier, ayant été pris aussi d'un violent délire, s'était traîné jusqu'à un feu qu'on avait allumé dans la cour, et ses jambes s'y étaient horriblement brûlées avant qu'on pût lui porter secours. Personne ne voulait le toucher, et ceux qui entrèrent dans mon réduit, étaient venus y chercher une corde pour attacher ce malheureux par le corps et le retirer du feu. Une heure après il mourut et fut enterré par les Turcs; mais les soupçons s'élevèrent de tous côtés sur la nature de notre maladie, et les habitants commencèrent à proférer contre nous des menaces de mort. Mon état surtout fut considéré comme très-suspect, et plusieurs individus vinrent m'examiner. Ce qu'ils virent confirma leurs craintes; déjà les plus féroces et les plus sanguinaires d'entre ces sauvages me couchaient en joue avec leurs carabines, enchantés de trouver un prétexte pour verser le sang d'un chrétien, lorsqu'un vieux mollah intervint en ma faveur.

— « Arrêtez! leur cria-t-il, je vois écrit sur son front que son heure n'est pas encore venue.

« Les Turcs se retirèrent en murmurant et jetant des regards de haine sur la proie qu'on leur arrachait; alors le vieillard s'approcha, et fixant sur moi un regard plein de bienveillance et d'une douce pitié, il me demanda ce qu'il pouvait faire pour me soulager; je le suppliai de me donner de l'eau, ce qui était la chose que je souhaitais le plus ardemment : il en plaça un pot à côté de moi, et me laissa en faisant des vœux pour mon rétablissement. Dans la soirée, sa femme vint me trouver de sa part, et me fit les mêmes offres de service.

« A force de prière, le capitaine de notre brick et ceux qui l'accompagnaient obtinrent qu'on les laissât tranquilles jusqu'à ce qu'une réponse arrivât de Castel-Rossa, où l'on avait envoyé un messager avec une lettre expliquant notre situation : elle était des plus critiques, car le gouverneur de l'endroit n'avait qu'à lever le doigt, et nous étions tous massacrés.

« Ce fut dans cette position que je passai une autre nuit de misère. Le jour suivant, on reçut la nouvelle qu'un agent consulaire était arrivé de Castel-Rossa; mais il refusa de débarquer, et toute la troupe fut obligée de retourner à pied au lieu où le brick avait fait naufrage. Profondément dégoûté de mes compagnons, qui ne désiraient évidemment me garder avec eux que pour les défrayer de leurs dépenses, je m'efforçai de persuader à l'agent, par l'offre d'une somme considérable, de me fournir un bateau pour me transporter à Rhodes; mais tout ce que je pus obtenir, fut qu'on en accorderait un pour y conduire tout le monde. Cette promesse faite, l'officier nous quitta pour retourner à son poste, mais nos souffrances n'étaient pas à leur terme. Quand nous voulûmes revenir au village, les Turcs, qui nous avaient escortés, s'y opposèrent et restèrent sourds à toutes nos supplications. Ils nous désignèrent une petite prairie entourée de buissons. — « Voilà votre gîte! » nous dit leur chef. Et voyant que toute résistance serait inutile, nous fûmes contraints de nous résigner. On plaça de distance en distance un cordon de sentinelles, en nous faisant comprendre clairement que quiconque chercherait à franchir le cercle, serait fusillé sans cérémonie. Les autres malades et moi reçûmes l'ordre d'occuper un coin retiré du champ; notre lit était la terre humide, notre toit la feuillée rare et maigre d'un chêne rabougri et la voûte bleue du ciel. Les Turcs nous avaient envoyé un mouton, qui fut tué, et dont quelques morceaux grillés nous furent jetés; mais la vue de la nourriture m'inspirait une répugnance invincible; je cherchai à sommeiller; pour surcroît d'affliction, la pluie commença dans la soirée et ne cessa pas de tomber durant tout le temps que nous passâmes en ce lieu maudit.

« Je n'essaierai pas de vous détailler toutes les misères que j'endurai pendant les deux jours qu'il nous fallut passer, en attendant le secours promis. Je n'avais pu fermer l'œil une minute depuis que j'avais quitté le navire, et la seconde nuit je parvins à me traîner auprès du feu, qu'un vieux Français avait réussi à entretenir malgré la pluie : il ne me repoussa pas; là, quoique la fièvre continuât de me harceler, mon épuisement était tel, que je tombai dans un profond engourdissement durant plus d'une heure. Je me rappelle que mon idée fixe avait d'abord été de sécher mes bas trempés par la pluie, et je m'endormis en les tenant étendus au-dessus du feu; quand je revins à moi, l'un d'eux était entièrement brûlé. En retournant à mon gîte, j'emportai quelques tisons, et après avoir creusé péniblement un trou en terre, j'y allumai un petit feu. Le bonheur est relatif, dit-on; pendant que je réchauffais mes membres raidis et glacés à cette flamme pétillante, et que je savourais une goutte de café oubliée dans un pot qui avait appartenu au cuisinier mort la veille, je sentis mon âme se dilater et s'épancher en une joie pleine de reconnaissance pour la céleste providence qui m'avait protégé si manifestement jusque-là.

« Le matin suivant, arriva la goëlette qui devait nous transporter à Rhodes. C'était un misérable assemblage de planches; mais je n'oublierai jamais la sensation de plaisir que j'éprouvai en mettant le pied à bord. Je me sentais alors assez bien pour que mes compagnons de voyage perdissent la crainte de gagner par moi la contagion, et je fus admis parmi eux; mais les deux autres pestiférés qui restaient furent déposés dans un canot, remorqué au moyen d'une corde, à l'arrière du bâtiment. Les vents contraires furent cause que nous mîmes trois jours à gagner Rhodes, et n'ayant pris de vivres que pour un jour en nous embarquant, équipage et passagers tous se mouraient de faim; moi-même je commençai en abordant à en sentir les atteintes. A notre arrivée, nous fûmes mis en quarantaine. Mais le lazaret, ce comble des misères humaines pour les voyageurs, était pour nous le paradis terrestre; au moins nous y avions un lit, un toit et du feu.

« Depuis le moment du naufrage jusqu'à mon arrivée à Rhodes, il s'était écoulé sept jours, durant lesquels je n'avais ni mangé, ni dormi, ni quitté mes vêtements, et pourtant je survécus seul, car les deux malades qui arrivèrent en même temps que moi, moururent deux jours après. Quelque extraordinaire qu'ait été ma délivrance, quand on songe seulement à l'horrible fléau auquel j'ai échappé, je la trouve réellement miraculeuse, en réfléchissant aux misères et aux privations cruelles qui ont compliqué ma situation ! »

HUIT FRANÇAIS.

Dans les premiers jours de thermidor an V, un navire anglais sillonnait rapidement l'Atlantique sous 19e degré de latitude méridionale, et le 36e de longitude ouest. Ce bâtiment était la *Lady-Shore*, de cinq cents tonneaux, et armé de vingt-neuf canons. Il portait à Botany-Bey cent dix-neuf prisonniers, parmi lesquels huit Français. Vingt-six hommes d'équipage et cinquante-huit soldats répondaient au gouvernement britannique de la cargaison humaine qu'il leur avait confiée.

Qu'avaient donc fait ces huit Français pour avoir mérité Botany-Bey? Avaient-ils commis quelque crime punissable, sinon par la potence, du moins par la déportation?...

Voici en quelques lignes le motif de ce voyage forcé à la Nouvelle-Hollande :

La corvette la *Bonne-Citoyenne* avait été expédiée de Rochefort le 24 ventôse an IV, avec plusieurs frégates placées sous le commandement du contre-amiral Sercey, et faisant voile pour les Indes-Orientales. A la hauteur du cap Finistère, la *Bonne-Citoyenne* avait reçu au milieu de la nuit un coup de vent furieux, qui l'avait fort endommagée et séparée de la division, que jusque-là elle n'avait pas perdue de vue. Rencontrée le lendemain par quatre vaisseaux anglais, elle avait été capturée et son équipage envoyé à Portsmouth. Les officiers, ainsi que le premier chef de timonnerie, Sélis et le pilote-côtier Thierry, avaient été consignés dans la petite ville de Petersfield.

Au bout de sept mois d'une captivité rigoureuse, Sélis et Thierry, se sentant le mal du pays, eurent l'idée de décamper. Une nuit, ils se rendent furtivement au bord de la mer, espérant trouver quelque embarcation dont ils s'empareraient pour voguer vers la France; mais les gardes-côtes étaient avertis; ils arrêtèrent les deux fugitifs, qui, après un séjour préalable dans les cachots de Portsmouth, furent transportés, avec six autres Français, au dépôt des prisonniers destinés pour Botany-Bey.

Trois semaines après, nouvelle tentative d'évasion, nouvelle arrestation et captivité beaucoup plus dure, dans un ponton vermoulu où, pendant huit mois consécutifs, les huit républicains endurèrent un supplice de tous les instants.

Le 8 germinal an V, ils quittèrent leur prison flottante pour être embarqués sur la *Lady-Shore*. Les autorités anglaises espéraient que quelques années passées à la Nouvelle-Hollande, parmi les voleurs et les filles de mauvaise vie, leur formeraient le caractère et leur ôteraient la manie de l'évasion.

Voilà comment Sélis, Thierry et leurs six compagnons d'infortune se trouvaient à bord d'un bâtiment anglais, avec cent onze autres prisonniers de diverses nations, destinés, comme eux, à aller coloniser les terrains vierges de Sidney.

Le 13 thermidor, à l'heure où le crépuscule commençait à envelopper le navire, les huit Français, retirés dans un coin obscur où personne ne pouvait les voir, causaient à voix basse, regardant avec précaution autour d'eux et s'interrompant chaque fois qu'ils entendaient le moindre bruit. On devine bien qu'il ne pouvait être question que d'un projet de révolte.

— As-tu sondé les trois Allemands et l'Espagnol? disait Sélis à Thierry.

— Oui, répondait ce dernier, et ils sont des nôtres.

— Mais peut-on compter sur eux?

— Ce sont de braves gens. Je réponds de leur discrétion, et je garantis qu'ils taperont dur. Il y a surtout l'Espagnol qui est rageur en diable; et quant aux Allemands, ils ont une poigne un peu soignée.

— Bon! nous sommes donc douze.

— Douze contre quatre-vingt-quatre! dit d'un air inquiet un jeune homme au teint pâle et aux mains délicates, ça fait juste un contre sept!

— Ah çà! Maillot, est-ce que tu canes? s'écria Thierry. Tu ne te sens donc pas la force de bousculer à toi seul une demi-douzaine de ces *englishmen*?

— Ne t'inquiète pas, répondit Sélis. Ce petit-là est bon, et il ne reculera pas d'une semelle. N'est-ce pas, mon enfant ?

— Vous verrez ça, citoyen, dit le jeune homme, dont l'œil s'était subitement animé.

— Ah! d'ailleurs, n'y a pas à dire, fit observer un quatrième interlocuteur, celui-là qui refuserait de marcher à présent, houp! c'est convenu. Et il faisait le geste de jeter un homme par-dessus le bord.

A ce moment, les conspirateurs, ayant cru entendre un bruit suspect, se turent subitement; mais c'était une fausse alerte. Ils s'assurèrent que personne ne les voyait ni ne les écoutait, et ils continuèrent leur conversation, toujours à voix basse.

— Ah çà, dit Sélis, vous rappelez-vous bien ce que nous avons dit hier, pour le poste que chacun devra occuper pendant l'affaire ?

— Oui, oui, répondirent les sept autres Français.

— Eh bien! maintenant, il ne s'agit plus que de s'entendre sur le jour et l'heure.

— Le plus tôt possible, dit Thierry. Et les autres firent chorus. Pourquoi pas demain? Justement, il fait une chaleur d'enfer qui fait dormir les soldats à leur casser bras et jambes.

— Demain soit, reprit Sélis. Est-ce entendu?

— C'est entendu, dirent les sept voix à l'unisson et du ton le plus résolu.

— Demain, dans la nuit, à deux heures sonnant.

— A deux heures, ça va!

— Et quel sera le signal? demanda Thierry.

— Quand je crierai : *Vive la République!* répondit Sélis, ce sera le moment de commencer la danse.

— Bravo! s'écria Maillot, dont l'organisation nerveuse était visiblement excitée par cette scène de conspiration. Maintenant, ajouta-t-il, je fais une motion.

— Laquelle? demandèrent-ils tous à la fois.

— Jurons de nous faire tuer, jusqu'au dernier, plutôt que de nous rendre.

— Oui; nous le jurons!

Ce serment fut prononcé avec un ensemble parfait, et

l'attitude des huit prisonnniers prouvait qu'ils y seraient fidèles.

Là-dessus, ils se séparèrent. En s'éloignant du lieu de la réunion, Sélis dit à Thierry : — Je te le disais bien que le petit Maillot était un crâne, sans en avoir l'air. Laissez-le filer son nœud ; il ne sera pas le dernier à la besogne. Et les Allemands ?

— Je vais les prévenir, l'Espagnol aussi ; et je les ferai jurer comme nous.

Ils se quittèrent en se donnant une poignée de main qui à elle seule valait tous les serments du monde.

La journée du lendemain se passa comme à l'ordinaire. La gaîté des prisonniers français fut même plus vive et plus franche que de coutume. Leur physionomie n'annonçait aucune émotion intérieure : c'est que le danger au-devant duquel ils allaient courir n'avait pour eux rien de redoutable, et qu'ils se sentaient au cœur et dans les bras la force que donne l'amour de la liberté.

La nuit venue, ils se couchèrent tranquillement, mais tout habillés. A une heure et demie, ils se levèrent en silence, se glissèrent un à un dans le panneau où couchaient les soldats, s'emparèrent adroitement des armes amarrées à chaque lit, et se réunirent ensuite dans un endroit où l'officier de quart ne pouvait soupçonner leur présence. Là, ils attendirent le signal convenu.

Deux heures sonnèrent à la pendule de la grand'-chambre.

— *Vive la République !* cria Sélis d'une voix tonnante.

A ce cri, qui retentit dans tout le navire et sur les flots, tous s'élancent à leurs postes respectifs. Deux se rendent au panneau des soldats, résolus à tuer le premier qui tenterait de sortir ; deux autres s'établissent sur les passavants pour faire feu sur les Anglais qui se trouveraient sur le pont et refuseraient de se rendre ; deux courent avec la même consigne vers la chambre des officiers placés à l'arrière du vaisseau ; un se charge de veiller sur le panneau où couchent les femmes ; deux se précipitent dans la chambre du capitaine, deux autres vont faire prisonniers l'officier de quart et ses deux compagnons. Enfin, le douzième défonce une caisse de munitions, en distribue à ses camarades et veille à ce qu'ils ne soient pas pris entre deux feux.

Ce fut un drame en sept ou huit actes simultanés. Sur le pont, dans les chambres, dans l'entrepont, il se fit en même temps un tumulte qui, à cette heure de la nuit, avait quelque chose d'effrayant. La première résistance vint de l'officier de quart, qui, voyant tous ces hommes courir çà et là les armes à la main, déchargea son pistolet sur un des Allemands qu'il étendit raide mort; mais il fut lui-même tué sur le cadavre de sa victime. Ces deux coups de feu avertirent le capitaine. Assailli tout aussitôt par les deux Français chargés de s'emparer de sa personne, il tire son poignard et se jette sur eux le bras levé; mais il tombe percé de trois coups de baïonnettes, et, se sentant blessé, il crie à l'équipage :

— Rendez le navire aux Français !

Le commandant de la garnison a le même sort, et, persuadé que les prisonniers se sont insurgés en masse, il garde le silence afin d'épargner la vie de ses soldats.

Quelques secondes après ces trois scènes sanglantes, les soldats revenus de leur première surprise, prennent les armes que leur ont laissées les conjurés et s'élancent vers le panneau pour sortir. Thierry, qui se trouvait là par hasard, s'aperçoit de ce mouvement et crie à ses compagnons :

— Aux soldats ! aux soldats ! empêchez-les de s'échapper !

Maillot accourt et voit un sergent qui cherche à monter sur le pont. Quoique blessé par le poignard du capitaine, il saisit une barrique de salaisons et la lance dans le panneau, afin d'écraser ou, tout au moins, de renverser l'Anglais.

La barrique tombe sur le pied du sergent, qui pousse un cri effroyable et roule sur le plancher de l'entrepont. Ses compagnons, épouvantés et ignorant le nombre des rebelles, demandent quartier et se rendent sans autre résistance.

Pendant que ceci se passait dans un coin du bâtiment, le pont était le théâtre d'une nouvelle scène encore plus sanglante que la première.

Un Français était aux prises avec deux matelots anglais qui l'assommaient et le criblaient de blessures. Le prisonnier se débattait comme un lion et appelait du secours, mais ses camarades étaient eux-mêmes trop occupés pour répondre à ses cris de détresse. Le malheureux allait succomber, lorsque l'Espagnol, après s'être débarrassé d'un ennemi contre lequel il avait lutté pendant plus de dix minutes, s'élança d'un bond sur les deux matelots, en renversa un d'un coup de sabre, terrassa l'autre, l'enleva et le jeta à la mer.

— Merci, Espagnol, dit le Français blessé ; mais fallait pas le noyer. On tue les gens quand ils veulent vous tuer, mais les jeter à la mer, ça ne vaut rien.

Tout était fini : les insurgés étaient maîtres du bâtiment, un nouveau cri de *Vive la République*, également sorti de la bouche de Sélis, apprit à ses compagnons que la victoire leur restait.

— Enfants, leur dit-il, nous sommes libres ; mais il ne faut pas s'engourdir : gare à la contre-révolution (1)! Prenons les canons, chargeons-les de verre cassé et braquons-en un à chaque porte.

Ce conseil fut immédiatement suivi, et quand les vainqueurs furent, par ce moyen, maîtres de toutes les issues, ils procédèrent tranquillement au désarmement général, qui se fit sans accident nouveau. Cette opération terminée, les portes furent refermées avec soin, et les Français tinrent conseil pour savoir ce qu'il y avait à faire pour la sûreté future du vaisseau.

D'abord la *Lady-Shore* fut déclarée de bonne prise. Ensuite Sélis, qui avait conçu et organisé le complot, fut nommé capitaine, et Thierry lieutenant.

Cela fait, et avant de songer à se réjouir d'un triomphe extraordinaire, les huit prisonniers, devenus libres et arbitres de la destinée de leurs geôliers, rédigèrent des lois appropriées à la circonstance. Voici les dispositions les plus remarquables de ce code improvisé, dans lequel

---

(1) C'est là l'expression dont se servirent les insurgés dans leur journal analysé dans le rapport de Talleyrand.

on reconnaît bien l'esprit de l'époque. Ici nous copions textuellement le rapport de Talleyrand :

« Tout homme de la force armée qui entretiendra des liaisons dangereuses avec les prisonniers, qui sera convaincu de complot contre la sûreté du navire, sera pendu.

« Tout homme qui parlerait de se rendre, en cas de rencontre d'un bâtiment, sera puni de mort.

« Tout défenseur de la prise qui se prendra de boisson pendant son service, sera déclaré incapable de servir et responsable de son cas.

« Tout prisonnier à qui il sera trouvé des armes, sera puni de mort.

« Tout prisonnier qui tiendrait des propos contre la République et *ses alliés*, sera puni de cinq cents coups de corde. (*Et ses alliés* est ravissant !)

« Tout prisonnier qui sera convaincu de tenir des propos incendiaires ou de tenter une révolte, sera puni de mort. »

Que dites-vous de cette petite législation ?

Afin de lui donner un caractère officiel et de la rendre obligatoire pour tous, on la traduisit en anglais ; on en fit plusieurs copies, signées de Sélis, capitaine, Thierry, lieutenant, et Maillot, secrétaire ; et ces copies, après une lecture solennelle, faite devant tous les hommes du vaisseau, furent affichées sur les mâts et sur les portes des principales issues.

Ce n'est pas tout ; pour donner à l'enlèvement du vaisseau le caractère d'un acte régulier, les Français contraignirent les principaux chefs des prisonniers à signer le certificat de prise, dans la forme établie par les lois de la guerre.

Ces mesures préliminaires une fois prises, le capitaine autorisa les réjouissances, en rappelant toutefois à ses subordonnés l'article de la loi qui proscrivait les excès de boisson. Un repas eut lieu aux dépens des Anglais, dont les provisions défrayèrent l'appétit des vainqueurs. Ce qui se dit et se chanta dans ce banquet bruyant, aucune plume au monde ne pourrait le raconter. Chez nos compatriotes, ce fut un enthousiasme joyeux qui quelquefois touchait au délire. Certes, il y avait bien de quoi ! Recouvrer la liberté après une captivité aussi dure et aussi longue ; avoir lutté avec succès douze contre quatre-vingt-quatre ; au lieu d'aller à Botany-Bey sous l'habit de galérien, se voir en possession d'un vaisseau armé de plus de vingt canons et chargé de provisions de toute espèce, c'était assez pour exalter l'imagination la plus froide et pour échauffer le cœur le plus pacifique. Cependant chacun sortit de table dans l'état le moins suspect, et il n'y eut aucune contravention à l'article dirigé contre les ivrognes.

Jusque-là, tout avait marché à souhait ; mais restaient encore de graves difficultés : le navire était en pleine mer ; il pouvait être rencontré par une division anglaise, ou même par un bâtiment plus fort, contre lequel il lui serait impossible du lutter ; puis, le grand nombre des prisonniers ne laissait pas d'inquiéter les Français ; comment espérer contenir longtemps, avec si peu de moyens de défense, les quatre-vingts Anglais et ceux des anciens prisonniers qu'ils pouvaient embaucher ?

La situation était donc difficile, et nos compatriotes, malgré leur énergie, qui ne s'était pas démentie un seul instant, sentaient bien qu'ils étaient entourés de dangers menaçants contre lesquels leur courage pouvait se briser.

Ils tinrent conseil à huis clos, et la majorité décida, sur la proposition de Sélis, qu'on se débarrasserait d'une partie des prisonniers anglais à la première occasion qui se présenterait. Jusque-là, il fut arrêté qu'on ferait bonne garde sur le navire et qu'on se montrerait impitoyable pour les moindres contraventions à la loi.

L'occasion désirée ne se fit pas longtemps attendre. Deux jours après la délibération dont nous venons de parler, le bâtiment se trouva dans les eaux du Brésil, et l'on se disposa à exécuter le projet en question.

Vingt-neuf Anglais, tous officiers et soldats, c'est-à-dire ceux qu'on avait le plus à craindre, furent débarqués sur les côtes d'Amérique. On leur donna tous les instruments de marine qui leur étaient nécessaires pour se diriger, et des vivres en quantité suffisante pour leur nourriture pendant plus de quinze jours. Au moment de les quitter,

Thierry, qui conduisait le convoi avec Maillot et trois
autres Français, les fit mettre en cercle autour de lui,
et, d'une voix qu'il s'efforça de rendre imposante, il leur
dit :

« Ah çà, nous vous donnons la liberté, mais ce n'est
pas pour que vous vous en serviez contre la France.
Vous allez jurer sur l'Évangile et sur l'honneur de ne
point porter les armes, pendant un an, contre la République *et ses alliés.* »

Les Anglais jurèrent sans se faire prier.

— Bon! dit Tierry. Maintenant, vous allez tous signer
votre serment que j'ai mis là sur ce papier, même que
j'ai apporté de l'encre et une plume.

Les Anglais signèrent.

— Maintenant, mes amis, bon voyage, et sans rancune.

La chaloupe s'éloigna laissant les vingt-neuf Anglais sur
le rivage.

— Pauvres diables! murmura Thierry. Ça doit leur
faire un fier chagrin de quitter leur bâtiment et leurs
camarades! Qu'est-ce qu'ils vont devenir?

Puis, s'apercevant qu'il s'attendrissait :

— Allons, v'là que je fais la femme sensible! Quelle
bêtise! Ne pensons plus à ça. Au large, enfants, et hardi
sur les rames!

Le lieutenant, revenu à bord du navire, rendit compte
de son expédition à Sélis et lui remit le serment écrit
des Anglais. Puis, il lui communiqua une idée qui lui
était venue dans le trajet. C'était de proposer aux matelots
anglais de continuer leur métier à bord, moyennant le
paiement de leur salaire habituel et une gratification au
bout du voyage.

Ce qui fut dit fut fait. On réunit les matelots et on
leur fit la proposition imaginée par Thierry. Les Anglais
acceptèrent; mais, avant de leur confier la manœuvre du
navire, on leur imposa le serment de rigueur : « De ne
rien entreprendre contre la République *et ses alliés.* »

Quelques jours après, le bâtiment jeta l'ancre devant
Montevideo. Nos compatriotes avaient espéré trouver
une généreuse hospitalité dans ce port d'un allié de la

République. Mais leur espoir fut déçu. Ils furent d'abord très-étonnés qu'on ne répondît pas aux vingt-six coups de canons, par lesquels ils saluèrent le commandant et la ville; mais leur surprise fit place à une vive indignation, lorsqu'ils virent une escouade de soldats espagnols envahir leur vaisseau, enlever tous les prisonniers et les traiter eux-mêmes comme des forbans. Toutes leurs protestations furent inutiles. Les prisonniers furent emmenés; les deux Allemands survivants, qui avaient aidé les républicains à se rendre maîtres de la *Lady-Shore*, furent jetés dans les cachots destinés aux criminels. Quant à nos compatriotes, on leur défendit de décharger le bâtiment sous le pavillon de la République et d'avoir la moindre communication entre eux. Quel était le motif de ces persécutions contre des citoyens d'une République alliée de l'Espagne ? Le commandant allégua que l'enlèvement du navire par les Français n'était autre chose qu'un vol, et que par conséquent les auteurs de cet acte de violence devaient être punis comme pirates.

Les huit républicains eurent beau écrire au vice-roi de la province, toutes leurs réclamations furent repoussées. Ils prirent alors le parti de faire connaître leur position à l'ambassadeur français près la cour de Madrid. L'affaire fut portée devant le prince de la Paix, qui en référa au Directoire exécutif. Trois mois après, Sélis, Thierry et leurs compagnons furent mis en liberté et se rembarquèrent sur leur bâtiment, reconnu, dès lors, leur propriété.

La traversée fut heureuse. Un des marins, poète renommé parmi ses camarades, en charma les loisirs en composant la chanson suivante, destinée à rappeler l'événement auquel ils avaient dû leur délivrance :

> C'est sur la *Lady-Shore,*
> En thermidor an cinq. } *bis.*
> Nous étions huit à bord,
> Huit bons républicains.
>
> Dans la Nouvelle-Hollande
> Ils voulaient nous mener; } *bis.*
> Peut-être pour nous pendre,
> Ou nous guillotiner.

Passage de la Ligne. — Orgie en mer.

Une nuit, sans lumière,
Nous nous levons tous huit. } *bis.*
Il pouvait bien se faire
Deux heur' après minuit.

Vive la République !
Crie Sélis, notre chef. } *bis.*
Nous courons au plus vite
Surprendre les Anglais.

Rendez-vous, capitaine,
Ou bien vous êtes mort. } *bis.*
Là-dessus il dégaîne ;
Nous lui perçons le corps.

Sur le pont, dans la cale,
On nous tombe dessus, } *bis.*
Mais ça nous est égal :
Nous tapons toujours dru.

Un caporal s'exerce
A monter sur le pont ; } *bis.*
Mais Maillot le renverse
D'un pot de salaisons.

Allons, l'affaire est faite ;
Nous disons : Ça va bien. } *bis.*
Puisque nous allons être,
Être libre à la fin.

Puis, nous nous régalâmes,
Le matin de bonne heure. } *bis.*
Nous avions dix-huit femmes ;
Nous fîmes leur bonheur.

C'est sur la *Lady-Shore*
En thermidor an cinq ; } *bis.*
Nous étions huit à bord,
Huit bons républicains.

⁕

UNE ORGIE EN MER.

Le trois-mâts la *Marie-Constance*, du port de quatre cents tonneaux, était considéré comme l'un des plus fins voiliers du port de Bordeaux. C'était vraiment plaisir que de le voir filer ses onze nœuds à l'heure, vent arrière ; et son constructeur, devant sa carène élégante, se prenait à le considérer d'un œil d'amour et secouait la tête en disant :

— Je n'ai rien fait de mieux ; je crois même que je n'ai rien fait d'aussi bien.

Emménagée avec un grand soin qui la rendait propre aux passagers, en même temps que ses larges flancs étaient admirablement disposés pour contenir des marchandises, la *Marie-Constance* avait déjà fait, sous la conduite du capitaine Lecouret, deux voyages de Bourbon. Elle allait se remettre en mer pour la troisième fois avec destination de la Plata, portant une riche pacotille d'objets de toute sorte dont les Américains sont si avides et si friands. L'instant du départ arriva. Vingt-cinq passagers étaient rendus à bord ; le vent était favorable, le pavillon de partance fut hissé, et les armateurs de la *Marie-Constance* serrèrent la main du capitaine Lecouret en lui souhaitant :

— Bon voyage !

Ils n'avaient pas plutôt mis le pied dans le canot qui devait les ramener à quai, que les voiles se hissèrent, et que leur trois-mâts glissa paisiblement sur les eaux de la Gironde et disparut bientôt à leurs yeux.

Le capitaine Lecouret était un homme d'expérience, à cheval sur le service, d'une probité à toute épreuve, bon marin, connaissant son métier à fond, et plein de dévouement pour les intérêts de ses armateurs. On ne pouvait lui reprocher qu'un seul défaut ; mais ce défaut était si grave, ses conséquences pouvaient devenir si fatales, que l'on devait y regarder à deux fois avant de lui confier le sort d'un navire, d'une cargaison et surtout la vie d'un équipage et de nombreux passagers. Le capitaine Lecouret buvait beaucoup ; et lorsqu'il était ivre, le navire voguait à peu près au gré des flots et du vent.

Cependant les deux premiers voyages de la *Marie-Constance* n'avaient été marqués par aucun incident fâcheux, et l'on était fondé à espérer que le troisième serait également heureux.

On se trompait.

Un excellent marin, du nom de Bastingue, qui était précisément affligé de la même faiblesse que le capitaine Lecouret, avait été engagé par celui-ci comme maître timonnier. C'était un véritable homme de mer, aux épaules carrées, au dos légèrement voûté, aux traits marqués, aux

Port de Malte.

pommettes saillantes, au cou nerveux, au teint noir comme le dessous d'une chaudière; sa figure, qui avait toujours, et pour cause, l'apparence d'une fluxion à la joue droite, était ceinte d'épais favoris roux, et son chapeau constamment sur l'arrière laissait échapper sur son front ridé des touffes de cheveux épars. Il pouvait être considéré comme un type de matelot gai, bon vivant, farceur et aimant à tourmenter les novices, qu'il avait coutume d'appeler moussaillons ou cabillots. Les premiers jours, tout se passa dans l'ordre : Lecouret ne but pas trop immodérément, et Bastingue supporta assez convenablement le vin et l'eau-de-vie qu'il sut se procurer en sus de sa ration ordinaire. Les choses allèrent de la sorte jusqu'au fameux passage de la Ligne, qui a été décrit tant de fois avec les burlesques cérémonies qui l'accompagnent, que je me dispenserai d'en donner la vingt-neuf millième édition, revue, corrigée et augmentée. Je me bornerai à dire que le baptême eut lieu dans les formes ordinaires, que les passagers furent plus ou moins inondés, selon le degré de considération dont ils jouissaient à bord, et aussi selon la somme qu'ils donnèrent pour se racheter quelque peu de l'affreux supplice qui leur est de droit infligé par les vieux loups de mer.

Ce jour est, on le sait, un jour de fête, de plaisir, d'ébats joyeux, de carnaval, pourrais-je dire, pour l'équipage; ce jour-là, il jouit des plus grandes immunités, il est maître souverain, les chefs abdiquent, et rien, d'ordinaire, ne vient troubler son bonheur éphémère. Douze heures dans un long voyage, est-ce trop?

Donc, le matin du jour où la *Marie-Constance* devait passer la Ligne, de grands préparatifs se firent à bord, et Bastingue, le maître timonnier, élu roi de la fête, dit au capitaine, en passant sa chique de droite à gauche :

— Nous la *crochons* enfin cette satanée Ligne. On va s'amuser crânement, j'en réponds.

— Ne va pas trop loin dans tes amusements, répondit Lecouret.

— On donnera le baptême, ça va sans dire, à ces messieurs et dames qui ne l'ont pas encore reçu, et qui se plaignent de trente-neuf pauvres petits degrés de chaleur, et puis on boira un brin; voilà, capitaine.

— Ne sortez pas des bornes.

— L'honnêteté pour tous et un chacun, voilà ma devise, capitaine. Je suis culotté là-dessus. On ne les *noiera* pas trop, mais assez comme ça pour qu'ils s'en souviennent de la Ligne, ces pauvres agneaux du bon Dieu. N'y en a une douzaine sur le pont qui regardent déjà dans des espèces de cannes en manière de télescope s'ils ne l'apercevront pas à cette heure, la Ligne. Pour *leurs* y faire voir, on va leur donner des renfoncements soignés sur la coloquinte.

— Pas de ces sortes de choses, Bastingue ; je les défends de la manière la plus formelle.

— Faut ben s'amuser, capitaine, mais toujours honnêtement. Un renfoncement, ça ne peut pas faire de mal pour commencer la danse. Le feu du ciel ne m'élinguera pas pour ça. Seulement, il y a un certain Malouin, une espèce de bagasse d'eau douce qui verra la chose avec tout le tremblement nécessaire. Je lui en réserve une dent soignée et entière, à ce cabillot. Je pourrai bien lui faire un nœud de bouline sur le dormant du cou. Imaginez-vous, capitaine...

— Tu me conteras cela un autre jour. On t'appelle. Sois sage...

— Sage comme une image de saint Patern, qu'est un fameux saint, sans vous commander, capitaine.

Le capitaine sourit. Bastingue alla s'affubler de je ne sais combien de vieilles peaux d'animaux destinées à cet usage, et présida gravement à la cérémonie, dans laquelle la victime la plus éprouvée fut, comme il l'avait annoncé, le Malouin auquel il réservait une dent.

Le soir venu, l'équipage entier, sous la présidence du maître timonnier, s'assembla sur le pont dans un somptueux banquet dont la viande salée et le biscuit faisaient tous les frais ; malheureusement carte blanche avait été laissée par le capitaine au maître de cambuse qui, gris d'avance, donnait du vin autant et plus qu'on ne lui en demandait.

— Une bonne farce ! dit Bastingue au milieu du festin. La noce est soignée ; mais il y manque le capitaine.

— Faut aller *crocher* le capitaine, cria tout l'équipage.

— Je m'en charge, reprit le timonnier. Et tenez-vous gentiment devant lui, mes agneaux; faut toujours avoir un air de bonne compagnie avec les chefs.

Il s'en fut à la cabine de Lecouret qui, lui-même, avait fait d'amples libations, du moins à ce que dénotaient son visage empourpré et ses yeux vitreux.

— C'est pas pour dire, capitaine, mais vous nous feriez un fier honneur en montant sur le pont boire avec nous, au *lieur* que d'être tout seul, comme un boudeur, à avaler votre eau d'aff; si c'était un effet de votre part...

Et en parlant ainsi, Bastingue prenait le verre plein du capitaine et le vidait tout d'un trait.

— Ça va, répondit Lecouret, en lui tapant sur l'épaule. Nous boirons, mais pas de ribotte.

— De la ribotte, mon honorable capitaine! de la ribotte! pour qui donc que vous prenez les hommes de votre équipage? Ils boivent, c'est bien; ils roulent quelquefois sur le pont, c'est encore bien; mais de la ribotte, allons donc! Ils se respectent plus crânement que ça les matelots de la *Marie-Constance*.

Bastingue, en ce disant, avait pris le capitaine sous le bras et grimpait avec lui tant bien que mal l'escalier qui devait les conduire sur le pont. Leur apparition fut saluée par les vivats de l'équipage, et de nouvelles rasades rafraîchirent les gosiers desséchés par ces cris de joie.

Lecouret but comme ses matelots, plus même que ses matelots; si bien qu'une demi-heure ne s'était pas écoulée qu'il était complétement ivre. Et il buvait encore, il buvait toujours.

— Le liquide n'est pas piqué des cancrelas. Une autre bouteille, cria Bastingue.

— Non, tonnerre, quatre, dit le capitaine.

— Bravo! bravo! vive le vin!

— Oui, oui, du vin, clama l'assemblée.

— Allons, capitaine, buvez.

— A la santé du capitaine, ajouta Bastingue d'une voix singulièrement avinée, en renversant une partie de ce que contenait son verre.

Et ils trinquèrent encore. L'orgie ne connaissait plus

de bornes, et ceux qui ne voulaient plus boire y étaient
contraints par le capitaine lui-même qui, leur présentant
un verre, leur disait :

— Allons, chiens, si vous avez un cœur d'homme,
buvez à ma santé, ou bien, je vous ferai voir le tremblement.

— On les jettera à la mer, ceux qui ne veulent pas
boire, criaient les ivrognes.

Et les autres de faire comme eux.

Les verres se croisaient en s'entrechoquant, les chansons
obscènes sortaient des poitrines haletantes de ces hommes
ivres, tandis que le navire voguait à pleines voiles sur les
flots heureusement paisibles. L'équipage entier avait abandonné la manœuvre et était incapable de la reprendre de
plusieurs heures. Le capitaine buvait, il riait, il chantait,
une bouteille à la main. Cette bouteille était son unique
bien, sa seule espérance, et, la possédant, il se croyait
l'égal du plus puissant monarque. Son sceptre était un
verre, ses richesses un tonneau.

Son second, depuis quelque temps déjà, gisait inanimé
sur le pont.

L'orgie était à son comble.

Un seul des dix-neuf matelots de la *Marie-Constance*
n'avait pas pris part à la débauche. C'était le Malouin,
qui, seul à gouverner, ne s'en acquittait malheureusement
que très-imparfaitement.

Il fut aperçu par Bastingue, qui lui cria :

— Allons, Malouin de mon cœur, viens boire avec nous.
Le vin est bon ! Et pas de rancune d'à ce matin.

— Va te promener avec ton vin.

— Par Dieu, as-tu danger de boire dans mon verre,
moussaillon? Alors, gare les carembolages.

Malouin ne l'entendait plus. Il s'était aperçu que le navire, toutes voiles dehors, se gouvernait mal et était menacé d'un danger imminent; il demeura attentif un instant,
puis il s'écria :

— Capitaine, capitaine, consultez la boussole. Je ne sais
pas où nous sommes.

— Silence, lui dit Bastingue, qui, tant bien que mal,
avait réussi à se traîner jusque près de lui. Silence, ba-

gasse, ou je t'envoie servir de pâture à messieurs les *ra-quins*.

Et en même temps, il lui jetait au visage le vin que contenait son verre.

Cet exploit fut accueilli par un grand éclat de rire poussé par l'équipage entier, y compris le capitaine.

— Misérables ! s'écria le Malouin, je me vengerai... Et moi qui essayais de les sauver, ajouta-t-il entre les dents, en s'essuyant le visage avec la manche de sa veste.

Celui qui l'on appelait le Malouin à bord était, comme l'indique son nom, de Saint-Malo. Il avait navigué pendant quelques années sur cette si pittoresque rivière de la Rance, qui, après avoir baigné les murs ou plutôt les rochers sur lesquels reposent les murailles de la ville de Dinan, va mêler ses eaux transparentes à celles de l'Océan. Depuis longtemps déjà il brûlait du désir d'aller aventurer son existence dans de lointains voyages; mais sa pauvre vieille mère, qui n'avait d'autre soutien que lui, serait morte de faim et de douleur pendant son absence; aussi s'était-il contenté de voir partir ses camarades, sans jamais se résoudre à faire comme eux. Il errait souvent, à ses moments perdus, sur le port, où ses amis d'enfance, en l'abordant, lui demandaient :

— Eh ! Jean, tu ne dérapes pas encore? quand donc que tu prendras du large?

— Ça viendra un jour pour sûr.

En effet, cela vint. La mère de Jean mourut, et, dans son chagrin, il voulut trouver une prompte consolation en se faisant matelot, non plus sur la Rance, mais sur l'Océan. Un *embaucheur* de Bordeaux se trouvait précisément à Saint-Malo; il fut le trouver et signa son acte d'engagement le jour même que sa pauvre mère était conduite au cimetière. Il avait vingt ans.

C'est ainsi qu'il se trouvait à bord de la *Marie-Constance*.

D'un caractère naturellement doux et bon, peu expérimenté dans les manœuvres, il fut dès les premiers moments en butte aux plaisanteries et aux sarcasmes des vieux loups de mer de l'équipage, qui prenaient plaisir à le tourmenter et à le tourner en ridicule. Il n'est sorte de mauvaises farces dont il ne fut victime, et en tête de ses persécuteurs se faisait remarquer le maître timonnier Bastingue, à qui une longue expérience des voyages donnait, plus encore que son grade, une haute influence sur l'équipage. Lorsqu'on le poussait à bout, Jean, de doux et bon, devenait furieux, ses yeux lançaient des éclairs, son visage s'empourprait, ses muscles se contractaient, et d'une voix sourde il s'écriait :

— Laissez-moi tranquille, parce que je commence à voir rouge, et quand ça me prend, je ne sais plus ce que je fais.

— Allons, pas tant causer, s'il vous plaît, *monsieure*, répondait Bastingue, et vire de bord. On sait corriger les enfants au besoin, mon amour. Croirait-on pas qu'il serait gabier du grand mât, ce moussaillon.

— Maître, vous me ferez faire quelque malheur.

— Mon agneau, respect au rang, je ne connais que ça; et pas d'autres menaces surtout, parce que nous pourrions te faire faire connaissance avec le fond de cale, qu'est une bien jolie endroit.

Et, en parlant ainsi, Bastingue s'éloignait, parce que l'irritabilité du jeune homme semblait à son comble et qu'il comprenait qu'une fâcheuse extrémité pouvait en être la conséquence. Les matelots suivaient l'exemple du timonnier, et le Malouin pouvait en liberté reprendre ses sens. Un jour que, suivant son habitude ordinaire, Bastingue cherchait à éveiller la susceptibilité de Jean, il dit à un de ses vieux camarades :

— J'ai un plan, moi, matelot. Tantôt en fricotant sur le gaillard d'avant, je raconterai à l'équipage l'histoire de ce moussaillon de Malouin. Ça sera drôle.

— Vive la charte ! Oh ! timonnier, ça sera cocasse si tu t'en mêles.

— Je m'en mêlerai.

Le tantôt donc, quand l'équipage réuni prenait son repas, invariablement composé de biscuit et de viande salée, arrosés d'un demi-quart de vin, Bastingue réclama le silence, mit une nouvelle chique dans sa bouche, et dit :

— Messieurs et mesdames, je vas avoir l'honneur de vous raconter l'histoire d'un jeune cabillot ci-présent sur la *Marie-Constance*. Le jobard en question, qui ne se fâche jamais pour de vrai, quoique ça approche, est né natif de son village, comme on dit. Faut pas l'y en vouloir : il n'avait pas le choix. Il a pour père le *meg des megs*, ainsi que disent les habitants de Toulon, Brest, Rochefort et autres lieux ; pour ce qui est de sa mère, ni vu ni connu. Il paraîtrait même qu'on l'ignore entièrement ; le jeune moussaillon ne me démentira pas...

En prononçant ces dernières paroles, Bastingue tourna les yeux vers le Malouin qui, écumant de rage, regardait attentivement si la pointe de son couteau était assez aiguë. Bastingue ne sembla pas y faire attention, et reprit :

— Puisque *monsieure* ne répond pas, je continue.

— Ne continuez pas, maître, interrompit le Malouin, cessant son muet examen ; je vois très-rouge, et pour sûr je vas faire un malheur.

— Amarre l'agneau avec ce filin, s'il fait le méchant, dit tranquillement Bastingue, en se tournant vers un matelot auquel il tendait un bout de corde.

Au moment où celui-ci allait mettre à exécution l'ordre du maître timonnier, l'arrivée inopinée du capitaine mit fin à l'ignoble plaisanterie, et toutes choses rentrèrent dans l'ordre. Mais le Malouin avait été profondément blessé au cœur, et il s'était dit qu'un jour ou l'autre il tirerait une éclatante vengeance de l'injure de Bastingue, qui, de son côté, avait toujours sur le cœur la menace du moussaillon. Il n'était donc pas étonnant qu'au passage de la Ligne ce fût au Malouin que l'équipage, guidé par le maître timonnier, fît endurer le plus de misères.

Après lui avoir jeté son verre de vin au visage et après que Jean eut juré de se venger, Bastingue se mit à rire en s'écriant :

—Oui, venge toi, fourlino, venge-toi, marin d'eau douce, qui ne sais pas avaler un verre de vin ; venge-toi et à ta santé.

Et, en disant ces mots, il remplit de nouveau son verre et le vida d'un seul trait, aux grands applaudissements de ses compagnons de débauche, tandis que le Malouin, le visage empourpré de colère, abandonnait la barre et courait vers la proue du navire.

— Mon capitaine, ajouta Bastingue en se tournant vers son chef, depuis que je suis timonnier à bord de la *Marie-Constance*, jamais elle n'avait filé aussi joliment qu'à cette heure.

— Oui... Ce vin est capable de réjouir un mort, excepté ce drôle de Malouin. Où est-il donc passé le Malouin? Qu'on fasse jouer la garcette pour lui apprendre à vivre. Qu'il vienne de suite emplir mon verre, ou, j'en jure par Satan, je le fais jeter à la mer; j'aime la justice expéditive, moi. D'ailleurs, les poissons ont besoin de chair fraîche..... Amenez-moi le Malouin.

— Capitaine! cria un passager qui sortit de la cabine, l'œil hagard, les cheveux en désordre, capitaine! où est le capitaine?

— Qui m'appelle?..... Ah! c'est le diable! Il arrive en mauvaise occasion. Dites-lui que je ne suis pas visible et que je ne peux le recevoir.

— Non, capitaine, ce n'est pas le diable, ce n'est que le Malouin qu'on vous ramène. Il a promis de boire.

— Silence, vous autres, s'écria le passager, dominant le brouhaha qui se faisait autour de lui. Capitaine, cherchez un moyen de nous sauver; nous sommes perdus.

— Perdus!... clama le capitaine en examinant les bouteilles. Non pas, pardieu; voici encore du vin. Allons, bois, Satan, tu dois toujours avoir une part de ce qui est à moi. A ta santé, mon vieux, et pas de méchanceté à mon égard.

— Capitaine, je vous répète que nous sommes perdus. Le navire est en feu. Nous allons tous périr.

— Périr! qu'est-ce qui dit cela...? Il y en a encore du vin; mourons en buvant, c'est la plus douce mort.

— Mon Dieu! mon Dieu, ils sont tous ivres, et il n'y a pas de remède! s'écriait le passager.

Les matelots, quoique pleins de vin, virent le danger, et, entourant le capitaine, s'écrièrent aussi :

— Venez nous sauver !

— Vous sauver, oui... à votre santé.

Le capitaine approcha encore son verre de ses lèvres et tomba sur le pont où il demeura immobile comme un cadavre.

L'équipage ne buvait plus, ne riait plus, ne chantait
plus. Les flammes qui s'élevaient à la proue du navire
avaient rendu aux ivrognes quelque peu de raison, et le
danger dans lequel ils étaient leur apparaissait dans
toute son horreur. Les passagers à genoux imploraient
le secours du ciel; mais rien désormais ne pouvait les
sauver.

Les flammes gagnaient rapidement le lieu de l'orgie, et
le capitaine, depuis quelques instants insensible, sembla
se ranimer à la chaleur du feu. Il essaya de se relever en
disant :

— Allons, que le Malouin boive, ou à la mer...

Un sourire effleura ses lèvres; mais sa bouche se con-
tracta; il retomba lourdement sur le pont. Il n'existait
plus.

Les moins ivres de l'équipage tentèrent alors un effort
pour éteindre l'incendie qui faisait de rapides progrès;
mais à mesure qu'ils s'avançaient pour s'opposer à ses
ravages, un homme ou un démon plutôt les jetait dans la
fournaise en poussant des éclats de rire dont la férocité
égalait la fureur des flammes. Tous y passèrent l'un après
l'autre; une puissance suprême semblait les attirer là où
une mort certaine les attendait.

Bientôt le navire entier ne fut plus qu'un immense bra-
sier, et une heure ne s'était point passée depuis le commencement de l'incendie que la *Marie-Constance* sombrait
avec sa riche cargaison. Pendant qu'elle s'abîmait au milieu des eaux, on pouvait distinguer sur le beaupré un
homme qui considérait avec un sentiment de satisfaction
cette horrible scène de mort, et qui, en disparaissant lui-
même, s'écria :

— Ah! capitaine, ah! Bastingue, c'est mon tour; je
suis vengé.

C'était le Malouin. Lui seul fut sauvé par une sorte de
miracle, et c'est de sa bouche que je tiens ce récit.

UN OURAGAN SUR LES COTES DE BRETAGNE.

L'époque d'une grande pêche était fixée au mois de février. Toute la population valide de la commune de de Trebeurden devait y prendre part, et, nonobstant la mauvaise saison, d'immenses préparatifs avaient été faits pour mettre tous les bateaux à la mer.

Le jour arriva, et le départ étant fixé à la dixième heure du matin, on vit accourir sur le rivage une foule d'hommes, de femmes et d'enfants, munis de tout ce qu'il fallait pour un voyage de trois jours.

On partit... un temps magnifique, malgré le froid, un ciel bleu, une mer qu'agitait à peine une légère brise de terre, promettaient aux voyageurs une heureuse navigation ; ceux que retenaient au foyer, ou leur âge, ou des infirmités, soupiraient en voyant se perdre à l'horizon les blanches voiles des bateaux de pêche.

Pendant les deux premiers jours, le temps se maintint calme et beau, mais vers la fin du troisième, un épais brouillard obscurcit l'atmosphère : de gros nuages noirs s'avancèrent rapidement sous le souffle de l'ouest, et ne s'arrêtèrent que frappés par la foudre, dont les roulements semblèrent émouvoir l'Océan lui-même; les flots se couvrirent d'écume, d'où s'élançaient des lueurs phosphorescentes, phénomène aussi rare dans cette saison que le tonnerre qui grondait dans l'espace et qui, en quelques heures, s'engloutit plusieurs fois dans les ondes. La mer, labourée jusque dans ses entrailles, venait se déchirer sur les rochers avec un bruit terrible, et s'engouffrer en mugissant dans des cavernes qu'elle avait mis des siècles à creuser. Le sourd grincement du galet augmentait cette sauvage harmonie, et les vieux sapins de la vallée poussaient, en tombant sous l'aquilon, de lugubres gémissements. Les *dolmens*, eux-mêmes, qui, pendant deux mille ans avaient bravé les révolutions de la terre, semblaient près de rentrer dans son sein!...

La nuit vint avec son obscurité perfide, et la tempête, loin de se calmer, ne fit qu'augmenter de violence. Les flots furieux venaient ronger le rivage, et le vieil Océan semblait vouloir agrandir son vaste domaine.

La population restée à terre était descendue tout entière sur le littoral : femmes, enfants, vieillards, témoignaient leur douleur de mille manières. Les uns cherchaient avec des yeux pleins de larmes les cadavres que le flot devait pousser sur la grève ; les autres, agenouillés sur le galet, contemplaient dans une morne stupeur ce sombre et magnifique tableau.

Le curé lui-même, debout sur une roche élevée, plongeant son regard dans l'abîme, appelait les deux cents brebis qui manquaient à son troupeau. Sur ses joues pâlies par l'angoisse glissaient deux larmes silencieuses ; ses mains jointes se levaient vers le ciel. Ce n'était pas une mère, un frère, un père qu'il avait perdus, c'était toute une famille de deux cents enfants qu'il avait vus naître, qu'il avait baptisés, unis et bénis vingt fois.

La nuit s'écoula sans apporter l'espérance aux malheureuses familles des pêcheurs, et, quoique le vent eût beaucoup diminué, la mer, tourmentée par deux jours de tempête, s'élançait menaçante encore sur la rive.

Au point du jour, deux hommes qui avaient passé la nuit à entretenir du feu sur un bloc de granit, pour indiquer, s'il était possible, le port aux naufragés, s'approchèrent du curé. Quand ces deux hommes entrèrent dans le groupe qui entourait le pasteur, un sentiment de dégoût s'embla s'emparer de la foule qui s'éloigna précipitamment.

— M. le recteur, dirent-ils, nous avons vu du feu sur l'île Molène..... »

Tous les regards se portèrent vers l'endroit indiqué, qui semblait un point à l'horizon, et l'on vit une légère fumée blanche s'élever en spirale dans l'espace et diminuer à mesure qu'elle s'éloignait de terre.

— Nos gens, échoués sur le rocher, n'auront pu mettre à la mer par le temps qu'il fait, et ils ont allumé ce feu pour demander du secours, dit le curé ; mettons à flot la barque de Corfd'hir, et allons à leur secours. Qui vient avec moi ?...

Nul ne répondit au généreux appel du prêtre ; et Corfd'hir lui-même, le plus courageux marin du pays, Corfd'hir, qui pleurait son fils Yvon, se tut.

— Comment, s'écria le brave pasteur, d'une voix tonnante de reproche et d'indignation, pas un de vous ne me suivra près de ses frères en péril?

— Nous irons, dirent les deux hommes que tout le monde fuyait, nous irons...

Corfd'hir s'élança sur la grève, et dit au curé qui le suivait :

— Pensez-vous que votre vieux matelot soit moins brave que ces deux forçats?

Ce que n'avait pu faire l'amour paternel et celui de l'humanité, l'orgueil l'avait fait.

Le bateau fut avec peine poussé dans les flots, et quand nos quatre héros y entrèrent, leurs compatriotes désespérés les crurent perdus sans retour.

Les forçats bordèrent les avirons pendant que le curé, excellent marin, s'emparait de la barre, et gouvernait sur Molène. Le vent qui soufflait ouest-nord-ouest, empêchait de donner un pouce de voile, et d'ailleurs la mer embarquait avec tant de violence, qu'il eût été impossible de se diriger vers le but. Après une traversée de quelques heures, on atteignit l'île tant désirée.

Là eut lieu une scène difficile à décrire.

A moitié morts de froid et de faim, deux cents pauvres pêcheurs disputaient aux éléments un reste de vie : les uns, assis sur la neige, regardaient stupidement la mer expirer sur la rive; les autres, se tenant étroitement embrassés, poussaient d'affreux sanglots et appelaient la mort à grands cris; quelques-uns, enfin, que la souffrance et le désespoir avaient rendus fous, se tenaient à genoux dans les rochers creux, pensant qu'on en voulait à leurs jours, et ne répondaient pas à leurs compagnons; tous se croyaient à leur dernière heure.

A la vue du bon curé, des cris de joie se firent entendre, on se traînait vers lui, on embrassait sa robe, on dansait de joie; la plus folle gaîté avait succédé au plus grand désespoir, et ces hommes qui se croyaient perdus, tremblaient de terreur, redevinrent calmes et courageux à la vue du secours que leur envoyait le ciel.

Après les premiers moments consacrés à la joie, on songea à la retraite.

« Mes amis, dit le recteur, tâchons de mettre à la mer ceux de vos bateaux qui sont en bon état, et hâtons-nous d'aller consoler ceux qui pleurent là-bas. »

Cent bras se mirent aussitôt à l'œuvre, et l'une des barques échouées sur le sable fut pour ainsi dire *portée* à flot. Ce travail, que ces pauvres gens avaient cru impossible, leur devint facile quand il fut dirigé par un homme de sang-froid, et ce que seuls ils n'auraient pu faire en une semaine, l'achevèrent en deux heures.

Quatre ou cinq voyages consécutifs ramenèrent à Trebeurden les naufragés, et, après cette journée, où il avait rendu la vie à deux cents chrétiens, le digne recteur sut, en s'enfermant au presbytère, se dérober aux bénédictions de ses paroissiens, et couronner par une rare modestie un des plus beaux traits de dévouement dont puisse s'honorer l'humanité.

⸙

JACQUES AVERY.

Lorsqu'un désordre se généralise, il faut qu'il ait sa cause dans l'époque même où il se produit, et sa propagation accuse autant la société qui en souffre, que les hommes qui le commettent. Les passions humaines ressemblent à des eaux retenues qui cherchent toujours le côté faible de la digue : là où vous les voyez se précipiter, vous pouvez être sûr qu'il y a eu faute ou imprudence.

C'est dans ce sens que l'*histoire criminelle* des peuples a son importance ; en nous montrant les maladies des différents siècles, elle nous fait entrer, pour ainsi dire, dans les secrets de leur tempérament ; car il en est du genre humain comme d'un homme : ses infirmités nous révèlent ses vices.

Il ne faut pas l'oublier, d'ailleurs, les crimes répétés, collectifs, dont des générations entières deviennent complices (car nous ne parlons que de ceux-là), sont toujours la suite de quelque injustice commise. Nés du désespoir , de la révolte ou de la nécessité, ils peuvent avouer leur origine, sinon leurs conséquences, et conservent, jusque dans leurs excès, une certaine grandeur que l'on ne retrouve pas dans les crimes individuels et isolés.

Parmi les exemples nombreux que l'on pourrait apporter à l'appui de ces réflexions, nous n'en citerons qu'un seul, celui de la piraterie. Il est bien entendu que nous ne parlons pas ici de ces brigandages fortuits qui se sont exercés en tout temps sur les mers, mais des grandes associations qui ont donné à ces brigandages le caractère d'organisation et de généralité, qui fait qu'un désordre n'est plus seulement le fait d'individus, et devient l'expression d'une époque.

Ces associations peuvent se réduire à trois :

La première, un peu antérieure à Sylla, paraît avoir été la plus florissante. Maîtres d'une partie du monde et occupés à conquérir l'autre, les Romains n'avaient laissé de refuge à la liberté que sur les mers. Les vaincus, qui n'avaient pu accepter l'esclavage, y cherchèrent une patrie en y transportant leurs femmes, leurs enfants et leurs dieux. Telle fut l'origine de ces pirates, qui aidèrent Mithridate contre les Romains, et réussirent à affamer l'Italie en prenant tous les navires qui apportaient à Ostie les blés d'Afrique et de Sicile. Sortis d'abord de la Cilicie, dans l'Asie-Mineure, ils recrutèrent bientôt de nouveaux compagnons dans tous les pays, et devinrent assez puissants pour avoir, en plusieurs endroits, des arsenaux, des ports et des tours d'observation. Leur flotte comptait jusqu'à mille vaisseaux, dont les poupes étaient dorées, les voiles de pourpre, les rames couvertes de plaques d'argent, et qui parcouraient les mers au bruit des instruments. Ils avaient pris quatre cents villes appartenant aux Romains, pillé la plupart des *villas* consulaires, et mis à rançon deux préteurs, Sextilius et Beltinus, qu'ils avaient emmenés vêtus de leurs robes prétextes et précédés de leurs licteurs. César lui-même tomba entre leurs mains et fut forcé de leur payer cinquante talents (cent mille livres), pour recouvrer la liberté. « Leur insolence enfin, dit Plutarque, était venue à un tel point que, lorsqu'un prisonnier s'écriait qu'il était Romain, ils feignaient d'être saisis de crainte; ils se frappaient la cuisse, se jetaient à genoux pour le prier de leur pardonner, et, se hâtant de lui faire prendre des sandales et une toge, ils descendaient une échelle au milieu de la mer, et lui disaient de s'en aller chez lui paisiblement. S'il refusait, ils le précipitaient eux-mêmes dans les flots. »

Pompée fut chargé d'aller les combattre, et l'étendue même des pouvoirs qui lui furent accordés à cet effet, prouve la grandeur du danger. Il réussit à les détruire, leur prit huit cents vaisseaux, et revint à Rome pour recevoir les honneurs du triomphe.

La seconde association du même genre fut celle qui se forma au dix-septième siècle, dans l'île de la Tortue. Le despotisme des Romains, qui voulaient soumettre toutes les terres à leur domination, avait donné naissance aux corsaires de Cilicie; le despotisme des Espagnols, qui prétendaient régner seuls sur l'Atlantique, produisit les flibustiers. Depuis plus d'un siècle, les conquérants du Nouveau-Monde traitaient en pirates les étrangers qui osaient approcher de leur conquête, brûlant leurs navires, détruisant leurs colonies, et les égorgeant après les avoir reçus à composition. Aussi inspiraient-ils une haine implacable et générale. Leurs cruautés inouïes dans le Nouveau-Monde les avaient d'ailleurs placés, pour ainsi dire, en dehors de l'humanité. Ils avaient accoutumé leurs meutes à se nourrir de la chair des Américains, et s'étaient servis de leur graisse fondue pour fabriquer des onguents. Les cruautés qu'exercèrent contre eux les flibustiers ne parurent donc que de justes représailles, et un des chefs les plus célèbres de ces derniers, Montbars-l'Exterminateur, se fit appeler le *Vengeur des Indiens*. Ce sentiment était si général, qu'on le trouve exprimé dans tous les livres qui furent alors écrits sur ce sujet en France, en Angleterre, en Hollande ou en Espagne. Oëamelin alla même jusqu'à placer au frontispice de son *Histoire des Aventuriers*, une gravure qui, d'un côté, représente un Espagnol tuant un Américain, avec cette inscription : *Innocenter*, et de l'autre, un flibustier tuant un Espagnol, avec ces mots : *Pro peccatis*, expressive opposition, qui dit clairement où sont les sympathies de l'auteur et comment il les justifie.

Quant à la troisième association de pirates, bien qu'elle suivit d'assez près les flibustiers, elle eut une cause toute différente, et se composa, presque exclusivement, d'aventuriers anglais. La lutte de Guillaume d'Orange, contre Louis XIV, fut généralement malheureuse pour la Grande-Bretagne, surtout en Amérique; aussi les Anglais eurent-ils recours à tous les moyens pour réparer leurs pertes et arrêter la puissance toujours croissante de la France dans le Nouveau-Monde. Ce qu'ils avaient perdu pendant la guerre, ils tâchèrent de le regagner par la piraterie pendant la paix. La Jamaïque et la Barbade devinrent des repaires de bandits, qui ruinaient le commerce de nos colonies et faisaient des descentes jusque dans les plantations. Mais le nombre de ces pirates augmentant, l'ennemi qui leur avait été abandonné ne leur suffit plus, si bien qu'ils commencèrent à courir indistinctement sur les vaisseaux de toutes les nations. Ils formèrent enfin un établissement à l'île de la *Providence*, et il fallut, de la part du gouvernement anglais, de longs et sérieux efforts pour détruire cette puissance que lui-même avait primitivement permise et encouragée.

Du reste, cette dernière société de pirates, qui fut la plus courte et la plus mal organisée, n'en est pas moins peut-être celle qui offre l'histoire la plus variée. La singulière biographie qui va suivre n'en est qu'un des moindres épisodes, et si nous la donnons de préférence à d'autres plus saisissantes, c'est qu'il nous a semblé y voir la personnification, à la fois triste et bouffonne, de la vanité des renommées humaines.

Mais pour donner ce récit, il faut que le lecteur nous permette de le transporter à Plymouth, vers le milieu du mois d'août 1693.

Cette grande cité maritime, composée de trois cités (ce qui l'a fait appeler un *rendez-vous de villes*), était, dès le règne de Guillaume d'Orange, le port militaire le plus important de la Grande-Bretagne. Cependant elle n'aurait point encore cette régularité géométrique, si enviée par *les hommes de progrès* du continent, et qui donnent aux

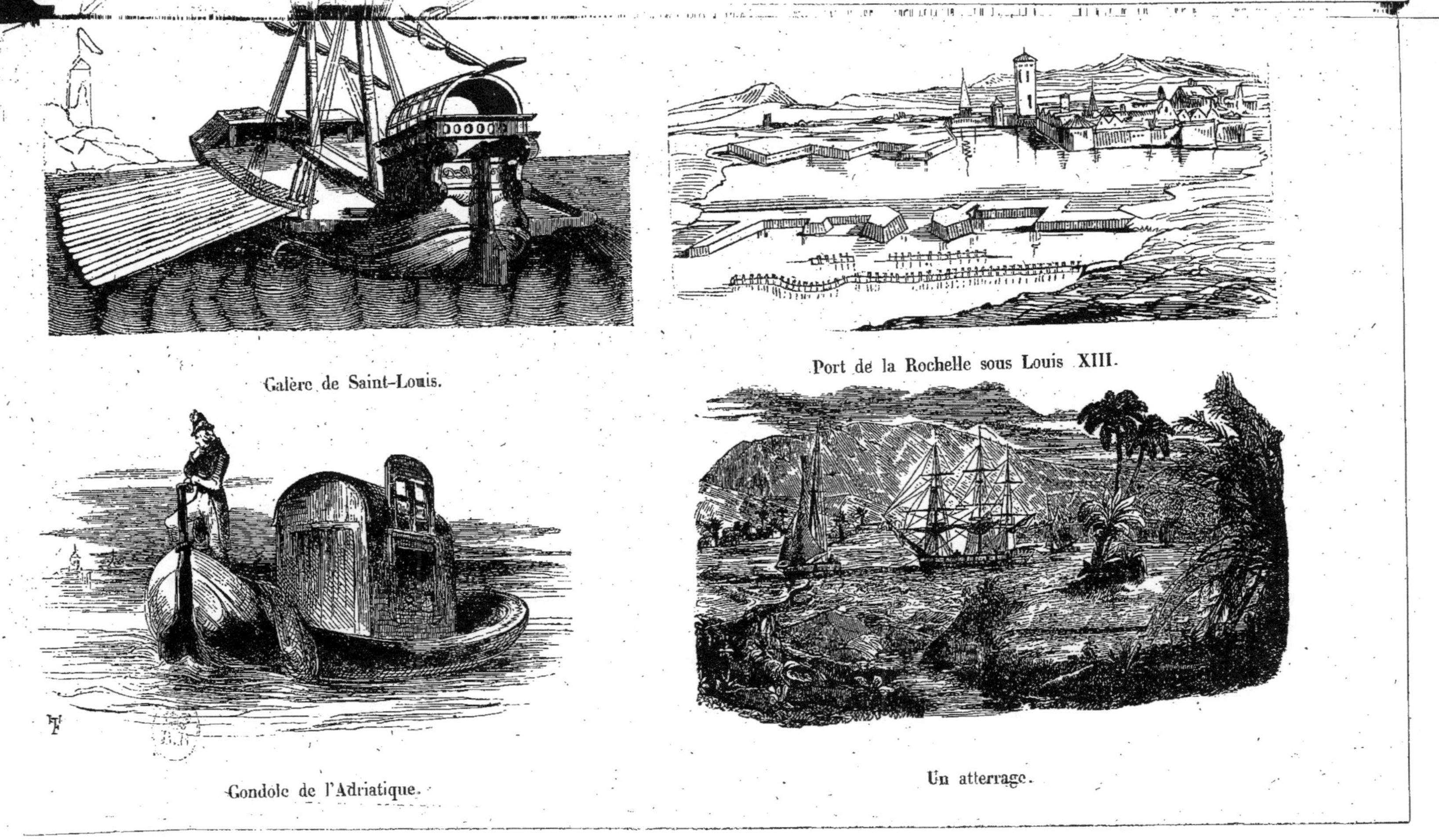

Galère de Saint-Louis.

Port de la Rochelle sous Louis XIII.

Gondole de l'Adriatique.

Un atterrage.

villes modernes de l'Angleterre l'aspect d'immenses damiers de moellons passés au noir de fumée; Plymouth était *mal bâtie*, c'est-à-dire que ses quartiers étaient déshérités des charmes de la ligne droite et des grâces de la perpendiculaire : plus d'une rue y serpentait capricieusement, sans égard pour l'axiome qui nous enseigne le chemin le plus court; plus d'une maison avançait sur la voie publique; ses étages à pans de bois ou ses corniches sculptées, privent aussi les passants, selon l'occurrence, de pluie ou de soleil; enfin, l'entrée du port était *déshonorée* par une centaine de ces cabanes à toits fumeux et moussus, devant lesquels Van Octade aimait à placer une vieille femme éclairée par un coucher de soleil, ou quelques marins à jambe de bois regardant jouer des enfants.

Ce quartier était, à la vérité, plus beau à peindre qu'à visiter, et sa destruction eût été moins regrettable pour la morale que pour le paysagiste, car la plupart des haltes qui le composaient n'étaient habitées que par des taverniers ou des filles de joie. C'était là que des matelots anglais venaient, au retour de leurs expéditions lointaines, perdre, comme ils disaient, le goût du *chat à neuf queues* (1) et de la viande salée; là qu'ils touchaient leur arriéré de plaisir, en se livrant à des excès aussi prodigieux que les privations qui les avaient précédés.

Or, le jour où commence notre récit, la taverne du *Peck-d'Argent* retentissait de cris joyeux, poussés par une troupe de jeunes marins et par une demi-douzaine de femmes de mauvaise vie. Grâce « à ces aimables infirmités, » comme les eût appelées le poète Dryden, et aux flots de gin déjà versé, les braves matelots de Georges-Rooka avaient complétement oublié le cruel échec que Tourville venait de leur faire subir, et ne songeaient qu'à se dédommager de six mois de continence et de sobriété forcée. Le *Preslé Britannia*, lui-même, avait fait place à des chants moins sublimes; la *vieille Angleterre* était détrônée pour Jean Graind'Orge, et la liberté des mers momentanément abandonnée au monde! Le corps britannique était ivre !

---

(1) Martinet à neuf cordes dont on frappe les matelots anglais.

Les *pints* venaient d'être emportés par le tavernier pour être remplis une dixième fois, lorsqu'un nouveau personnage entra au *Peck-d'Argent*.

C'était un homme d'environ cinquante ans, pâle, marchant avec peine, et dont les vêtements annonçaient une misère si sordide, que les buveurs eux-mêmes en furent frappés. Les lambeaux dépareillés qui composaient son habillement étaient attachés l'un à l'autre par des brins de *félin* dédoublé; ses chaussures crevées laissaient paraître ses pieds nus, et l'un des rebords de son feutre déteint, pendait, à demi détaché, jusque sur son épaule. Il avait les cheveux en désordre, la barbe blanchie par endroits et hérissée, le regard brillant d'un éclat vitreux, les narines contractées et les lèvres frissonnantes. Cependant, sous cette expression maladive, il était facile de retrouver encore dans cet homme des traces de vigueur. Ses traits étaient fortement dessinés, sa taille élevée, et, malgré la nécessité de ménager un costume que le moindre tiraillement pouvait compromettre, ses mouvements avaient une certaine liberté qui prouvait une énergie exercée.

En entrant, il regarda autour de lui d'un air hagard, s'approcha d'un banc qui touchait à la table des matelots, et s'assit.

William Bitter, joyeux contre-maître du vaisseau de S. M. *le Dragon*, leva les yeux dans ce moment et l'aperçut :

— Saint-Georges! s'écria-t-il, qu'est-ce qui nous vient là ?

— Quelque mendiant de la montagne, observa le canonnier Rakam, en jetant par dessus l'épaule, au nouveau venu, un regard de dédain.

— Non, reprit William, ce doit être un homme de mer.

— Pourquoi cela?

— Ne vois-tu pas qu'il manœuvre ses culottes comme une voile d'artimon, et qu'il y a pris des ris de peur des coups de vent?

L'hilarité qu'excita cette plaisanterie fit lever la tête à l'étranger.

— Depuis quand les marins d'avant-hier se permet-
tent-ils de railler leurs aînés? dit-il d'une voix rauque et
hardie.

Rakam se détourna.

— Est-il donc vraiment du métier? demanda-t-il avec
un air protecteur.

— Assez pour distinguer un loyal matelot d'un refou-
leur de gargousses! répliqua l'homme aux haillons, de
ce ton de mépris qu'affectaient les marins de l'époque pour
tous les corps auxiliaires qui servaient avec eux sur les
vaisseaux du roi.

— Par le ciel! c'est un des nôtres! s'écria gaîment
Bitter. Holà! l'ami, je ne vous parlerai plus de votre
manière de faire les reprises, puisque vous avez la peau
tendue de ce côté; mais approchez un peu du bout de la
table, et buvez un peu avec nous.

L'étranger s'approcha, et, malgré la fièvre qui faisait
trembler sa main, il prit un gobelet qu'il tendit au jeune
contre-maître.

— Allons, reprit celui-ci en trinquant, à une meilleure fortune, milord!... et surtout à une meilleure santé!
car si l'habit a fini son temps, il me semble que la dou-
blure n'est guère en meilleur état...

— Le fer lui-même finit par s'user, murmura l'inconnu, qui, après avoir trempé ses lèvres dans le vin,
reposa le gobelet sur la table avec une sorte de dégoût.

— Buvez, buvez, reprit William; il n'y a que cela pour
reprendre des forces. Le gin est le soleil de l'estomac! et
je vous en verserai à discrétion.

— Vous avez donc touché votre solde de mer?

— Et nous voulons la dépenser jusqu'au dernier *far-
things*. Il faut bien s'indemniser de ce que l'on a souffert;
après la diète, l'abondance. Nous mettons nos vices au
vert, comme dit le révérend Purry, et nous les laissons
paître à leur faim! Malheureusement la bourse est légère;
nous n'avons eu ni gratifications, ni part de prise...

— Que pourrait-on prendre avec ces chiens de Français? dit Rakam en haussant les épaules; des mendiants
qui n'ont que leur chemise, et qui la défendent comme
si elle était doublée de perles fines!... Non, non, ce

n'est pas dans les mers d'Europe qu'il faut courir le bon bord.

— Et tu pourrais ajouter, dit Bitter en guignant le canonnier, que ce n'est pas sous le pavillon du roi Guillaume.

— Sous lequel donc? demanda une des filles qui se trouvait là.

— Sous celui de Jacques Avery, ma colombe.

L'homme aux haillons dressa la tête.

— Jacques Avery! répéta-t-il.

— Oui, dit Rakam, celui que l'on a appelé *l'heureux pirate*, et sur lequel on a fait une comédie qui se joue demain ; j'ai vu l'affiche de toile près du bureau de l'amirauté.

— Que je sois damné si je ne vais la voir! s'écria Bitter; vous connaissez l'histoire de Jacques Avery, milord?

— Je crois avoir entendu prononcer ce nom, dit l'étranger.

— Jacques, reprit William, qui était bien aise de trouver un prétexte pour parler de son héros favori, était le contre-maître du capitaine Gibson, le plus invétéré buveur de toute la marine royale. Ce fut lui qui profita, il y a quelques années, du moment où le capitaine cuvait son grog, pour enlever le navire qu'il montait et se faire écumeur de mer.

— Ce qui vaut mieux que de courir la bouline pour le Hollandais, observa Rakam d'un air rogue.

— Surtout quand on a le bonheur de Jacques, reprit Bitter, et que votre première prise est un vaisseau chargé d'or, de pierreries, et conduisant à la Mecque la fille du Grand Mogol...

— Qui est maintenant la femme d'Avery, interrompit le maître canonnier, car le drôle a su profiter du flot; il s'est retiré à Madagascar avec toutes ses richesses et s'y est fait reconnaître roi.

L'étranger le regarda avec une expression de doute railleur.

— Qui a dit cela? demanda-t-il.

— Qui? répéta Rakam, pardieu! tous ceux qui naviguent dans la mer des Indes et qui ont été poursuivis par ses vaisseaux! Car le roi Avery a une flotte montée par des équipages de toutes nations, depuis les peaux rouges du Canada jusqu'aux peaux jaunes du Japon, et portant pour pavillon un drapeau noir, sur lequel est dessiné le squelette de la mort qui perce un cœur sanglant. Pierre Stoll a monté un de ces navires et m'a assuré que rien n'y manquait; il y avait même un aumônier pour dire les prières et faire le punch. Quand ils ont fait une course heureuse, ils regagnent Madagascar, où Avery a bâti un fort, des magasins et un palais, dans lequel il vit entouré de négresses qui n'ont d'autre occupation que de l'éventer avec des feuilles de palmier.

— C'est la vérité, reprit Bitter. Le capitaine Woode Roger a vu le pays que Jacques et ses pirates ont soumis. Pour le tenir dans l'obéissance, ils ont bâti au milieu des forêts des espèces de citadelles auxquelles on ne peut arriver que par des labyrinthes bordés de bois épineux, et d'où ils gouvernent leurs sujets sans craindre les surprises.

— Et la preuve que ce n'est pas un conte de gaillard d'arrière, ajouta Rakam, c'est que le conseil d'amirauté songe à envoyer une flotte pour dénicher le vieux Jacques de son aire.

— Plus à présent, maître, plus à présent, dit le tavernier qui écoutait, les deux mains passées dans la ceinture de son haut-de-chausses; le conseil a changé d'avis; Guillaume en a assez de sa querelle avec le roi de France; il ne veut rien avoir à démêler, pour le moment, avec son nouveau cousin de Madagascar, et, ne pouvant le faire pendre, il va lui adresser des propositions...

L'étranger, qui avait trempé un doigt dans son gobelet et s'en servait comme d'un pinceau pour tracer des arabesques sur la table de chêne, tressaillit à ces derniers mots et releva la tête.

— Est-ce vrai? dit-il vivement; qui t'a appris cela?

— Pardieu! c'est imprimé, reprit l'aubergiste; voici la pancarte que m'a donnée, ce matin, un des copistes de l'amirauté.

Bitter, qui était le plus près du tavernier, prit le papier et le lut tout haut. C'était une ordonnance royale accor-

dant à Jacques Avery la permission de rentrer en Angleterre et l'oubli du passé.

— Un pardon complet! s'écrie l'étranger avec un transport de joie; j'accepte, j'accepte!...

Tous les matelots se détournèrent en poussant une
exclamation de surprise!...

— Comment! que voulez-vous dire? demanda Bitter.

— Je veux dire, s'écria l'homme aux haillons avec un
rire ému, que c'est moi qui suis le maître de la mer des
Indes, le gendre du Grand-Mogol, le roi de Madagascar,
Jacques Avery, enfin, *l'heureux pirate!*... pour le moment à la recherche d'une paillasse et d'une paire de
culottes.

Cette déclaration causa parmi les matelots un mouvement de stupeur : tous les yeux s'arrêtèrent sur le forban
en haillons, et tous les esprits semblaient faire un effort
pour passer de la brillante chimère dont ils s'étaient bercés
à cette repoussante réalité.

— Jacques Avery, répétèrent-ils en chœur; c'est impossible... Le drôle se moque de nous... ce ne peut être
l'ancien contre-maître du capitaine Gibson... Quelle
preuve a-t-il à donner?

Pour toute réponse, l'étranger chercha dans son sein
un portefeuille de peau de *javaris* (1), dont il tira un
papier sale et déchiré qu'il jeta sur la table. Rakam le
prit; c'était l'acte de naissance de Jacques Avery, portant
le timbre de la paroisse de Biddiford, dans le Devonshire.
Le papier passa de mains en mains, et bien que la plupart
des matelots ne purent le déchiffrer, tous commencèrent
à croire lorsqu'ils y eurent jeté les yeux. Les détails
donnés par l'étranger achevèrent d'ailleurs de dissiper
leurs doutes, et leur firent comprendre comment l'erreur
sur la véritable position de Jacques Avery avait pu naître
et se propager.

L'audace avec laquelle il s'était emparé du vaisseau du
capitaine Gibson, sur une rade amie et en présence d'autres navires anglais, avait d'autant plus fixé sur lui l'attention publique, que c'était le premier acte de ce genre

____

(1) Sanglier américain.

qui se fût produit dans de pareilles circonstances. La
prise du navire monté par la fille du Grand-Mogol qui,
pour se venger de cette piraterie, voulut détruire tous
les établissements anglais placés à sa portée, acheva de
rendre son nom populaire dans les ports de la Grande-
Bretagne. Aussi se trouva-t-il alors dans le cas de l'Hercule antique, auquel on avait fait honneur de toutes les
grandes choses exécutées par ses contemporains ; tous
les brigandages commis dans la mer des Indes lui furent
attribués, et les pirates, pour qui cette croyance était
une sauve-garde, s'appliquèrent à la confirmer. Le nom
de Jacques Avery devint une sorte de fantôme, derrière
lequel chacun d'eux cacha son propre nom. Partout où
il y avait des navires pris, des cargaisons pillées, des
équipages abandonnés sur des îles désertes, c'était par
l'ordre de Jacques Avery ! Quiconque s'était donné pour
métier de voler et de tuer sur l'Océan, désormais s'appelait ainsi ; Jacques n'était plus un homme, mais un sym-
bole : c'était la piraterie incarnée (1).

Cependant, au moment même où l'indignation publique
supposait ainsi une association entre des crimes isolés et
faisait de l'ancien contre-maître le Romulus d'une république de pirates, celui-ci avait déjà abandonné la partie
et regagnait l'Angleterre avec la vaisselle d'or et les diamants pillés dans le vaisseau arabe, espérant que le produit de leur vente lui permettrait de vivre le reste de ses
jours « comme un chrétien repentant et à son aise.... »
Mais, en débarquant à Cork, il trouva son nom dans toutes
les bouches, et apprit, pour la première fois, quelle
réputation formidable lui avait été faite. Son portrait se
vendait dans toutes les foires, et les matelots chantaient
des ballades dont il était le héros. Cette célébrité inattendue l'effraya. Craignant d'être reconnu s'il restait sur
les côtes, il s'enfonça dans l'intérieur des terres, chargé
de ses diamants et de lingots d'or qu'il cachait sous ses

---

(1) Ce fut ainsi qu'on put lui croire une flotte. L'établissement de
quelques aventuriers réfugiés à Madagascar et qui s'y fortifièrent,
donna lieu à la fable du prétendu royaume dont Avery était le fon-
dateur.

haillons, mais dont il ne pouvait réaliser la valeur de peur de se trahir. Ce fut, de son aveu, l'époque la plus misérable et la plus tourmentée de sa vie entière. Tour à tour excité par les aiguillons du désir et les avertissements de la prudence, condamné à manquer de tout avec les moyens de tout obtenir, et n'ayant de la richesse que les angoisses, il parcourut une partie de l'Irlande, vivant de galette d'avoine, buvant aux fontaines et couchant dans les granges. Enfin, ne pouvant supporter plus longtemps ces misères, il regagna Bicloliford, où il avait quelques parents auxquels il se confia, et qui l'adressèrent à un joailler de Plymouth.

Celui-ci se chargea des lingots et des diamants avec promesse de les vendre; mais lorsque, quelques mois après, le pirate vint lui en réclamer le prix, l'honnête bourgeois le fit jeter à la porte par ses apprentis, en le menaçant, s'il reparaissait chez lui, de le dénoncer à l'amirauté.

Ce fut le soir même de cette visite que Jacques Avery se présenta, comme nous l'avons dit, à la taverne du *Peck-d'Argent.*

Les matelots avaient écouté avec un singulier intérêt son récit, interrompu par de nombreuses libations. Le gin semblait avoir exalté la fièvre de Jacques. A mesure qu'il parlait, sa voix devenait plus saccadée, ses idées plus confuses; et, au moment de quitter la table, il fallut l'aider à se soutenir. Cependant ses compagnons, chancelant eux-mêmes, prirent cette défaillance pour l'effet de l'ivresse et le quittèrent près du bureau de l'amirauté, après avoir échangé la promesse de se revoir le lendemain au *Peck-d'Argent.*

Mais, le lendemain, les gardiens du port trouvèrent, en sortant, un homme étendu sans mouvement le long du mur d'enceinte. C'était le pirate qui, étourdi par la maladie et l'ivresse, n'avait pu aller plus loin et s'était couché dans le ruisseau pour mourir. Au-dessus de son cadavre flottait, encore suspendue au mur, l'affiche du spectacle de la veille, sur laquelle on lisait, comme une ironique épitaphe : L'heureux pirate ou Jacques Avery, roi de Madagascar.

MASSACRE

DE L'ÉQUIPAGE DU NAVIRE ANGLAIS L'*OFFLEY*.

L'*Offley* quitta l'Angleterre en 1839, sous le commandement du capitaine Lazenby. Son équipage était de vingt-deux hommes. Après une traversée orageuse, pendant laquelle il eut à lutter contre une suite non interrompue de vents contraires, ce navire atteignit enfin les mers du Sud, où il se livra pendant deux saisons à la pêche de la baleine. Les circonstances du triste événement dont nous rapportons quelques détails sont authentiques.

L'*Offley* relâcha le 28 avril dernier, dans un des ports de l'île de la Trésorerie, situé dans le voisinage de l'archipel de Salomon, par 7° 26' de latitude S. et par 155° 3' de longitude E., pour y faire de l'eau et du bois. Ces provisions furent faites, au bout de deux ou trois jours, par les soins du contre-maître, M. Belcher. Pendant ce temps, le peu de naturels qui se trouvaient sur la côte n'avaient paru nullement hostiles. Le 1ᵉʳ mai, M. Lake, le maître pilote, s'embarqua dans une chaloupe avec une partie de l'équipage pour aller chercher des rafraîchissements. M. Lake raconta au capitaine qu'il avait fait le tour de l'île et qu'il avait vu plusieurs naturels dont les rapports lui avaient paru très-bienveillants. Pendant la nuit suivante, six hommes de l'équipage désertèrent l'*Offley*. Une chaloupe fut mise à la mer sous le commandement de M. Lake pour les ramener à bord.

Dans la matinée du jour suivant, M. Chase, le troisième pilote, étant allé sur la côte, découvrit la chaloupe avec laquelle les six déserteurs s'étaient enfuis. Il découvrit aussi les traces que les fugitifs avaient laissées sur le rivage et la direction qu'ils avaient prise vers l'est, et, ayant été rejoint par le capitaine, ils se dirigèrent ensemble vers les villages des naturels pour prendre des informations. Les naturels les reçurent avec méfiance et assurèrent n'avoir pas vu les six matelots de l'*Offley*. Vers midi, M. Lake revint à bord. Ses recherches avaient été sans succès ; mais il rapporta que dans un de leurs villages les naturels s'étaient montrés hostiles. Il paraîtrait qu'une querelle avait eu lieu entre les Anglais et un des chefs naturels à propos d'un rasoir que celui-ci n'avait pas voulu rendre. M. Lake avait essayé par la force de le conduire à bord du navire, quand tout à coup les naturels qui se trouvaient sur le bord du rivage, avaient lancé une quantité de flèches contre la chaloupe ; au même instant, le chef ayant sauté à la mer pour se sauver, M. Lake lui avait déchargé un coup de mousquet dans le dos.

Vers trois heures, plusieurs hommes de l'équipage envoyés sur la côte pour y pêcher, retournèrent à bord, dans la soirée, sans avoir aperçu les déserteurs.

Le lendemain, au point du jour, deux chaloupes armées de neuf fusils, quatre pistolets, six sabres, ayant pour un jour de provisions et quelques articles d'échange, furent envoyées dans la partie nord de l'île pour y procéder à la recherche des déserteurs. La première, commandée par M. Lake, était montée par six matelots, et la seconde, commandée par M. Chase, en avait cinq. Le capitaine Lazenby recommanda aux commandants des deux chaloupes d'employer avec les naturels les moyens les plus conciliants, et de tâcher, par la persuasion, de ramener les déserteurs s'ils étaient découverts. Il leur recommanda également d'éviter de débarquer sans nécessité, afin de ne pas exciter la méfiance des naturels. Deux heures après le départ des chaloupes, Georges Grégory l'un des déserteurs, revint au navire. D'après son récit, il paraît que Michael Lahey, son camarade, ayant pris une direction opposée à celle qu'avaient suivie les cinq autres déserteurs, avait disparu, et qu'ils s'étaient tenus cachés dans le voisinage des villages où le capitaine et les trois. pilotes étaient allés les chercher. Dans la matinée, deux autres déserteurs revinrent à bord. Il n'y en avait alors plus que trois absents.

Vers midi, le capitaine, accompagné du charpentier et de Georges Grégory, s'étant rendu sur le rivage, y trouva les nommés Pepper et Pamella, autres déserteurs, et les ramena au navire.

Ce même jour, à trois heures, M. Belcher, le second pilote, accompagné de M. Georges M'Kensil, chirurgien,

du charpentier, de Georges Grégory et de deux jeunes
garçons, allèrent pêcher sur la côte. Ils furent aidés par
deux naturels, et y restèrent jusqu'à une heure assez
avancée dans la soirée ; un quart d'heure s'était à peine
écoulé depuis qu'on leur avait donné le signal de retour,
qu'un des matelots, resté à bord, aperçut au loin dans
la mer quelque chose qui se dirigeait vers le navire. Le capitaine prit aussitôt sa lunette, et vit que c'étaient quatre des hommes de la chaloupe qui nageaient et faisaient des
signes de détresse. Un canot fut immédiatement lancé à la
mer, et M. Belcher, Georges Grégory et les deux jeunes garçons furent sauvés.

M. Belcher raconta qu'au moment où ils se préparaient
à quitter l'île, huit ou dix naturels, armés de lances, de
flèches, de massues, étaient sortis à l'improviste d'un
buisson, et comme des furieux avaient attaqué l'équipage
qui, sans armes, n'avait pu opposer aucune résistance. Le
chirurgien avait été atteint à la tête par une flèche, et immédiatement après avait reçu un coup de massue. Geor-
ges-Pamella, l'un des déserteurs, avait été le premier
tué ; et c'est l'opinion de M. Belcher, que l'attaque de
ces naturels était particulièrement dirigée contre Pamella
à cause de quelques offenses dont il s'était rendu coupable
pendant qu'il était dans leur village ; les autres Anglais
n'avaient été blessés qu'en le défendant. Quatre d'entre
eux s'étaient jetés à la mer pour rejoindre le navire ; le
chirurgien et le charpentier avaient été massacrés.

Comme la nuit avançait, on mit le navire en garde contre une nouvelle attaque. Les canons furent chargés, l'ancre levée, prêts à quitter le port. Pendant la nuit, des fusées furent lancées en l'air, et de dix minutes en dix minutes on tira des coups de fusils pour attirer l'attention
des équipages des deux chaloupes qui n'étaient pas reve-
nues. Dans la matinée du lendemain, comme les chaloupes n'étaient pas de retour, l'*Offley* quitta le port pour
faire le tour de l'île. Après cinq jours d'une attente
cruelle, et pendant lesquels des coups de canon furent
tirés à des intervalles rapprochés, ne comptant plus sur
le retour des chaloupes, ne doutant pas que leurs équipages n'eussent été massacrés dans la matinée du jour où

ils avaient quitté le navire, et que les naturels n'eussent ainsi vengé leur chef, le 9 mai, l'*Offley* abandonna ces parages dangereux, n'ayant plus à son bord qu'une seule chaloupe et un équipage bien affaibli.

-o-⋻-⋻-o-

UN DRAME EN MER.

Il survient parfois sur l'étendue des mers des événements que l'imagination la plus hardie n'oserait supposer. Tel est celui dont on trouve le récit dans le *Whalemen's Shipping List*, de New-Bedfort : un équipage expulsé de son navire à la suite d'un guet-apens, a été obligé d'en reprendre possession par un siége en règle après avoir couru les plus grands dangers.

Le 6 novembre 1840, le navire le *Sharon* se trouvait dans les parages des îles Carolines ; on mit les pirogues à la mer pour faire la chasse à des baleines signalées le matin, et il ne resta à bord que le capitaine Horris, un jeune mousse et trois naturels. Dès que les pirogues furent éloignées, ceux-ci assassinèrent M. Horris et s'emparèrent du navire.

Quand le second, M. Smith, et un officier, M. Clough, revinrent, ils reconnurent avec douleur l'état des choses ainsi que l'extême difficulté de ressaisir le *Sharon*.

Alors M. Clough ouvrit un avis qui ne pouvait être suggéré que par un homme aussi héroïquement courageux qu'il l'était. Il proposa de faire avancer la nuit deux pirogues silencieusement sous le guibre du navire ; après quoi, se mettant à la mer, il longerait le *Sharon* pour s'y introduire ensuite par les fenêtres de la chambre. Ce plan réunit les suffrages, et l'on s'y arrêta.

La nuit arrivée, les deux embarcations manœuvrèrent en conséquence, et dès qu'elles furent près du navire, M. Clough se mit à la mer, tenant entre ses dents un long couteau pour se défendre contre les attaques des requins que la carcasse d'une baleine, tuée le matin, avait attirés autour du *Sharon*. Malheureusement le navire dériva au mo-

ment où il allait l'atteindre, et le courageux marin dut, pendant près d'une heure et demie, le suivre péniblement et
avec précaution à la nage ; parvenu enfin à saisir le gouvernail, il se glissa par la fenêtre de tribord ; deux énormes
requins l'avaient escorté depuis les canots, mais sans
l'attaquer. Une fois à bord, son premier soin fut de se
déshabiller pour ne point laisser de prise à ses adversaires ;
puis, se mettant aux écoutes, il s'assura que rien n'avait
révélé sa présence, et en profita pour préparer ses moyens
de défense. S'étant d'abord armé de deux coutelas, il
choisit ensuite deux fusils qui lui parurent en bon état,
et, prenant dans les armoires de la cabine des munitions,
il chargea ses armes.

Sur ces entrefaites, un des révoltés descendit ; M. Clough,
se précipitant aussitôt de ce côté, une lutte terrible s'engagea ; l'officier, armé d'un coutelas, fit plusieurs blessures
à son adversaire, mais ne put d'abord le mettre hors de combat, et les deux antagonistes se saisissant corps à corps, rou-
lèrent ensemble sur le plancher. Enfin, M. Clough ayant
pris le dessus, pressa l'insulaire, le genou sur la poitrine,
et après lui avoir fait sauter un œil, chercha à lui tran-
cher la tête. Le sauvage, qui avait saisi le manche du coutelas, se débattait violemment, et ce ne fut qu'après de
nouveaux efforts que M. Clough parvint à s'en débarrasser,
le laissant pour mort sur la place. Délivré de ce terrible
adversaire, l'officier revint vers l'escalier, d'où il distingua,
malgré l'obscurité, un nouvel ennemi, qu'avait attiré le
bruit de la lutte : sautant alors sur son fusil double, il
lui en déchargea les deux deux coups à bout portant, mais
reçut en même temps une pique, qui l'atteignit au bras,
et lui fit une large blessure. Des trois assassins, il n'en
restait plus qu'un, qui, au bruit du coup de feu, vint à
son tour en armes dans la chambre. M. Clough, affaibli
par ses blessures et hors d'état de lutter de nouveau, s'é-
tait blotti dans une coin, et l'ennemi n'ayant pu reconnaître dans l'obscurité la cause de tout le bruit qu'il avait
entendu, finit par regagner le pont.

Après un moment de repos, M. Clough, hélant les embarcations qui déjà s'étaient rapprochées, leur annonça

que deux des bandits avaient succombé, mais que lui-
même, faible et dangereusement blessé, avait besoin de
secours; l'équipage n'ayant entendu qu'un coup de feu,
et supposant qu'un seul des naturels était hors de combat, hésita quelque temps à aborder le *Sharon*, mais enfin
on se décida à monter à bord. Le premier soin fut de se
procurer une lumière. Dans la cabine, teinte du sang des
combattants, gisait, râlant encore, le premier des adversaires que M. Clough avait eu à combattre; M. Smith
l'acheva d'un coup de fusil et fit jeter son cadavre à la
mer. Sur le pont, d'un autre côté, le corps du malheureux capitaine, la tête séparée du tronc; enfin, un des
assassins privé de vie, la poitrine percée de deux balles;
son cadavre fut aussi lancé à la mer. Les restes du capitaine furent religieusement recueillis pour recevoir, le lendemain, les honneurs funèbres qui lui étaient dus.

Le dernier des assassins, voyant le bâtiment envahi et
toute résistance désormais inutile, se rendit bientôt à discrétion. On le mit aux fers jusqu'à Sidney, où il a été livré
aux autorités.

Dès lors le *Sharon* continua son voyage, sous le commandement de M. Smith, plus heureusement qu'on n'aurait dû l'espérer, après l'épisode sanglant qui l'avait inau-
guré. M. Clough est resté à bord comme lieutenant. C'est
à son sang-froid et à son intrépidité qu'est due la conservation du navire, chargé d'une riche cargaison, et plus
encore le salut de tout l'équipage, qui, sans lui, aurait
péri misérablement. Comme marque de leur gratitude,
les propriétaires du *Sharon* ont confié à M. Clough le
commandement d'un magnifique bâtiment.

Batailles et combats de mer.

LES COMBATS SUR MER.

—

Les combats sur mer diffèrent entièrement des combats sur terre. Sur terre, la tactique consiste à prendre pour soi les bonnes positions ; et à contraindre l'ennemi à se placer dans une position désavantageuse. Sur mer, toutes les positions sont bonnes, mais il importe d'avoir pour soi le vent le plus favorable à l'ordre de bataille, qui ne présente qu'un bien petit nombre de combinaisons entre lesquelles on puisse choisir. Comme nous l'avons dit, c'est le vent qui détermine tout, et qui est très-certainement le suprême dominateur de l'action. Là, point de stratégie, point de vitesse dont on soit certain. Les évolutions sont toutefois plus ou moins habiles, mais elles sont toujours subordonnées à la marche et à la solidité du vaisseau que l'on manœuvre.

Ainsi s'explique la diversité des chances pour toutes les parties d'une flotte ou d'une escadre dans une bataille navale. Des vaisseaux sont victorieux et d'autres sont forcés de s'écarter de la ligne et d'aller au loin sans soupçonner même l'issue de la lutte à laquelle ils ont cessé de prendre part.

On conçoit que l'appât du butin dut être le premier mobile et la seule cause des guerres maritimes. La cupidité épiait sur les mers les navires chargés de marchandises que le commerce d'une nation expédiait à une autre ; elle s'embusquait sur le grand chemin qui conduit à tous les rivages, et fondait, les armes à la main, sur les riches proies qu'elle convoitait. De là vint la nécessité de protéger les *convois* et de les faire escorter par des bâtiments armés. On ne guerroya d'abord que contre des voleurs, dont on attendait l'agression ; plus tard on se mit à leur donner la chasse, mais il n'y eut point encore d'armées navales régulières ; les flottes ne servaient qu'à transporter des troupes de débarquement, qui, à travers les périls d'une descente, allaient chercher leurs adversaires. Quelquefois aussi il ne s'agissait que de porter la dévastation et l'incendie sur une côte, dont on pillait les villes après en avoir égorgé ou enlevé les habitants. A cette époque et dans de telles circonstances, l'action était exclusivement confiée aux troupes de terre; le marin ne faisait que le service du bord, et même en mer il n'était point dans sa destination de combattre; de nos jours, au contraire, la présence de soldats à bord ne peut qu'être gênante pour les marins, dont le devoir se partage entre le combat et la manœuvre; elle leur nuit effectivement en ce qu'elle diminue l'espace dont ils ont besoin pour la promptitude et la liberté de leurs mouvements.

Autrefois, tout combat naval se résumait dans un abordage où les machines de guerre donnaient à la force humaine une puissance destructive et meurtrière. Depuis l'invention de la poudre, cet arsenal assez compliqué a fait place à l'artillerie. C'est en 1387, que paraît pour la première fois l'emploi des canons à bord des navires; mais le premier combat naval vraiment digne de ce nom, le premier où le bronze ait véritablement tonné, ne date que de François Ier. Ce monarque, ayant fait, en 1544, sa paix avec Charles-Quint, fit ses dispositions pour soutenir la guerre maritime que lui avait déclarée l'Angleterre. François Ier et Henri VIII pressèrent, chacun de son côté, l'armement de deux flottes des plus considérables que l'on eût encore équipées. L'action s'engagea devant l'île de Wighs le 15 juillet 1545, et, grâce à Pierre Strozzi, capitaine d'une des galères de la Méditerranée, la victoire, un moment indécise, resta aux Français. La canonnade s'étant engagée entre les deux flottes, le vaisseau anglais le *Henri-grâce-à-Dieu* fut mis en si mauvais état qu'il faillit périr. Le *Mary-Rose*, un des plus grands vaisseaux de la même flotte, fut coulé, et, de son équipage de cinq cents hommes, il ne s'en put sauver que trente-cinq. Les Anglais, qui étaient au vent, ne voulurent pas engager le combat plus à fond; ils rentrèrent dans leurs ports. Ce fut là un des premiers triomphes de notre marine. Depuis, nous en avons obtenu d'autres, et les exemples suivants prouveront que si les Anglais se proclament les rois des mers, cette royauté leur est souvent héroïquement disputée.

Bataille de la Hougue.

Combat du 13 Prairial.

COMBAT DE LA HOUGUE.

Une dernière tentative de Louis XIV en faveur de l'infortuné beau-père de Guillaume d'Orange, devait entraîner la perte d'une partie de la marine française, jusque-là maîtresse dans la Manche, l'Océan et la Méditerranée. Tandis qu'un armement considérale se formait à la Hougue pour transporter de nouveau Jacques II en Angleterre, deux escadres furent équipées, l'une à Brest, sous le commandement de Tourville, l'autre à Toulon, sous celui du comte d'Estrées. Une tempête empêcha celle-ci de rallier le pavillon de Tourville, et ce dernier, retenu lui-même par les vents contraires dans la rade de Brest, y reçut l'ordre de chercher l'armée anglaise, dont on venait d'apprendre la sortie, et de la combattre forte ou faible.

A peine ces instructions étaient-elles expédiées, que, mieux informé sur le nombre des ennemis, dont l'armée combinée comptait quatre-vingt-huit vaisseaux, Louis XIV dépêcha à Tourville de nouveaux ordres pour qu'il différât toute attaque jusqu'à ce qu'il fût rejoint par vingt-trois vaisseaux que devaient lui amener le comte d'Estrées, le marquis de la Porte et le comte de Château-Regnault. Mais Tourville était en mer, à la tête de quarante-quatre vaisseaux, dont cinq aux ordres du marquis de Villette. Il ne fut pas possible que ses nouvelles instructions lui parvinssent. Au reste, quand l'escadre française rencontra la flotte ennemie à la hauteur de la Hougue (29 mai 1692), une brume épaisse empêcha d'abord qu'on ne reconnût le nombre de ses voiles, et alors Tourville, après avoir montré ses instructions à un conseil qu'il assembla, envoya chacun à son poste pour combattre l'ennemi en corps de bataille, et se plaça sur le *Soleil-Royal*, de cent six canons. La flotte alliée mit en panne pour attendre les Français, qui s'en approchèrent à portée de pistolet. A dix heures du matin, un combat, jusqu'alors sans exemple, s'engagea de toutes parts. Chacun des vaisseaux français eut à soutenir le choc de deux et quelquefois même de trois adversaires. Rien n'est comparable à la fureur avec laquelle les Anglais s'acharnèrent sur le vaisseau de l'amiral ; mais il leur répondit si vigoureusement, qu'il fit plier deux fois les trois vaisseaux de cent canons qui l'attaquaient, en vit couler un sous son feu, et qu'un autre sauta en l'air. La position de Tourville était d'autant plus difficile, que la troisième division de son arrière-garde n'ayant pu prendre son poste, les Anglais en avaient profité pour le placer entre deux feux. Ils l'enveloppèrent complétement, et finirent par le désemparer. Plusieurs autres vaisseaux vinrent à son secours, et la chaleur du combat fut à son comble. Les lieutenants de Tourville et les capitaines de vaisseaux le secondèrent d'une manière digne de son courage et de ses talents. L'action, suspendue pendant quelque temps par une brume épaisse, recommença avec un nouvel acharnement à la clarté de la lune. Au milieu d'une canonnade épouvantable, les deux principaux vaisseaux de Tourville eurent à se garantir de cinq brûlots successivement dirigés contre eux. Lassés enfin d'une si opiniâtre résistance, les Anglais se décidèrent à rejoindre le gros de leur armée, et osèrent passer à travers les intervalles des vaisseaux français ; mais cette témérité leur coûta cher ; ils furent criblés de boulets dès qu'ils se précipitèrent de côté, et payés avec usure du mal qu'ils avaient fait. Cette dernière affaire termina la bataille à six heures du soir. La perte en hommes était à peu près pareille de part et d'autre, et les alliés avaient eu leurs vaisseaux aussi maltraités que les Français.

Il ne restait plus à Tourville qu'à effectuer sa retraite ; malheureusement elle était devenue presque impossible. Néanmoins Tourville réussit à mettre en sûreté vingt-deux de ses vaisseaux en les dirigeant sur Saint-Malo ; trois autres des plus avariés, *le Soleil-Royal*, qu'il montait au combat de la Hougue, *l'Admirable* et le *Triomphant*, n'échappèrent à l'ennemi qu'en se faisant sauter en vue de Cherbourg, tandis que, amené malgré lui sous le vent de l'ennemi avec le reste de l'escadre, l'amiral était contraint à mettre le cap sur la Hougue. Bientôt il se trouva bloqué, dans une position insoutenable, par un des trois corps de l'armée alliée fort de quarante voiles. Ne son=

geant plus qu'à empêcher l'ennemi de se rendre maître des douze vaisseaux qui lui restaient, l'habile et intrépide marin se mit en devoir de les dégréer après les avoir fait échouer. Mais, au moment où les équipages travaillaient avec la plus grande ardeur à désarmer les vaisseaux, l'ennemi lança à la mer deux cents chaloupes armées, qui obligèrent les travailleurs à se retirer, et incendièrent les bâtiments échoués.

Ce désastre fut loin de nuire à la réputation de Tourville. Lorsqu'il en reçut la nouvelle, Louis XIV ne songea qu'à se féliciter de n'avoir pas du moins à regretter son illustre capitaine. L'amiral Russel lui-même crut devoir également lui témoigner son admiration de l'extrême valeur dont il avait fait preuve dans une lutte si inégale. Quelques mois après, Tourville, nommé maréchal de France (1693), prenait sa revanche de la défaite glorieuse de la Hougue. Chargé, avec soixante et onze vaisseaux, d'intercepter un riche convoi de bâtiments anglais et hollandais chargés pour Cadix, l'Italie et Smyrne, il l'attaqua le 28 juin à la hauteur du cap Saint-Vincent, prit en peu d'heures vingt-sept bâtiments tant de guerre que de commerce, en brûla quarante-cinq, et dans toute l'expédition causa aux alliés une perte de plus de quatre-vingts bâtiments et d'environ trente-six millions de livres.

Tourville mourut à Paris, le 28 mai 1701, à l'âge de soixante-neuf ans. Il fut honoré des regrets de Louis XIV, et il en était digne.

COMBAT DU 9 PRAIRIAL.

L'Angleterre, pleine d'une juste confiance dans les avantages qu'elle avait sur nous, s'était empressée d'armer ses vaisseaux pour les envoyer sur nos côtes. Au commencement des hostilités, nous trouvons le *Bellérophon* attaché à la flotte d'observation, stationnée dans la Manche : Vingt-huit vaisseaux de ligne composaient cette armée navale, dont le commandement avait été confié à l'amiral Howe. Ses premières opérations se bornèrent à protéger un convoi considérable d'approvisionnement qui partit de la rade d'Exeter, vers la fin de l'année 1793. L'habileté reconnue de l'amiral anglais fut en partie déjouée par les manœuvres audacieuses d'une division française. Celle-ci, sortie du port de Brest sous les ordres du contre-amiral Vanstabel, parvint à suivre le convoi, à le harceler dans sa marche et à lui enlever deux bâtiments, sans qu'il fût possible à l'ennemi, avec des forces quatre fois plus élevées, de la repousser, de l'envelopper et de l'amener à un combat.

Le contre-amiral Vanstabel rentra à Brest, où le gouvernement révolutionnaire faisait d'incroyables efforts et déployait une activité extraordinaire pour donner à la France une armée navale sur l'Océan.

Il fallait d'autant plus d'énergie pour relever notre marine, qu'elle venait d'éprouver une perte immense à Toulon. La trahison, en livrant aux Anglais ce port, qui est à la Méditerranée ce qu'est Brest à l'Océan, avait causé la destruction d'une partie des forces maritimes de la république française : dix-neuf vaisseaux et quatorze frégates ou corvettes avaient été incendiés, fortement endommagés ou enlevés par les Anglais. Une bataille rangée, perdue au milieu des mers, n'aurait guère pu nous être plus funeste. Mais le sinistre de Toulon ne fut pas au moins sans compensation. Il mit en évidence le génie et l'audace de ce jeune Bonaparte, qui était destiné à porter au plus haut point la grandeur et la gloire de la France ; car l'ancien lieutenant en second du régiment de La Fère se distinguait à Toulon et contribuait à en chasser les Anglais, tandis que le *Bellérophon* entrait en ligne contre nous sur l'Océan, et nous envoyait ses premières bordées.

La convention nationale avait chargé deux de ses membres, Jean-Bon-Saint-André et Prieur de la Marne, d'aller surveiller les armements du port de Brest. Ces deux représentants s'acquittèrent avec beaucoup d'intelligence et un zèle infatigable de leur mission administrative : ils commencèrent par soumettre le corps de la marine à un examen sévère, par opérer de nombreuses réformes, par distribuer des récompenses aux plus capables, par châtier les traîtres : ils s'appliquèrent à améliorer la condition matérielle du marin, à relever son moral, à rétablir l'esprit de discipline, à reconstituer les équipages.

Les travaux de construction, de réparation, d'équipement, marchant de pair, la flotte se formait à vue d'œil : en peu de temps, elle se trouva assez forte pour combattre les escadres de la Grande-Bretagne. Un simple capitaine de vaisseau, Villaret-Joyeuse, fut élevé au rang de vice-amiral et investi du commandement de la nouvelle armée navale. « On nous objecte que Villaret est un aristocrate, disait le représentant du peuple Jean-Bon-Saint-André ; qu'importe, si ce brave marin est digne, sous tous les autres rapports, de la confiance de la république ? » Il eût été difficile de faire un meilleur choix : le comte de Villaret-Joyeuse avait servi avec une grande distinction dans les mers de l'Inde, sous les ordres du bailli de Suffren.

Quelques prises importantes marquèrent les courses des premières escadres qui furent détachées de la flotte de Brest.

Mais une bataille générale devenait chaque jour plus imminente. La famine pesait sur tous nos départements avec ses sinistres conséquences ; la misère du peuple était grande, ses privations cruelles, ses souffrances excessives. Cet état de chose pouvait accroître les mécontentements, produire des désordres, pousser même les esprits à la révolte : c'était une bonne fortune pour la malveillance des partis, un élément de succès pour les royalistes, une diversion puissante pour l'étranger. La convention nationale, justement inquiète de cette situation calamiteuse, avait pris d'énergiques mesures pour parer au danger ;

elle comptait surtout sur la prochaine arrivée d'un convoi, qu'on avait dû expédier des Etats-Unis pour la France. Le convoi réussirait-il à soustraire sa marche à l'armée ennemie? Fallait-il l'abandonner à son sort ou courir les chances d'un combat pour le sauver à tout prix? Placée entre ces alternatives également périlleuses, la convention n'hésita pas longtemps; elle envoya à l'amiral Villaret l'ordre d'appareiller sur-le-champ avec sa flotte (1).

Qu'on juge du mouvement qui remplit la rade de Brest, lorsque le signal du départ fut donné par les canons du vaisseau amiral et répété successivement, comme un écho, par toutes les batteries du port! Plus d'un millier de canots, se dirigeant vers les vingt-six bâtiments de guerre en partance, animèrent tout à coup la face des eaux. La petitesse de cette multitude d'embarcations semble élever encore les hautes murailles des vaisseaux de ligne; jamais ces citadelles flottantes n'ont paru plus formidables, plus majestueuses; jamais elles n'ont inspiré plus de confiance, plus d'enthousiasme. On a effacé du front des vaisseaux, comme de celui des hommes, les insignes et les souvenirs du passé. Le magnifique trois-ponts les *Etats-de-Bourgogne* a pris le nom de la *Montagne*, le *Royal-Louis* celui du *Républicain*, etc. Cependant quelques bâtiments ont conservé leurs anciennes dénominations, qui contrastent singulièrement avec les noms improvisés par l'esprit démocratique. On remarque le *Neptune*, le *Scipion*, le *Trajan*, le *Tourville*, à côté du *Jacobin*, du *Tyrannicide*, du *Gasparin*, du *Lepelletier*. L'amiral Villaret-Joyeuse avait arboré son pavillon en tête du grand-mât de la *Mon-*

---

(1) Le convoi américain était composé de cent soixante navires, chargés de grains et de denrées coloniales : on portait à cent vingt-cinq millions de francs la valeur de cette flottille. « La France ne fut pas le seul pays que désola la famine de 1794, disent les auteurs de l'*Histoire de la Marine française;* presque toutes les contrées de l'Europe, sans excepter la Grande-Bretagne, furent en proie aux horreurs de ce fléau. La flottille des Etats-Unis eût donc été aussi précieuse pour l'Angleterre que pour la France; et on ne pouvait douter que cette puissance ne cherchât par tous les moyens à s'emparer d'une si riche proie. » *Chronique de la Marine française,* par MM. Jules Lecomte et Fulgence Girard, tom. 1 app., pag. 324 et 325.

tagne; déjà il s'est rendu à son bord, suivi du représentant Jean-Bon-Saint-André. La flotte entière, déployant ses voiles et se formant en colonne, franchit le goulet dans le plus bel ordre, aux cris de *Vive la France! Vive la République!* La terrible menace, *mort aux Anglais!* trouve aussi de l'écho sur tous les ponts. Dès que nos vaisseaux ont gagné le large, ils se rangent sur trois lignes et se dirigent sur les îles Coves et Flore, où ils doivent attendre le convoi d'Amérique.

C'était le 1ᵉʳ prairial an 2 (1), par une belle matinée de printemps, que l'escadre avait appareillé. Des hauteurs de la côte on put distinguer encore, au milieu de la nuit suivante, les fanaux allumés que les matelots avaient suspendus aux mâts des bâtiments pour éclairer leur marche nocturne.

Il s'en fallait de beaucoup que l'instruction des équipage répondît toujours à leur patriotisme. Il y avait sur la flotte une foule d'hommes qui voyaient la mer pour la première fois : soldats des armées du nord, de l'ouest ou du sud, ils appartenaient, les uns à la première réquisition, les autres à la dernière levée opérée par la convention. Force avait été de les prendre pour remplacer les anciens artilleurs de la marine. La grande jeunesse d'une partie des officiers et leur peu d'expérience n'offraient pas de moindres inconvénients. L'amiral avait donc reçu l'ordre de transformer sa marche en un cours d'enseignement pratique. Chaque jour on s'exerçait aux évolutions de la tactique navale, chaque jour on exécutait le branle-bas de combat comme si l'on avait été en présence de l'ennemi.

Les frégates et les corvettes de l'escadre, lancées en éclaireurs sur sa route, recueillirent une riche et abondante moisson de prises. Dans ces espèces de razia, elles pouvaient d'ailleurs compter sur un puissant auxiliaire. Depuis le commencement des hostilités, les ports de la Normandie et de la Bretagne avaient armé en course un grand nombre de bâtiments qui ne laissaient ni repos ni trève au commerce des puissances coalisées. Les vaisseaux

---

(1) Le 20 mai 1794.

de l'Etat, en secondant les efforts des corsaires, devaient nécessairement accroître les pertes de nos ennemis; la marine marchande de l'Angleterre ne tarda pas à le reconnaître. Bientôt la rade du port de Brest et la rivière de Landerneau furent encombrées d'embarcations captives portant leurs pavillons *à la traîne*. C'était beaucoup pour l'intérêt public et privé, ce n'était pas assez pour la vengeance.

Enfin, la 9 prairial, à huit heures du matin, ces cris : *Navires! navires sous le vent!* partirent des hunes de plusieurs vaisseaux, dont les gabiers avaient découvert simultanément l'escadre britannique. Ce signalement devait être pour beaucoup un glas de mort; il n'en fut pas moins accueilli avec enthousiasme par les Français; en un moment, l'avant, la dunette, les haubans, les vergues, furent envahis par une foule d'hommes avides de contempler un spectacle si ardemment désiré. C'était bien le pavillon ennemi! on allait donc se trouver face à face avec les Anglais.

Il était presque impossible de conserver son sang-froid dans cette atmosphère embrasée par l'enthousiasme d'une armée. Le conventionnel Jean-Bon-Saint-André lui-même se laissa gagner par l'ardeur générale. Un seul homme peut-être, à bord de la flotte, se rappelait encore la mission qui lui avait été confiée par le comité de salut public : se porter en avant du convoi, le couvrir des voiles de l'escadre, comme l'aigle prend ses petits sous ses ailes, le faire entrer dans un de nos ports, fût-ce au prix d'un combat; mais, hors le cas de nécessité absolue, éviter un engagement qui pouvait avoir des suites désastreuses pour la naissante marine de la république française.

Cet homme, d'un esprit à la fois calme et intrépide, était Villaret-Joyeuse.

Il eut assez d'ascendant sur Jean-Bon-Saint-André, qui voulait brusquer l'attaque, pour le ramener au parti le plus sage. M. Thiers assure, dans son ouvrage, que le contraire arriva, c'est-à-dire que le chef de l'escadre française, cédant à l'influence du député conventionnel, offrit immédiatement le combat à l'ennemi. Cependant, nous ne pouvons admettre une pure supposition démentie par les documents historiques les plus sérieux. L'escadre mouillait précisément dans le voisinage des eaux où devait passer le convoi américain; en livrant bataille aux Anglais sur cette mouvante arène, elle aurait donc commis la double faute de les forcer à y séjourner et d'y courir sans nécessité les chances d'une défaite. Or, l'amiral et le représentant n'eurent garde de se laisser aller à une erreur qui pouvait tout perdre. Ils cherchèrent, par de feintes démonstrations, soit de combat, soit de retraite, à attirer les Anglais dans une autre direction. Le but des évolutions de notre escadre ressort suffisamment de la relation que Jean-Bon-Saint-André adressa un mois après à la Convention nationale. « Le salut du convoi étant l'objet de notre mission, disait-il, nous jugeâmes que, dans notre position, ce que nous avions de mieux à faire était d'éloigner l'ennemi de la route qu'il devait suivre. Nous calculâmes qu'en tenant la bordée du large, nous entraînerions l'Anglais dans le nord et dans l'ouest de cette route, et que, par ce moyen, le convoi passerait à environ vingt-cinq lieues au sud des deux armées. Cette combinaison était d'autant plus juste, qu'elle a été vérifiée par l'événement (1). »

Villaret-Joyeuse ignorait la force et la composition de l'escadre britannique. Il gouverne hardiment vers elle pour la reconnaître, tandis que lord Howe vient lui-même à la rencontre des Français avec ses vingt-six bâtiments de guerre. Les deux flottes sont en présence, elles se forment en ligne de combat : il n'y a plus entre elles qu'une plaine liquide d'une lieue et demie de large. Mais l'amiral républicain fait signe à ses vaisseaux de virer de bord pour se diriger dans le nord-ouest.

Les Anglais devaient se méprendre sur un mouvement qui simulait une retraite : leurs officiers, tous braves et excellents marins, tous connus par de longs et honorables services, croient avoir affaire à un ennemi incapable ou timide. Redoublant de vitesse, ils suivent avidement les traces des Français. La saison des gros vents était heu-

---

(1) Rapport fait à la Convention nationale par Jean-Bon-Saint-André, dans la séance du 16 thermidor an 2 (4 juillet 1794).

reusement passée ; rien ne contrarie d'abord cette immense évolution de cinquante-deux bâtiments de guerre. De l'un et de l'autre côté, on tiraille à une si grande distance, que les matelots des deux armées aperçoivent le feu et la fumée des batteries ennemies sans entendre la détonation de leurs canons.

Cependant un trois-ponts de notre arrière-garde, le *Révolutionnaire*, se trouve engagé dans un combat plus sérieux : par l'inhabileté de son capitaine, dit-on, quatre vaisseaux anglais l'atteignent, l'attaquent de concert et lui font éprouver de grandes avaries. Séparé de la flotte, il a la bonne fortune d'échapper à l'ennemi et d'être rencontré, au bout de vingt-quatre heures, par l'*Audacieux*, qui le prend à la remorque et le conduit à Rochefort.

L'escadre française, ayant la *Montagne* au centre de sa ligne, poursuivait sa marche dans la direction de nord-ouest. Quand le jour vint à lui manquer, elle hissa des fanaux à tous ces mâts d'artimon. Les Anglais ne savaient comment s'expliquer cette hardie démonstration de la part d'un ennemi qu'ils croyaient disposé à cacher ses mouvements dans l'ombre : ce ne fut pas sans beaucoup d'étonnement et une longue hésitation qu'ils se décidèrent à suivre l'exemple des républicains. Enfin, ceux-ci purent voir se détacher successivement, sur le fond noirâtre du ciel, les fanaux qui indiquaient la position de la flotte ennemie.

Les premières heures du jour suivant furent remplies par de nouvelles évolutions. Lord Howe fit quelques tentatives pour nous enlever l'avantage du vent, que nous avions gardé depuis la matinée du 9. Les deux armées, en défilant l'une sur l'autre, se canonnaient toujours sans résultat, car les boulets, après avoir ricoché et tracé sur la mer de courts sillons d'écume, venaient mourir au pied des murs de bois. Villaret, satisfait d'être resté maître du vent, reprit le sillage de la veille.

A peine cette évolution est-elle exécutée, que lord Howe fait signe à son avant-garde de tomber sur l'extrémité de notre ligne pour la couper ; mais le brusque revirement qu'il indiquait aux siens n'ayant pas été compris, il avance lui-même contre les Français avec son vaisseau-amiral la

Reine-Charlotte, et en faisant signe au *Bellérophon* et au *Léviathan* d'imiter sa manœuvre. Villaret-Joyeuse, prompt à deviner l'intention de l'ennemi, cherche à parer ce coup par un autre; il ordonne à la flotte de se ranger de manière à forcer l'escadre anglaise de passer, courant à contre-bord, sous le canon de toute notre ligne. Malheureusement, dans ce moment décisif, l'inexpérience et l'indécision de quelques officiers paralysent les efforts des Français. La manœuvre se fait avec si peu d'ensemble que plusieurs de nos vaisseaux y restent entièrement étrangers. Lord Howe parvient à couper notre colonne, vers les deux heures après midi, sur l'arrière du *Tyrannicide*. Le *Bellérophon* et le *Léviathan* tentent inutilement de le suivre. Arrêtés par un feu des plus meurtriers, ils sont obligés de se rejeter en arrière; ils sont même emportés si loin de l'escadre britannique, dans ce mouvement rétrograde, qu'ils la perdent de vue et ne peuvent la rejoindre que deux jours plus tard.

Tous les efforts de l'ennemi s'étaient portés contre le *Tyrannicide* et l'*Indomptable*.

Ces bâtiments, détachés de la ligne française par la manœuvre de lord Howe, eurent à soutenir le choc le plus terrible. Pendant une heure, les deux tiers de la flotte ennemie les assaillirent de tous côtés. Ils eussent été infailliblement perdus, sans l'habileté et l'intrépidité des capitaines Dordelin et Laniel, qui se couvrirent de gloire par leur belle résistance. Le premier était un jeune officier de l'ancienne marine; le second un vieux commandant de la marine marchande. Au milieu de cette épouvantable mêlée, Dordelin et Laniel avaient conservé toute la liberté et toute l'agilité de leurs mouvements; on les voyait manœuvrer pour échapper au feu de l'ennemi ou pour lui envoyer des volées de mitraille avec une mortelle précision. Villaret, par de pressants signaux, avait appelé les Français au secours de leurs frères. Impatient de voir la lenteur qu'on mettait à lui obéir, il se porta vivement sur la scène du combat. Le gros de l'armée suivit l'exemple de son chef. Après une courte et sanglante action, les Anglais furent forcés de se retirer en laissant derrière eux le

Tyrannicide et l'*Indomptable*, victorieux, mais tout couverts de larges blessures et de profondes cicatrices.

On paya chèrement ce glorieux succès : Villaret acquit la douloureuse certitude que deux de ses vaisseaux, l'*Indomptable* et le *Montagnard*, ne pouvaient plus servir : il leur donna l'ordre de gagner le port le plus prochain de la côte de France. Quant à lui, il reprit la route du nord-ouest vers la fin du jour. Lord Howe s'obstina à le suivre ou plutôt à marcher presque à ses côtés, heureusement pour le convoi américain, qui approchait sous l'escorte du contre-amiral Vanstabel.

Le 13 prairial, cette flottille de navires marchands, chargée de la subsistance d'un peuple, passait tranquillement sur le champ de bataille où les deux escadres avaient été naguère aux prises. De nombreux débris du combat, des hunes, des pièces de sculpture, des galeries, des figures brisées flottaient encore à la surface des eaux : au-dessous, dans les profondeurs de l'abîme, dormaient les braves marins qui avaient succombé glorieusement.

COMBAT DU VAISSEAU LE *RIVOLI*,

EN 1812.

Lorsque Venise, réunie au royaume d'Italie, fit, pour ainsi dire, partie intégrante de l'empire français, Napoléon dut songer à utiliser ce port et cet arsenal pour l'accomplissement de ses desseins ultérieurs, dans lequel la marine était appelée à jouer un si grand rôle. En effet, des ingénieurs français, envoyés dans l'ancienne ville des doges, y mirent en construction sept vaisseaux destinés à former une escadre dans l'Adriatique. Le *Rivoli*, vaisseau de soixante-quatorze canons, construit avec la plus grande perfection et un luxe d'ornement auquel on a renoncé de nos jours, fut le premier qui sortit des chantiers et entra en armement. Il était commandé, ainsi que les forces navales qui étaient alors dans l'Adriatique, par le capitaine de vaisseau Henri Barré, officier qui avait donné des preuves de bravoure et de capacité.

Envoyé à la rade des Alberoni, à trois lieues de Venise, il y attendait l'ordre d'entrer en pleine mer. Les bas-fonds qui existent dans l'intérieur et à l'entrée de la rade ne permettent pas à des vaisseaux de haut bord de sortir et de rentrer à volonté. Ils ne peuvent franchir la passe que l'un après l'autre, à des intervalles assez longs et par des moyens pénibles et dispendieux. Cette position ne pouvait convenir à une escadre, souvent obligée à appareiller au premier signal, pour protéger un convoi, faire face à l'ennemi, ou à rentrer en toute hâte, chassée par des forces supérieures. Aussi on savait que le port de Trieste ou celui d'Ancône étaient destinés à recevoir les vaisseaux construits à Venise, et qui devaient en sortir successivement, à mesure qu'ils seraient en état de prendre la mer.

Dans le courant de février 1812, le *Rivoli* reçut ordre d'appareiller, et fut placé sur les chameaux.

Les chameaux sont deux énormes caisses de la longueur du bâtiment qu'elles doivent soulever, afin qu'il prenne moins d'eau. Trois des côtés de ces immenses coffres sont plats et dans une position verticale; le quatrième est cintré dans le sens des flancs du bâtiment, de manière à pouvoir l'emboîter. On les coule à demi ; on les applique contre chaque bord du navire; on assujettit celui-ci sur les deux caisses épontilles par des câbles qui passent sous sa quille et sont fixés sur les deux chameaux, et, quand il est solidement fixé, on allége ces deux soutiens, au moyen des nombreuses pompes qui y sont fixées, de l'eau qu'ils contiennent. Ils s'élèvent et élèvent avec eux le vaisseau chargé de l'immense poids de son artillerie, de son équipage, de son matériel et de ses vivres de campagne. Le *Rivoli* gagnait ainsi près de six pieds sur son tirant d'eau ordinaire.

Ce vaisseau était donc, le 20 février, sur ses chameaux, à l'entrée de la passe et prêt à sortir. Le vice-amiral Villaret-Joyeuse, gouverneur de Venise, s'était rendu à bord, ainsi qu'une foule d'officiers de tous les grades des marines italienne et française, pour être témoin de cet appareillage insolite qui commença à midi. Le *Rivoli* était remorqué par quatre-vingts embarcations.

Les deux presqu'îles de Chiozza et de Malamocco, au milieu desquelles est la passe et une barre que le vaisseau devait franchir, étaient couvertes d'une immense population en proie au doute et à l'anxiété. Bien que les calculs les plus positifs eussent été faits, bien qu'on eût choisi pour cette sortie l'époque des plus hautes marées, des incertitudes existaient encore à Venise, et de nombreux paris avaient été faits pour soutenir qu'il ne sortirait pas. A mesure qu'il s'avançait vers le point qui devait résoudre cette intéressante question, le spectacle prenait un nouveau degré de grandeur et de solennité. Quand il fut parvenu sur la barre, un silence d'attente plana pendant quelques instants sur la foule, et, tout à coup, les applaudissements, les cris de : Vive l'empereur ! annoncèrent que le danger était franchi, et que la France pouvait désormais compter sur son escadre de Venise, dont l'existence active était jusqu'alors un problème.

Débarrassé de ses chameaux et de la brillante escorte qui l'avait accompagné jusque-là, le *Rivoli* mouilla, et son équipage passa une nuit laborieuse à remettre tout en ordre, car l'application des chameaux n'a pas lieu sans fatiguer considérablement le vaisseau , sans occasionner à bord une assez grande perturbation. Les canons sont rentrés de leurs sabords, les mâts de perroquet sont recalés, et les emménagements intérieurs privés de leur destination. La fin d'une journée fatigante fut consacrée à réparer ce désordre.

A neuf heures du matin, l'apparcillage eut lieu avec une faible brise, et on mit le cap sur Trieste. Le *Rivoli* avait pour escorte et pour éclaireurs les trois bricks le *Mercure*, le *Mameluk* et le *Iéna*. Le premier, appartenant à la marine italienne, monté par un capitaine et un équipage italiens, était seul de quelque importance, et portait dix-huit canons; les deux autres n'avaient que six ou huit pièces de petit calibre, et portaient pavillon français.

On filait tout au plus deux nœuds à l'heure, et on avait à peine perdu de vue les lagunes , lorsque, dans l'après-midi, un des bricks qui était de l'avant mit en panne et fit des signaux annonçant deux bâtiments de guerre. Ces voiles et l'escadrille française allant à contre-bord, furent bientôt en vue , et l'on reconnut un vaisseau de quatre-vingts canons et une forte corvette. Les forces étaient à peu près égales ; toutefois l'avantage numérique n'était pas du côté des Français. On poursuivit avec confiance la route suivie jusqu'alors, en attendant de rencontrer l'ennemi. Cependant le branle-bas de combat se fit, et le commandant Barré appela à son bord les capitaines des trois bricks et leur donna ses instructions pour une affaire inévitable et qui devait être terrible, car les forces n'étaient pas assez disproportionnées pour que la victoire ne fût pas sanglante et longtemps disputée.

On se trouva à portée de canon à la nuit. Elle était calme, sombre et brumeuse. Tout était prêt dès longtemps pour le combat sur les bâtiments français. Les canonniers dormaient autour de leurs pièces prêtes à faire feu; les mèches étaient allumées , et le silence imposant qui régnait à bord , auquel devait succéder bientôt tant de fracas, n'était interrompu que par les pas de quelques officiers sur le pont, et les communications qu'ils se faisaient à voix basse. Au milieu d'une obscurité complète , on n'apercevait que la lumière des fanaux allumés dans les batteries, indiquant la marche et la position des ennemis. Il était de l'intérêt des Français de ne combattre que le plus près possible de Trieste, parce qu'ils savaient que des bâtiments de guerre étaient dans ce port, et viendraient sans doute prendre part à l'action en entendant le bruit du canon.

Mais, à trois heures du matin, le vaisseau anglais cargua ses basses voiles, amena ses bonnettes, et manœuvra pour se rapprocher encore du *Rivoli*, dont il n'était cependant éloigné que d'une forte portée de pistolet. C'était l'annonce d'une attaque. En un instant, tout le monde fut debout, tout fut prêt à bord du *Rivoli*, qui prit l'initiative, et fit feu de ses deux batteries. Les deux vaisseaux étaient tellement rapprochés, qu'on entendit distinctement les cris des blessés sur le bâtiment ennemi, qui riposta aussitôt.

L'engagement avait à peine commencé, lorsqu'on entendit de l'avant une forte explosion. Sans savoir à quoi l'attribuer, les officiers annoncèrent à l'équipage que la corvette venait de sauter en l'air. Vaine déception! c'était le *Mercure* qui avait disparu en tirant sa première volée, sans qu'on ait jamais connu la cause de ce funeste événement. Des cent trente hommes qui le montaient, un seul, placé sur le beaupré, fut lancé à la mer, blessé et meurtri, gagna le *Rivoli* à la nage, et mourut pendant le combat, sans avoir pu donner la moindre explication.

A l'aspect de cette catastrophe, les deux petits bricks mirent le cap sur Trieste, et la corvette leur donna la chasse, tandis que le *Rivoli*, malgré les pertes qu'il avait éprouvées, soutenait la lutte sans désavantage, et peut-être même avec succès, car, au point du jour, le vaisseau fit des signaux à la corvette qui, abandonnant la chasse, vint se placer de l'avant du *Rivoli*. A ce moment, la faible brise qui avait favorisé ces manœuvres tomba complétement : un calme plat se fit, et l'engagement devint terrible. Le vaisseau, placé par la hanche de babord du *Rivoli*, la corvette sous son beaupré, faisaient un feu croisé et nourri qui, à chaque volée, hachait ses manœuvres et décimait son équipage. Bientôt le mât d'artimon, coupé à quelques pieds du pont, tomba et encombra, des débris de ses cordages,

de ses poulies et de sa hune, le gaillard d'arrière et la
dunette. Le petit mât de hune eut le même sort, tandis
qu'un canon de trente-six, crevant avec fracas, exterminait
par ses éclats les treize hommes qui le servaient, et répan-
dait la consternation et le découragement dans toute la
batterie.

A huit heures du matin, toute chance de succès avait
disparu, et il ne restait d'autre alternative que celle de
se faire couler ou de se rendre. Les gaillards et les batteries étaient encombrés de cadavres ; la cale, pleine de huit
pieds d'eau, en recevait un nouveau surcroît à chaque
minute par plus de trente boulets qui avaient traversé la
ligne de flottaison. Les chirurgiens, ne pouvant suffire
aux amputations, se bornaient à mettre un premier appareil sur les membres brisés, et les blessés mouraient
avant qu'on eût pu les secourir.

Cependant, quand on eut acquis la certitude qu'il n'y
avait plus rien à espérer, et qu'on pouvait céder avec
gloire, le combat n'en continua pas moins pendant une
heure encore, et une foule de braves furent ainsi sacrifiés
à l'honneur du pavillon. Ce pavillon fut amené à neuf
heures, et l'on put alors juger de la bravoure de ceux
qui l'avaient défendu, compter les pertes et apprécier
l'honneur de cette résistance. Il n'y avait plus de communication possible entre les deux batteries et le pont ; toutes
les échelles avaient été brisées ; un amalgame hideux et
confus d'écouvillons, de gargousses, de poulies, de cordages, de membres et de cadavres, empêchait de mettre
le pied sur le bois ; tout portait la trace de la mitraille,
du boulet ou des éclats, plus terribles encore que les
projectiles ; et, de huit cent dix hommes qui montaient
le Rivoli au commencement du combat, cinq cent cinquante avaient péri ou attendaient la mort, car, dans
ces sortes d'engagements, il y a peu de blessures légères.

Parmi les officiers qui perdirent la vie dans cette action,
il en fut un portant un nom illustre dans les fastes dramatiques, et auquel peut-être il était destiné à donner un
nouvel éclat dans les annales de la marine. C'était Talma,
fils de l'acteur célèbre, et jeune enseigne de vaisseau
d'une haute espérance. Atteint par un biscaïen dans le

bas-ventre, il expira après quelques minutes d'une atroce agonie.

Cette affaire passa presque inaperçue. La campagne de Russie allait s'ouvrir, et la France, loin de prévoir les désastres qui la menaçaient, s'attendait à de nouvelles gloires, à de nouveaux triomphes. La perte d'un vaisseau, quels que fussent les mérites de ceux qui l'avaient défendu avec intrépidité, n'était rien entre les prospérités du passé et celles que promettait l'avenir. Cependant, avec une heureuse issue, le combat du *Rivoli* pouvait avoir de précieuses conséquences. On se rappelle les ressources que Napoléon, lorsque sa brillante étoile commença à pâlir, trouva dans l'artillerie et les équipages de la marine. Si le *Rivoli* eût vaincu, si seulement il eût pu sortir de la lutte et se rendre à Trieste, les autres vaisseaux en armement à Venise seraient venus le joindre, une escadre eût été organisée, et quand les Autrichiens débouchèrent des gorges du Tyrol, ils auraient trouvé d'autres forces que celles qu'ils eurent à combattre, Murat n'eût point abandonné la cause de l'empire, et, s'il l'eût osé, le prince Eugène aurait eu assez de moyens pour faire face à l'ennemi et pour comprimer et punir en peu de temps cette défection.

Frégate de 1er rang.

Une flotte dans le port.

Débarquement de troupes.

Frégate par un gros temps.

TROISIÈME PARTIE

TROISIÈME PARTIE.

LES NAVIRES.

Il est impossible de rattacher à une époque l'origine de la navigation et l'invention du navire. Il n'est littoral si sauvage où l'homme n'ait trouvé moyen de se faire porter sur l'eau. Les vaisseaux des anciens allaient à la rame et à la voile; dans les combats, la rame seule était employée. Les vaisseaux guerroyaient alors comme les oiseaux avec leurs becs; leurs rames leur tenaient lieu d'ailes, et ils tâchaient réciproquement de briser les ailes du vaisseau ennemi.

Ces vaisseaux étaient à plusieurs rangs de rames; mais les recherches des savants n'ont pu encore déterminer la position de ces rangs, ainsi que les moyens dont on se servait pour faire mouvoir une aussi grande quantité d'avirons.

Les vaisseaux de charge n'allaient qu'à la voile sans ramer, pour épargner les frais de transport, et la largeur de ces vaisseaux était ordinairement du quart de la longueur. Hiéron, roi de Sicile, fit construire des vaisseaux de transport d'une grandeur extraordinaire; le plus considérable pouvait porter 2,000 tonneaux, chaque tonneau pesant 4,000 livres.

Lilia Girardi a donné, d'après Maxime de Tyr, la description d'un vaisseau d'un roi phénicien, qui s'en servit pour faire un voyage à Troie. C'était un palais flottant divisé en plusieurs appartements meublés; il renfermait des vergers assez spacieux remplis de pommiers, de poiriers, de vignes et d'autres arbres fruitiers. Le corps du bâtiment était peint de diverses couleurs; l'or et l'argent y brillaient de toutes parts.

Les vaisseaux de Caligula étaient encore plus somptueux : l'or et les pierreries enrichissaient leurs poupes; des cordes de soie de différentes couleurs en formaient les cordages, et la grandeur de ces bâtiments était telle, qu'ils renfermaient des salles et des jardins remplis de fleurs, des vergers et des arbres. Caligula montait quelquefois ces vaisseaux ; et, au son d'une symphonie formée de toutes sortes d'instruments, il parcourait les côtes de l'Italie.

Les vaisseaux d'Ulysse n'étaient que des radeaux ; les vaisseaux des Béotiens, qui ne durent guère en différer, portaient jusqu'à cent vingt hommes ; ils avaient de chaque côté vingt-cinq rames, ce qui fait qu'Homère les nomme *pentécotores*, à cinquante rameurs. Sous Sésostris, le radeau allongé devint le vaisseau long, muni de nombreux rameurs, et portant à l'avant et à l'arrière des plates-formes pour les combattants. Les Phéniciens et les Grecs continuèrent à perfectionner les bâtiments ; mais déjà les mâts, les vergues, les voiles, les balancines, les bras, les écoutes étaient en usage. C'est à Thase, en Ionie, qu'on imagina de couvrir d'un plancher les bancs des rameurs ; ce toit, cette couverture supérieure, c'est maintenant le pont.

C'est à la vingtième olympiade, 600 ans avant Jésus-Christ, que remonte l'invention des navires appelés *birèmes* ou *diéres*, des *trirèmes* ou *trières ; birèmes*, à deux rangs ou ordres de rames ; *trirèmes*, à trois rangs ou ordres de rames.

Les trirèmes portaient à l'avant, au niveau de l'eau, un éperon ou rostre d'airain, de formes diverses, destiné à briser de son choc le navire ennemi.

A l'arrière, au lieu de gouvernail, elles étaient munies de chaque côté d'un large aviron.

Les navires à rames des anciens faisaient aussi usage de voiles ; les mâts qui les portaient pouvaient être enlevés, soit pour marcher contre le vent, soit pour alléger les galères. A la bataille d'Actium, Agrippa, lieutenant d'Octave, fit mettre à terre les mâts et les voiles de ses vaisseaux.

Après la défaite d'Actium, il n'y eut plus, dans la Méditerranée, qu'une marine, celle des Romains.

Les vaisseaux de commerce ne se servaient guère que de voiles ; ceux de Salomon et d'Hiram mettaient trois ans à accomplir, en relâchant de port en port, le double voyage de Palestine à Tarsis en Cilicie.

Au deuxième siècle, le vaisseau d'Isis, décrit par Lucien dans un de ses dialogues, n'avait qu'un mât, et cependant ses vastes proportions diffèrent à peine de deux pieds de celle des vaisseaux actuels de soixante-quatorze canons !

Le Bas-Empire conserva seul la tradition des grandes constructions navales. Sous le règne de Maurice, au sixième siècle, les *dromons* battaient encore les flots de deux étages de rames superposées. Les *pamphiles* à un seul rang remplissaient l'office d'aviso.

Les Romains trouvèrent dans l'Océan des navires d'une forme qui leur était inconnue ; tels étaient ceux des Vénètes, habitants du pays de Vannes, que César attaqua avec les galères qu'il avait construites sur la Loire ; ils étaient ronds, à voiles de cuir.

Les barbares du Nord qui infestèrent les rives de l'Océan montaient des vaisseaux à voiles et à rames, qu'ils appelaient *drakkars*. Au moyen de leurs canots légers, ils pénétrèrent souvent, par les rivières, au cœur du pays ; et Paris, qu'ils attaquèrent au huitième siècle, conserva leur redoutable souvenir jusque dans les prières.

C'est avec des navires semblables qu'en 809, le Norwégien Éric Raude, ou le Roux, découvrit le Groënland.

Les drakkars armaient jusqu'à trente-quatre avirons de chaque bord ; aux extrémités s'élevaient des retranchements en bois nommés *kastals* (châteaux). Toutes les parties qui s'élevaient au-dessus de l'eau étaient façonnées extérieurement à l'image de monstres imaginaires, dragons, drakkars. Leurs éperons en figuraient l'effroyable tête ; leurs flancs en continuaient le corps, et leur arrière en représentait la croupe recourbée.

Une seule voile, couverte de peintures guerrières et des blasons des différents chefs, se hissait à un mât dont la tête était retenue à l'avant par un cordage nommé l'*étai ;* sur le côté, par des haubans, dont l'extrémité inférieure était fixée au plat-bord. Leur vergue était manœuvrée par des bras et des balancines ; leur voile par des écoutes. Pour en relever la toile, des cordes, attachées sur la ralingue et sur les points, passaient en haut dans une poulie, sur la vergue, et, de là, retombaient dans l'intérieur du navire. En halant ces manœuvres, la voile se trouvait relevée en festons au-dessus de la vergue. Ils nommaient ces cordages les *gardings ;* nous les appelons des *carques*.

Tels furent les navires qui transportèrent en Angleterre Guillaume-le-Conquérant.

En même temps, dans la Méditerranée, les trirèmes antiques et les pamphiles du Bas-Empire prenaient le nom de *galères* ou *galies* sans presque changer de formes. Les vaisseaux ronds augmentaient jusqu'à quatre le nombre de leurs mâts, et prenaient des Normands les noms de *nefs* ou *naves*.

Au treizième siècle, saint Louis, se rendant en Palestine, fréta à Gênes un grand nombre de nefs pour le transport de ses hommes d'armes et de ses chevaliers. La *Mont-Joie*, que monta le roi de France en personne, avait quatre-vingts pieds de quille. Les extrémités supérieures de l'étrave et de l'étambot étaient à cent vingt pieds l'une de l'autre; c'était la longueur totale du bâtiment. La hauteur de la coque était de vingt-six pieds au milieu, tandis que la proue et la poupe, l'avant et l'arrière, de formes arrondies, étaient relevées de treize pieds en sus, sans compter les castels dont elles étaient chargées. Ce vaisseau est devenu le premier modèle de nos bâtiments de haut bord.

Des nefs plus considérables encore que celle qui nous occupe avaient jusqu'à trois couvertes ou ponts, et étaient munies de trois ou quatre mâts verticaux; le plus grand à l'avant, les autres de plus en plus petits.

Durant cette période, les galères furent toujours spécialement réservées aux combats. Cependant, l'action de choc des éperons fut remplacée par la lutte corps à corps à l'abordage.

Le système de plusieurs rames par banc continua à être employé. Les Vénitiens appelaient galères à *senzile* celles où se trouvaient plusieurs rangées de rames.

Lors de l'invention de la poudre à canon, dans le quatorzième siècle, les nefs avaient armé le dessus de leurs châteaux de coulevrines, de bombardes, de sacres, de canons, les uns battant à l'extérieur dans toutes les directions, les autres plongeant dans l'intérieur du navire pour chasser l'ennemi qui s'en serait emparé.

En 1410, un constructeur français imagina d'ouvrir dans le flanc des navires des embrasures ou sabords, par lesquels on fit passer la bouche des canons.

Les *caraques*, armées tout à la fois pour le commerce
et le combat, semblent être le commencement de la trans-
formation des nefs anciennes. Abandonnant les antennes
d'une longueur démesurée, elles leur substituent des vergues plus courtes, et les grandes voiles triangulaires sont
remplacées par des voiles carrées, munies à leurs angles
inférieurs de cordes pour tirer les points vers l'avant ou
l'arrière, selon l'orientation des vergues. Ces manœuvres
s'appellent : celles de l'avant, les *amures;* celles de l'arrière, les *écoutes.*

Le quinzième siècle est célèbre entre tous dans l'histoire de la navigation. Les navires sur lesquels Colomb
accomplit sa navigation se nommaient des *caravelles.* C'é-
taient des nefs à un seul pont; leur château d'arrière s'é-
levait de deux étages au-dessus de l'eau, celui de l'avant
n'en comptait qu'un seul. Ces bâtiments, très-tonturés,
c'est-à-dire très-relevés des extrémités, se comportaient
bien à la mer. Ils avaient quatre mâts verticaux; celui de
l'avant portant deux voiles carrées, une basse voile et un
hunier ; les voiles des trois autres mâts étaient des voiles
latines aux longues antennes.

Le seizième siècle vit s'introduire les différences les
plus marquées entre les bâtiments de guerre et ceux du
commerce. La duchesse Anne de Bretagne fit construire
dans la Vilaine un vaisseau d'une grandeur inusitée,
la *Cordelière;* il portait, dit-on, soixante-seize bouches
à feu, dont un quart était composé de canons sur affûts. Les Anglais avaient armé un navire de même force,
nommé le *Sovereign.* Tous deux s'abordèrent à la première
action à quelques lieues d'Ouessant, et périrent ensemble
dans les flammes.

Pour réparer cette perte, on construisit à Portsmouth
le vaisseau le *Grand-Henri,* devenu célèbre par le luxe avec
lequel il fut équipé lorsque le roi Henri VIII le monta
pour se rendre au camp du Drap d'Or.

C'était à la fois un palais et une forteresse des plus redoutables ; ses flancs étaient armés d'une nombreuse artillerie. L'équipement et l'armement avaient fait déjà d'immenses progrès.

Le perfectionnement des formes des carènes suivit de

près celui de l'armement des vaisseaux. Les traversées devenaient moins longues ; des nefs génoises ou vénitiennes revenaient quelquefois en une quinzaine de jours des ports d'Angleterre à ceux d'Italie.

L'usage des bouches à feu apporta peu de changements dans l'installation des galères ; leur proue seule, quelque peu renforcée, fut armée d'un long canon, appelé le *coursier*, établi sur un massif de bois destiné à son recul, et se prolongeant dans le milieu du navire jusqu'au dernier banc de rameurs. De chaque côté du coursier, des montants verticaux supportaient des fourches tournantes sur lesquelles se plaçaient des faucons et des espingoles.

Au milieu du seizième siècle, Francesco Bressano, ingénieur vénitien, imagina les *galéasses*, bâtiments à rames approchant davantage de la forme des vaisseaux à voiles ; elles n'armaient qu'un rang d'avirons, mais d'une longueur de plus de cinquante pieds. Six ou sept forçats étaient employés à mouvoir chacun d'eux. Les galéasses, plus longues et plus hautes que les galères, avaient des châteaux à la proue et à la poupe. Dans celui d'avant, elles portaient douze canons en trois étages de batterie ; dans celui d'arrière, elles en portaient huit en deux étages. Entre chacun des trente-deux bancs de rames était un canon pierrier sur pivot. Ce formidable armement comportait mille à douze cents hommes d'équipage.

Les galéasses avaient trois mâts et des voiles latines ; elles formèrent l'avant-garde de la flotte chrétienne à la bataille de Lépante ; leur artillerie fit de terribles ravages dans la masse compacte des galères infidèles.

Pour transporter en Écosse la duchesse de Longueville, fiancée au roi Jacques, François Ier fit équiper au Havre trois galéasses à deux mâts : la *Réale*, le *Saint-Pierre* et le *Saint-Jean*, dont la voile de mestre était surmontée d'un trinquet de gabie carré comme elle.

L'*Armada* de Philippe II avait une division composée de galéasses et de galions ; cette dernière espèce de navires n'était autre chose qu'un vaisseau à voiles allongé, muni d'une rangée d'avirons.

Le dix-septième siècle vit opérer de grands changements dans l'architecture navale comme dans l'armement et dans la tactique. Un vaisseau anglais, le *Souverain des mers*, lancé en 1637, était construit à trois rangées de canons, à trois batteries couvertes, ce qu'on appelle à *trois ponts*, quoiqu'il en eût réellement cinq, l'entrepont et le pont supérieur étant désarmés. Son château d'arrière se composait de trois étages : un demi-pont, percé de quatorze sabords; un quart de pont, supérieur au précédent et surmonté d'une chambre ronde, *round house*, un *dôme*. Les sabords s'ouvraient au milieu des sculptures de trophées militaires qui décoraient tout son bord, et qui se continuaient sur les mantelets, sorte de volets qui ferment les sabords, et que l'on relève pour donner passage à la bouche des canons. Hercule, Jason, Neptune, Éole, figuraient en reliefs allégoriques sur les cinq étages de sa poupe aplatie, autour des dix embrasures qui s'ouvraient à ses canons de retraite. Son château de proue, dont la saillie à l'extérieur fut diminuée, était armé, sur sa face d'avant, de dix pièces dites *de chasse*; les angles de la poupe étaient ornés de cinq petites tourelles.

En rivalité avec ce colosse, on construisit en France la *Couronne*, qui réalisait tous les progrès accomplis.

Quinze ans après, ce vaisseau subit une grande réparation et d'importants changements. Les tourelles, le château et le quatrième mât droit, celui de l'arrière, furent supprimés.

Sur la hune du mât oblique de l'avant s'implanta un mâtereau retenu par des étais fixés au mât de misaine, et qui servit à hisser une voile carrée, le perroquet de beaupré. Les autres mâts, jusqu'alors d'un seul brin, malgré leur division en trois étages, furent fractionnés en trois parties, qui, s'ajoutant l'une à l'autre, purent être remplacées plus facilement en cas d'avarie. Chacun des mâts additionnels est retenu par des haubans fixés au bord de la hune correspondante, et des galhaubans qui descendent jusque dans les petites galeries ou porte-haubans des bas mâts. Le mât de l'arrière, mât d'artimon, portait encore une voile latine, l'ourse; au-dessus de cette voile, il reçut un hunier carré nommé *perroquet de fougue*.

Allégé dans les hauts par l'abaissement de son château d'arrière et la suppression d'un pont, le *Souverain des mers* pouvait porter beaucoup plus de voiles ; aussi ces mâts furent-ils allongés, et les huniers, ayant acquis de respectables proportions, devinrent les voiles importantes du navire.

Sous Louis XIV, notre marine militaire prit un grand essort, et l'architecture navale commença à se simplifier, en même temps qu'elle fut mieux appropriée à la destination du navire.

La poupe des vaisseaux cessa d'être plate, et les proportions du gouvernail purent être réduites. Un règlement de 1673 ordonna qu'à l'avenir les façons de l'arrière seraient continuées en courbe suivie jusqu'à la hauteur du pont de la première batterie.

A mesure que les vaisseaux à voiles se perfectionnaient, on sentait moins l'utilité de la marine à rames ; les galères furent désormais reléguées dans la Méditerranée ; bientôt même, au lieu d'avoir autant de rames que de forçats, il n'y eut plus qu'un seul aviron, sur le manche duquel ils réunissaient leurs efforts.

A partir du dix-huitième siècle, on comprit que plus les voiles d'un navire présentaient de surface au vent, plus sa vitesse devait être grande. Dès lors, se généralisa l'usage des *bonnettes*, voiles longues et étroites, qui s'ajoutent à volonté à côté des autres voiles et en augmentent ainsi la largeur, et tout le reste de la voilure fut combiné avec cette disposition.

Vers le milieu du dix-huitième siècle, le mât de perroquet de beaupré fut supprimé, et on ajouta à la voilure le grand foc, qui est une des voiles de manœuvre les plus efficaces. Les mâts de perroquet furent surmontés des mâts de perroquet volants, depuis *cacatois*, ce qui porte à quatre le nombre des étages de voile. Au mât d'arrière, à l'artimon, le perroquet supérieur au perroquet de fouque s'appela *perruche*. L'ourse, cette voile à antennes, fut remplacée par la brigantine enverguée sur la corne, et dont l'écoute passe à l'extrémité d'un arc-boutant horizontal appelé le *gui*.

Le vaisseau l'*Océan*, offert en 1760 à Louis XV par les États de Bourgogne, présentait l'ensemble de toutes les innovations avantageuses. L'amiral Villaret-Joyeuse le monta au combat du 13 prairial. Après cette terrible lutte, il rentra à Brest, emportant dans sa membrure cinq cents boulets ennemis, sans compter les marques nombreuses de ceux qui l'avaient traversée. Aujourd'hui ce vaisseau, réparé et singulièrement modifié, est monté par l'amiral de l'escadre de la Méditerranée.

Dans les vaisseaux de construction récente, l'on a supprimé la courbure dans le sens de la longueur. Aujourd'hui, un beau vaisseau est celui qui est bien ras sur l'eau, bien droit, surmonté de trois mâts bien effilés, bien nus.

La dernière innovation est la construction des navires à poupe ronde, ce qui leur donne plus de défense par l'arrière contre la mer et contre l'ennemi.

L'aménagement intérieur d'un vaisseau est aujourd'hui parfaitement entendu ; tout y est à sa place et dans un ordre admirable ; on y circule partout ; tout est éclairé ou par le jour naturel ou par des fanaux.

Les sacs et hardes des matelots sont rangés dans des caissons qui meublent toute la longueur du faux pont. Des crocs fixés dans les baux supérieurs, à dix-huit pouces d'intervalle, servent à accrocher les boucles des hamacs.

Sur l'avant, sont quelques chambres pour les premiers maîtres du bâtiment ; à l'arrière, sur les frégates, est le logement des officiers, composé d'une cabine pour chacun d'eux, et d'une grande salle commune qu'on nomme le *carré*. Sur les vaisseaux de ligne, ce carré est à l'arrière de la seconde batterie ; c'est aussi dans l'entrepont que se trouve le four où l'on cuit du pain frais pour l'état-major, et deux fois par semaine pour tout l'équipage.

Au-dessus de l'entre-pont, à six pieds au moins de l'eau, est la première batterie, dont la muraille, percée de sabords, laisse passer la volée des canons longs du calibre de 30. Dans les anciens vaisseaux, cette première rangée de canons n'était élevée que de quatre ou cinq pieds au-dessus du niveau de la mer. Sous le règne de Louis XV, le *Thésée* et le *Superbe* coulèrent bas en virant de bord, la mer les ayant envahis par leurs sabords ouverts. En 1789, l'amiral Kempenfed avait ramené à Plymouth le vaisseau le *Royal-Georges* chargé de prises de la plus grande valeur ;

on mit les voiles au sec, en les hissant, sans avoir la précaution d'attacher les bras des vergues ; tous les sabords étaient ouverts ; le vaisseau, à moitié déchargé, était fort mal lesté ; une brise s'éleva subitement du travers, orienta les voiles abandonnées à elles-mêmes, et fit incliner le vaisseau qui se remplit par ses sabords et coula à fond ; neuf cents hommes et l'amiral lui-même y périrent.

La deuxième batterie, armée de canons de 30 courts, est occupée, à l'arrière, par la chambre du conseil. La batterie haute, armée de caronades ou obusiers de 30, renferme, à l'avant, les cuisines, à l'arrière, le logement du commandant, quand un amiral occupe la dunette. Enfin, la couverture supérieure du vaisseau, les gaillards, supportent une dernière batterie de caronades. Entre les deux mâts est la chaloupe, qui renferme elle-même deux autres embarcations. En arrière de la dunette, des arcs-boutants de bois servent à suspendre un canot et une yole ; d'autres embarcations se hissent de la même façon de chaque côté du gaillard d'arrière.

On appelle vaisseau de premier rang ou *trois-ponts* ceux dont les flancs sont armés de trois étages de canons, sans compter les caronades, batterie barbette, des gaillards, formant un total de cent vingt bouches à feu. Les vaisseaux de second et de troisième rang n'ont que deux batteries couvertes. Les frégates n'en ont qu'une seule. Les autres bâtiments n'ont pour armement que la batterie découverte des gaillards. Les bricks diffèrent des corvettes en ce qu'ils n'ont que deux mâts verticaux, le grand mât et le mât de misaine. Les goëlettes à deux mâts, comme les bricks, diffèrent de ces derniers en ce qu'elles sont gréées de voiles auriques. Les *cotres* ou *cutters* n'ont qu'un seul mât porteur d'une voilure semblable. Le *lougre* est encore un navire à voiles auriques ; c'est une des meilleures embarcations pour la course.

La plupart des goëlettes et cutters américains ou anglais portent un long canon monté au milieu du pont sur un affût à pivot.

La première application de la vapeur comme force locomotive d'un navire fut faite en France, en 1782, par le

Brick dans les glaces.

Réception d'un Amiral.

Navire à la voile.

Navire voguant à toutes voiles.

Rencontre et choc de deux bâtiments à vapeur.

Bâtiments à vapeur et à voiles.

marquis de Jouffroy. Plus tard, l'Américain Fulton ex-
huma cette invention dédaignée chez nous. Le mouvement
de va-et-vient des pistons, changé par les moyens ordinaires
en mouvement de rotation, se communique à des roues
à aubes, placées en dehors du bâtiment, et les fait tourner
avec vitesse. A demi plongées dans l'eau, ces roues trouvent un point d'appui ; la surface plate des aubes ou pa-
lettes éprouve une invincible résistance, et c'est le bâtiment porteur de la machine qui est poussé en avant.

Les lacs et les fleuves d'Amérique furent les premiers
témoins de la course d'un navire sans voiles. L'esprit actif
et audacieux des Américains du Nord saisit avec empres-
sement les avantages de cette invention.

Les bateaux qui sillonnent ces courants rapides, n'ayant
point à s'exposer aux chocs des vagues, sont d'une construction très-rase. Une large plate-forme, les *gardes*, déborde au-dessus de la carène et continue le pont supérieur.
Sur cette plate-forme est établie pour les passagers une
véritable maison de bois à un étage. Mais, dans cette habitation, on n'est rien moins qu'en sûreté, et les journaux
sont remplis du récit des sinistres arrivés par des chocs
imprévus ou par l'explosion de la chaudière. Dans l'espace
de huit années, la moyenne des sinistres a été de un sur
sept navires.

Les négociants anglais osèrent les premiers équiper ces
steamers de la capacité d'un vaisseau de premier rang,
munis de moteurs de la force de cinq cents chevaux, tandis que nous en étions encore à ne construire que des
machines de cent soixante. Nos vapeurs de cette dernière
puissance furent armés de six bouches à feu, dont un ou
deux canons de 80.

Le *Véloce* a été le premier navire à voiles et à vapeur.
Une mâture, du volume des bas mâts d'une corvette, s'y
développait à volonté, et présentait en moins d'une demi-
heure une surface de voiles égale à celle d'une frégate. Le
gouvernement français, adoptant ce système, a ordonné
la construction de douze frégates à vapeur qui, dans leurs
demi-batteries couvertes et sur leur pont, porteront trente
canons de gros calibre.

Les roues sont exposées en dehors au choc destructeur

des lames et des boulets. Dans un gros temps, tantôt entièrement hors de l'eau, tantôt entièrement immergées, elles tournent sans effet utile et tourmentent la machine. On tente aujourd'hui de leur substituer une vis placée dans le sens de la longueur de la quille à l'arrière du bâtiment. Cet appareil, agissant toujours à une certaine profondeur dans l'eau, reçoit de la machine à vapeur un mouvement de rotation rapide, et pousse en avant le bâtiment, de même qu'en détournant une vis on en fait sortir la tête, malgré la résistance de la main qui appuie sur le tourne-vis. Cette invention est due à un Français, M. Sauvage, constructeur à Boulogne-sur-Mer. Le pas de vis ou *hélice* est très-creux, mais ne fait qu'un tour et demi tout au plus.

Il était réservé à ce siècle de construire des bâtiments tout en fer. Le plus étonnant navire de ce genre est la *Grande-Bretagne*, construit en Angleterre par la Compagnie du *Great-Western*. Il a trois cent vingt-quatre pieds de longueur sur son pont, environ cent pieds de plus que le plus grand vaisseau de ligne; sa largeur est de cinquante et un pieds; la profondeur de sa cale est de trente-deux. Il a quatre ponts, dont le plus bas est disposé pour recevoir la cargaison; les deux ponts intermédiaires sont consacrés aux passagers et à l'équipage; ils sont divisés en quatre grands salons, dont le principal a cent huit pieds de longueur; en deux vastes salles pour les dames, et cent quatre-vingts cabines, dont plusieurs contenant deux lits. Une vis de seize pieds de diamètre mise en mouvement par quatre machines de la force de deux cent cinquante chevaux chacune, tel sera le moyen de propulsion en rapport avec les dimensions de ce colosse. Sans occuper le moindre espace consacré aux passagers ou aux marchandises, ce bâtiment pourra prendre quarante jours de charbon. D'après la vitesse probable d'un aussi puissant navire, il sera possible d'envoyer de l'Europe dans l'Inde, en moins de quarante jours, un millier de soldats.

LES MARINS.

Le matelot a son berceau sur le bord de la mer ; il est bercé au bruit des tempêtes. A peine peut-il marcher, qu'il veut aider son père dans la manœuvre de sa barque : ce sont deux bras de plus pour les assistances qui demandent peu de force. Il rame pendant le calme, prépare les hameçons, et s'instruit à saisir d'instinct le moment où le poisson a mordu à l'appât. A douze ans il s'embarque comme mousse sur un bateau caboteur; et, parcourant les côtes, il apprend à connaître tous les écueils, toutes les passes, et quelque peu la manœuvre du bâtiment.

Bientôt toute son ambition est de monter sur les navires *hauturiers* qui tiennent la haute mer; il s'enrôle comme novice pour un voyage de long cours, et il est inscrit au bureau du *commissaire des classes*. Muni d'une ou deux chemises, d'un pantalon et d'un caban, il part le soir même.

Après quelques mois de traversée, il est plus en goût de marine que jamais; mais, pour lui, l'idéal du beau est la marine militaire; il aspire à servir sur les bâtiments de l'Etat, et il y arrivera à la première réquisition.

Le matelot français est en général bon et brave, mais il y a des nuances suivant les rivages dont il est originaire : le matelot des bords de la Manche est réfractaire à la discipline, mais il fait un excellent *smogleur ;* le Breton est docile, patient, persistant, courageux, flegmatique en face du péril, mais sale et ivrogne; le Saintongeois et le Gascon sont grands parleurs, mais gens d'expédients et de ressources ; le Roussillonnais et le Provençal sont vifs, agiles, prudents, fougueux, mais cette véhémence est un feu rapide dont il faut profiter en l'exaltant.

Les enfants des ports sont les plus assurés des mousses; ils ont l'insolence du tambour et l'espiéglerie du gamin de Paris; ils sont à la fois l'amusement et la damnation des matelots. Dans chaque grand port il y a une école des mousses; ils y reçoivent des leçons de lecture, d'écriture et de calcul ; un petit bâtiment, un brick en miniature, avec lequel chaque jour ils naviguent en rade, leur sert à étudier la pratique de tous les exercices de mer. En quittant l'école, ils s'embarquent sur un bâtiment de la flotte, et à l'âge de seize ans ils passent *novices*.

Les équipages sont composés de marins de profession, de soldats et artilleurs de marine. Les marins de profession sont les marins des *classes*, ils sont d'abord matelots de troisième classe. Le conscrit est apprenti marin et ne devient leur égal qu'au bout d'un an. Après six mois de service dans une classe, le matelot est susceptible d'être promu à la classe supérieure par le conseil d'avancement, formé des officiers du bord. Le matelot de première classe peut devenir quartier-maître, grade équivalent à celui de caporal ; puis second maître, ou sergent, et enfin premier maître, ou adjudant. Les hommes de professions spéciales, les calfats, les charpentiers, les forgerons, ne peuvent arriver qu'au grade de maître, égal à celui de sergent-major.

L'école navale, à laquelle sont admissibles tous les jeunes gens qui ont fait les études nécessaires, est établie sur un vaisseau *mouillé*, ancré dans la rade de Brest. Au milieu de ce vaste bassin, les élèves sont initiés à toutes les manœuvres nautiques, à toutes les branches de la science nautique. L'école est commandée par un capitaine de vaisseau ; un capitaine de corvette en surveille la tenue.

Après un séjour de deux ans dans l'école navale et un second examen, les élèves entrent au service actif en qualité d'élèves de deuxième classe. Ils portent alors l'aiguillette mi-partie or et soie, le chapeau à cornes et le sabre.

La chambre commune des élèves, à bord des vaisseaux, se nomme le poste. Elle n'a pas plus de huit à neuf pieds carrés, et est située dans l'entre-pont. Cet obscur recoin, où l'on parque jusqu'à une douzaine d'élèves, et qu'on appelait autrefois la *soute aux gardes-marine*, est le théâtre des repas, des travaux scientifiques exigés des élèves et de leur délassement. Dans cet étouffoir on s'étiole promptement ; le corps se couvre d'une éruption miliaire de *bour-*

bouilles, dont les aiguillons incessants martyrisent le patient de la tête aux pieds. Un des fléaux des navires est l'invasion des *cancrelats*, insectes rongeurs, de l'aspect d'un hanneton, d'une odeur repoussante; rien n'échappe à leur voracité. Ils tapissent les *bax* de l'entre-pont, se promènent toute la nuit sur le visage et le corps, et laissent souvent sur la peau les traces de leur contact dégoûtant. Qu'à cette vermine se joignent les fourmis, apportées de terre avec les provisions, et alors le poste n'est plus habitable.

Les élèves sont distribués à bord entre les différents officiers chefs de *quart;* le plus ancien d'entre eux répète, sur l'avant du mât de misaine, les ordres de l'officier, qui reste toujours à l'arrière, et il les fait exécuter; les autres élèves du même *quart* veillent à l'exécution des ordres donnés sur les différents points du gaillard d'arrière.

Les officiers se partagent le service des quarts, c'est-à-dire qu'à tour de rôle chacun d'eux veille sur le pont pendant quatre heures, avec une moitié de l'équipage, dont le service dure six heures.

L'officier de quart porte toujours le *hausse-col* et le sabre. Il se tient sur le gaillard d'arrière des frégates, sur la dunette des vaisseaux, du côté d'où vient le vent. C'est par sa voix que doivent passer tous les ordres.

L'élève de deuxième classe peut, après deux ans, être promu élève de première classe; il devient alors supérieur aux adjudants ou premiers maîtres, et reçoit une solde un peu plus forte. L'élève devenu enseigne de vaisseau est enfin officier de marine; il a dès lors sa chambre et peut se servir du canot affecté aux officiers.

Les lieutenants de vaisseau peuvent commander des bâtiments de transport, de flottille et quelques bateaux à vapeur. Les bricks et corvettes sont commandés par des capitaines de corvettes; les frégates et vaisseaux par des capitaines de vaisseau. Une division de quelques bâtiments est commandée par un contre-amiral. Les vice-amiraux peuvent commander une escadre et même une armée navale; un rassemblement de plus de quinze vaisseaux de ligne prend ce dernier titre. Deux amiraux portent le bâton de maréchal de France ; il n'en peut être créé un troisième qu'en temps de guerre.

L'amiral a rang de maréchal ; le vice-amiral, de lieutenant-général ; le contre-amiral, de général de brigade ; le capitaine de vaisseau, de colonel ; le capitaine de frégate, de colonel en second ; celui de corvette, de chef de bataillon ; le lieutenant de vaisseau, de capitaine ; l'enseigne, de lieutenant ; l'élève de première classe, de lieutenant en second.

A bord des vaisseaux et des frégates, l'officier en second est un capitaine de corvette. A bord des autres bâtiments, c'est un lieutenant de vaisseau ou un enseigne qui est chargé du détail. Le *second* est l'homme le plus occupé du bâtiment : personnel et matériel, tout est de son ressort. Le commandant à bord est une sorte de roi absolu. Au milieu des périls, c'est sur lui que chacun se repose ; au moment du combat, tout le monde a les yeux sur lui ; son sang-froid, son courage, son talent, répondent de la vie de beaucoup d'hommes et de l'honneur du pavillon.

Nulle part ailleurs que dans la marine militaire on n'a vu une si grande émulation de courage. Sous l'empire, on vit un aspirant de première classe, M. de Mackau, devenu depuis vice-amiral, attaquer intrépidement, avec un faible brick de seize caronades de 18, le brick anglais de vingt-deux pièces de 32, l'*Alacrity*, et lui faire, par suite de ses habiles manœuvres, amener son pavillon après deux heures de combat.

Dès que l'équipage d'un navire est à bord, le premier soin de l'officier en second, c'est de former le *rôle de combat*, c'est-à-dire de désigner le poste que chacun, selon son aptitude, doit occuper pour concourir à la défense du vaisseau ; les plus agiles et les plus adroits matelots que l'on nomme *gabiers*, auront pour poste spécial de combat et de manœuvre la *hune*, ancienne *gabie*. C'est à eux que sont réservées les courses périlleuses dans le gréement, les ascensions sur des cordes minces et balancées, pour dégager une poulie, faire parer une corde, réparer une avarie dans les parties élevées de la mâture.

Le *branle-bas de combat* s'annonce par la générale. Au

premier son du tambour, tout le monde doit être sur le
pont, et chacun à son poste et dans sa fonction. Les *pierriers*, les *espingoles*, les *mousquetons*, les *grenades*, les haches, les outils nécessaires aux réparations du gréement,
sont montés dans les hunes; les gabiers placent de minces
cordes en *serpenteau* d'un étai à l'autre, pour empêcher, s'ils
sont coupés par un boulet, leur chute funeste aux hommes
du pont; les bras, les suspentes des vergues, les manœuvres sont doublées partout. Le combat engagé, il faut que
les gabiers, sans s'inquiéter des balles qui sifflent autour
d'eux, sans penser à l'écroulement probable de l'édifice
fragile sur lequel ils sont logés et dont les boulets sapent
la base, réparent les avaries sans cesse renaissantes, et,
du haut de la hune où on les ajuste, ripostent à l'ennemi.

Si l'on vient à l'abordage, ils laissent à d'autres l'assaut
du navire; ils se glissent de cordage en cordage, pénètrent
à bord de l'ennemi. Le réseau du gréement devient le
théâtre de leurs combats; là toute blessure est suivie d'une
chute mortelle. Dans les Antilles, un bâtiment français,
dont l'équipage avait été décimé par la fièvre jaune, allait
être abordé par un anglais; déjà il est accroché par un
grapin de fer, lancé dans son gréement. Un gabier s'é-
lance au milieu des balles le long de la chaîne de fer qui
tient au grapin, jusqu'au point où cette chaîne est continuée par un corde; il la coupe et tombe avec le bout sur
le bâtiment où il est brisé. Il meurt, mais il a sauvé le navire.

Le maître d'équipage d'un vaisseau ou d'une frégate a
le grade d'adjudant sous-officier; ce doit être un marin
consommé. Il est chargé de tout ce qui tient au gréement,
aux cordages du bâtiment; tout le matériel est dans sa
dépendance, il doit tout entretenir et tout faire réparer;
il est l'expérience personnifiée.

Les timonniers se tiennent près de la dunette, sur le
gaillard d'arrière. Le chef de timonnerie prend la barre du
gouvernail, et, assisté d'un de ses seconds, il doit *gouverner* pendant le combat.

Quelques matelots de la timonnerie et de la manœuvre,
avec un deuxième maître et un élève de marine, sont à la
garde du pavillon; ils doivent veiller à ce qu'il reste tou-

jours flottant, et à ce que nul ne l'*amène* que sur l'ordre exprès du capitaine.

Les matelots timonniers sont choisis parmi les jeunes gens qui aspirent, après avoir accompli leurs trois ans de service, à naviguer comme officiers au commerce, et à passer l'examen de *capitaine au long cours :* nul ne peut commander un navire de commerce s'il n'a rempli ces conditions. En temps de guerre, les capitaines au long cours peuvent être requis pour le service comme *enseignes auxiliaires.*

Le poste de l'officier en second pendant le combat est l'avant du bâtiment; les gabiers de beaupré, qui n'ont pas de hune, des matelots de manœuvre et de mousqueterie, avec leurs chefs, se rangent autour de lui. Le commandant monte sur la dunette à bord d'un vaisseau, sur le banc de quart à bord d'une frégate; un porte-voix, dont le pavillon est dans la batterie basse, vient, en traversant tous les ponts, présenter à ses côtés son embouchure, et lui sert à transmettre ses ordres dans les batteries. Le *capitaine d'armes* doit entretenir toutes les armes de main : fusils, pistolets, haches, sabres, poignards; il est en outre chargé de la police du bord; il doit réprimer les désordres et tenir la main aux punitions.

Au moment du branle-bas, les cloisons des appartements de l'arrière, destinés au commandant ou à l'amiral, sont enlevées comme par magie; les meubles disparaissent dans l'entre-pont; les rideaux, les vitres dans lesquelles étaient enchâssés les canons des sabords qui éclairent l'appartement sont promptement retirés. A l'avant de la batterie haute, les cloisons qui formaient l'hôpital, ou poste des malades, sont supprimées également; tous ceux qui ne sont pas absolument invalides courent à leur poste; les autres sont transportés dans la partie inférieure du bâtiment.

Le *maître canonnier* veille à tous les détails du matériel de l'artillerie.

Le *maître calfat* prépare les pompes destinées à épuiser l'eau du navire dans le cas où il viendrait à être troué. Il descend dans l'*arche-aux-pompes;* il y fait prendre par ses aides l'étoupe filée, les plaques de plomb, les burins, ou gros bouchons de bois, étoupés et suiffés, qui serviront à boucher les trous de boulets voisins de la *flottaison*; pour les mettre en place, les calfats sont munis d'une double sangle, au moyen de laquelle ils se suspendent en dehors, quelquefois sous le feu le plus terrible. Les poudres sont apportées par tous les employés du bord qui ne sont pas marins; les boulets sont apportés par les caliers, qui aident les matelots-infirmiers pour le transport des blessés qui sont déposés dans la cale à eau, entre les piles de cordages. Tous les apprêts d'un combat ne durent pas plus de dix minutes.

La condamnation à des coups de corde, dont le maximum est de vingt-quatre, et la *cale* sont les peines que peut prononcer le conseil du bord. Pour les crimes entraînant la peine de mort, il est incompétent.

Lorsque la peine de la *cale* doit être infligée, un pavillon particulier et un coup de canon appellent à bord du bâtiment des détachements de tous les bâtiments français, même de ceux du commerce. Le condamné est attaché par la ceinture et les épaules à un cordage passé dans une poulie au bout de la grande vergue; ses pieds, lestés par un boulet de trente, reposent sur un bâton. Les équipages étant à leurs rangs, la garde sous les armes, les tambours battent un ban, le greffier lit la sentence; puis, au signal donné, on hisse le condamné au bout de la grande vergue, d'où on le laisse tomber dans la mer jusqu'à trois fois consécutives.

Les fautes légères sont punies par le retranchement de la ration de vin pour trois jours au plus, ou par la détention aux fers pour le même temps : cette dernière peine consiste à passer les pieds de l'homme en punition dans deux larges anneaux que l'on enfile sur une tringle de fer, ce qui empêche le matelot de pouvoir se promener.

LES PAVILLONS.

Le pavillon est le drapeau du navire. Il y a le pavillon national et les pavillons de signaux. Notre pavillon national est tricolore, c'est-à-dire rouge, bleu et blanc, comme dans l'antiquité celui des vaisseaux de Rhamzès. Les bâtiments de guerre ne sont distingués des navires marchands que par une mince banderolle, appelée *flamme*, qu'ils portent à la tête du grand mât. Le vaisseau monté par un amiral français porte un pavillon carré à la tête du grand mât; celui que monte un vice-amiral est en tête du mât de misaine; celui du contre-amiral est au mât d'artimon. Si des officiers généraux du même grade se trouvent dans la même escadre, ils portent écrit sur leur pavillon le numéro qu'ils ont dans la liste d'ancienneté. Le capitaine de vaisseau commandant une division porte au grand mât un *guidon* ou pavillon à deux pointes; le capitaine de corvette ou le lieutenant de vaisseau commandant une station porte au grand mât une *cornette*. Le pavillon du canot des amiraux est timbré de deux, trois ou cinq étoiles, suivant leur grade; les capitaines de vaisseau portent un pavillon sur la poupe de leur embarcation; les capitaines de corvette commandants doivent en attacher la queue, et les lieutenants de vaisseau commandants d'un bâtiment n'ont le droit que de le porter roulé autour de son bâton.

C'est au pavillon qu'est attaché l'honneur du vaisseau; le pavillon est son *palladium*, plutôt mourir que de l'amener ou de l'abaisser. Tout navire doit respect et salut au pavillon de sa nation et des nations avec lesquelles on est en paix. En cas de refus de cette politesse, on tient prêt un coup de canon à poudre pour servir de *semonce*, et des boulets le suivront si le bâtiment étranger refuse de faire connaître sa nationalité. Tant qu'aucun coup de feu n'a été tiré à bord d'un navire, rien ne certifie qu'il ne porte pas de fausses *couleurs;* mais on se rendrait coupable du crime de piraterie en *assurant* un autre pavillon que celui du gouvernement dont on est commissionné. Lorsqu'un bâtiment de commerce rencontre à la mer un vaisseau de l'État, s'il en passe très-près, il salue en abaissant trois fois son pavillon ; le bâtiment de guerre ne répond au salut qu'avec la banderolle qui flotte à la tête de son grand mât. Les marins du Nord saluent les bâtiments de guerre en amenant trois fois les voiles les plus élevées.

Amener son pavillon, c'est-à-dire le descendre et l'abattre, c'est s'avouer vaincu, c'est demander merci. On a vu dans les pressants dangers d'un combat des capitaines faire clouer leur pavillon pour convaincre leur équipage qu'il fallait vaincre ou mourir. Le lieutenant de vaisseau Linois, depuis vice-amiral et vainqueur au combat d'Algésiras, commandait, au commencement de la révolution, la frégate l'*Atalante* ; chassé par un vaisseau anglais, il dut engager le combat contre cet adversaire bien supérieur. Quelques instants avant, une députation de gabiers vint lui demander de clouer le pavillon ; Linois s'y refusa. Malgré sa défense il entendit bientôt le bruit du marteau qui fixait le pavillon à la corne ; il laissa faire. Le combat fut engagé. L'*Atalante*, écrasée, ne répondait plus qu'à peine aux volées bien nourries de son adversaire ; enfin, un de ceux qui avaient fixé sans ordre le pavillon se risqua à l'aller déclouer ; mais, au moment où il se disposait à le faire, il vit se diriger vers lui le canon d'un fusil que Linois venait de saisir ; aussi, se hâta-t-il de rentrer dans sa hune, et le combat continua jusqu'à ce que le mât d'artimon, coupé par les boulets, entraînât dans sa chute et la corne et le pavillon.

Dès qu'un navire a amené son pavillon, on doit cesser le feu dirigé contre lui ; cependant une corvette française, la *Cornélie*, qui avait vaillamment combattu une frégate anglaise d'une force double, reçut, après avoir amené son pavillon, une bordée de coups de canon ajustés successivement comme dans un salut ; cet acte, d'une férocité sauvage, était bien digne de la nation la plus froidement perfide.

Quelquefois on a vu un bâtiment dont on croyait le pavillon amené renouveler le combat : à la bataille d'Aboukir, deux vaisseaux anglais, le *Bellérophon* et le *Majesty*, rasés de tous leurs mâts, écrasés par le feu de la ligne française, le long de laquelle ils défilaient vent arrière, annoncèrent par leurs cris, à défaut de leur pavillon disparu, qu'ils demandaient quartier; les vaisseaux français cessèrent de les canonner. Arrivés à la queue de la ligne, les deux Anglais s'*embossèrent*, jetèrent des ancres, pour présenter le flanc aux Français, et rouvrirent leur feu qui battait en enfilade nos derniers vaisseaux. Quelques années auparavant, dans un des combats livrés dans l'Inde par le bailli de Suffren, un vaisseau sous ses ordres, l'*Artésien*, commandé par un homme sans courage, amena le pavillon qu'il était encore en état de défendre; le premier lieutenant, nommé Dieu, refusa de cesser le feu dans la batterie, et force fut au capitaine de rehisser le pavillon, qui, malgré lui, fut couvert de gloire; aussi disait-on qu'il avait voulu se rendre, mais que *Dieu* ne l'avait pas permis. L'amiral anglais envoya un parlementaire réclamer ce vaisseau comme s'étant rendu. Le bailli de Suffren ne put que répondre : « Dites à sir Hughes de venir le prendre. »

Près de toucher une terre amie, une ville qui va lui servir d'asile après une longue et périlleuse navigation, un bâtiment la salue de vingt et un coups de canon successifs en hissant en tête du mât de misaine le pavillon de la nation chez laquelle on aborde. Ce salut achevé, le fort qui commande la rade répond par un nombre égal de coups de canon.

C'est en se couvrant des pavillons de toutes les nations maritimes qu'un navire se pare aux jours des grandes solennités; alors il y a des places d'honneur pour les pavillons qu'on honore le plus et des places infimes pour les autres : tous les bâtiments portent alors un pavillon au *beaupré*. En 1849, l'amiral Duperré, se trouvant en rade de l'île danoise de Saint-Thomas, aperçut, dans le pavoisement d'une frégate anglaise, le pavillon tricolore placé d'une façon évidemment injurieuse; quoique ces couleurs fussent alors proscrites, l'amiral ne put voir de sang-froid insulter un pavillon auquel se rattachaient tant de souvenirs de gloire. Il se rendit à bord de la frégate, et déclara que, ne pouvant réclamer une réparation officielle, il saurait en obtenir une particulière. L'indignation avec laquelle l'amiral s'exprima sur cette action, qu'il qualifiait de lâcheté, ne put être apaisée que par les excuses et les

protestations chaleureuses du capitaine anglais, réellement étranger à cette marque d'une animosité subalterne.
Récemment, à l'île de France, le commandant de *l'Isère*
obtint une réparation formelle pour une bravade semblable, et refusa, sous le feu de plusieurs batteries, une satisfaction semblable pour le pavillon anglais qu'il n'avait
pas eu l'intention d'insulter.

Jusqu'à Ruyter le pavillon hollandais s'était abaissé devant le pavillon britannique; cet amiral refusa de ce soumettre à cet usage humiliant; cet acte de vigueur commença cette série de combats qui ensanglantèrent les mers
du Nord et de la Manche. Tourville, ayant rencontré en
mer une escadre espagnole, exigea d'elle le salut dû à notre pavillon; l'amiral Papachin n'y voulant pas consentir,
un combat très-vif s'engagea entre les deux escadres; au
bout de trois heures, l'Espagnol, écrasé, se résigna au
salut que Tourville lui rendit scrupuleusement coup pour
coup.

Le pavillon est la physionomie du navire, puisqu'il ex-
prime les douleurs ou les joies de sa situation : le navire
a-t-il besoin de secours, en signe de détresse le pavillon
est mis en berne, c'est-à-dire que pour l'empêcher de flotter déployé, on l'étrangle de deux ou trois fils de caret.
Les Anglais et les Américains se bornent à l'arborer renversé, dès lors point de bâtiment qui hésite à se déranger
de sa route pour lui porter secours. Lorsque des funé-
railles ont lieu à bord d'un bâtiment de guerre, le pavillon et la flamme sont amenés à mi-mât pendant toute la
cérémonie. Si l'amiral est mort en mer, tous les bâtiments
de l'escadre restent toutes voiles *carguées*, ballottés au milieu des flots, du lever au coucher du soleil. Un coup de
canon d'heure en heure retentit jusqu'au moment de
l'immersion, alors se font les dernières salves. En rade
les vergues sont mises en *pantenne*, c'est-à-dire obliquées
à l'horizon.

Les bâtiments du commerce français portent ordinairement le pavillon de leurs armateurs, essentiellement différent du pavillon de l'Etat. Leur guidon est emblématique
de l'arrondissement maritime dans lequels ils ont été armés; bleu et blanc signifie les côtes de Dunkerque à

Honfleur; bleu et jaune, celles de Honfleur à Granville;
jaune et bleu sont les couleurs de l'arrondissement de
Brest; bleu et rouge, celles de celui de Lorient; vert
et blanc, celles des ports situés entre la Loire et les côtes
d'Espagne; blanc et rouge, celles de la Provence. Il y a
des signaux universellement reconnus; pavillon noir, c'est
la peste à bord; jaune, c'est encore une marque de détresse. Autrefois le pavillon rouge fut chez plusieurs nations le signal du combat; les Anglais ont conservé les
derniers ce drapeau de sang.

La frégate de 46 l'*Amélia*, capitaine Irby, s'avançant
contre l'*Aréthuse* de 42, déploya un large pavillon rouge
à son mât de misaine; le commandant Bouvet ne s'épouvanta point de cette menace : il attendit la frégate anglaise
et engagea le combat, à la suite duquel l'*Amélia* ne dut
son salut qu'à la supériorité de sa marche et à la promptitude
avec laquelle elle gréa ses bonnettes pour fuir vent arrière;
aujourd'hui les navires prêts au combat se contentent
d'arborer leur pavillon de poupe. Au siége de Saint-Jean-
d'Ulloa, les trois frégates et la corvette la *Créole*, engagées
au feu, avaient arboré en outre le pavillon national à la
tête de chacun de leurs trois mâts.

De navire à navire, comme sur une flotte, les ordres et
les avis se transmettent par des signaux. Le jour on se
sert, à cet effet, de pavillons et de flammes de diverses
dimensions et couleurs dont la combinaison a son inter-
prétation prévue. Il existe un autre mode de communications moins rapide, mais plus complet, c'est le *télégraphe marin*, consistant dans la représentation des dix
chiffres, de 0 à 9 par des pavillons de couleurs diverses;
au moyen de ces dix chiffres, on peut exprimer tous les
nombres; ces nombres, transmis ainsi, correspondent à
cinq mille mots numérotés dans un dictionnaire.

Les signaux de nuit sont les *fanaux*, les *coups de canon*,
les *fusées*, les *flammes de bengale ;* on se sert au plus de dix
fanaux à la fois, divisés en deux groupes, l'un supérieur,
l'autre inférieur; à l'aide de ces quatre moyens, on peut
exprimer plus de trois cents ordres; si on y ajoutait des
feux de couleur, on arriverait à pouvoir tout exprimer.

CONTES ET CHANTS DES MATELOTS.

De jour la vie des matelots est une activité perpétuelle, et ce n'est que pendant la nuit qu'ils trouvent à bord un peu de loisir à égayer ; à ce moment, les travaux sont suspendus, plus d'exercices, plus de manœuvres, plus de corvées ; le soir vient, les hamacs sont suspendus dans les batteries et l'entre-pont ; les gens de quart répondent à l'appel, et alors, si le temps le permet, ils s'asseoient en cercle et forment des groupes. Un des conteurs est interpellé, il faut qu'il prenne la parole ; les pipes sont allumées, on fait silence. Nécessairement la brise est maniable, les étoiles se jouent au ciel à travers les cordages, le navire file penché sur la hanche ; les matelots sont tout oreilles pour ne pas perdre un mot du récit.

Tous les chagrins sont oubliés en ce moment, pour peu que l'orateur ait d'entrain et d'imagination ; et puis, au milieu du ramas fantastique de fictions bizarres qui se succèdent, on rencontre souvent des adages curieux, des leçons empreintes de bonhomie ; un fabuliste, je vous jure, pourrait y faire son profit.

Il y a, du reste, sur le gaillard d'avant, une multitude de légendes et d'histoires traditionnelles, qui forment le fonds de la littérature, passent de bouche en bouche, de navire en navire, et deviennent proverbiales parmi les anciens. Chaque narrateur les brode à sa guise, les entremêle de digressions et de commentaires qui excitent à chaque instant la bruyante hilarité de l'auditoire. Les contes de Perrault font, en général, partie du répertoire ; mais leur auteur aurait peine à les reconnaître, tant ils ont subi de transformations.

Le *Barbe Bleue* des passavents et leur *Petit Poucet* sont goudronnés de belle sorte ; *le Petit Chaperon rouge*, *Cendrillon* et *la Belle au bois dormant* ont été retrempés à l'eau de mer et ont pris un nouveau lustre. Il y a un monde entre ces créations grotesques et les opéras-comiques tirés des mêmes sujets. Ce que les auteurs dramatiques ont atténué, ce qu'ils ont été contraints de laisser dans l'ombre pour obéir aux exigences théâtrales, est précisément grossi et mis en lumière par nos rudes conteurs. Ils ne reculent pas devant les difficultés de la mise en scène; les unités de temps et de lieu sont ce qui les embarrasse le moins. Leurs héros et leurs héroïnes sont nomades comme eux.

Le *Gargantua* de Rabelais est devenu Trifouillard; l'histoire de *Crédit mort au pays des Provençaux* jouit d'une vogue non moins méritée. On célèbre les vertus de *la Ramée*, type emprunté à l'armée de terre. *La princesse Trimaille, le Prince Mystérieux et sa marraine* sont les textes de contes interminables. L'histoire du vaisseau *le Grand chasse Foudre* rappelle l'arche de Noé; celle du *Voltigeur hollandais* est la légende du Juif errant transportée sur la mer. Jean Bart et Napoléon défraient encore amplement les conteurs émérites; ces deux figures historiques ont les honneurs d'une biographie populaire avec laquelle ne rivalise qu'un seul personnage d'imagination, le fameux Sans-Peur. Et puis il y a aussi les chansons du gaillard d'avant.

Celles-ci sont de deux natures : il y a les romances et les rondes. Les premières en général sentent le gaillard d'arrière; elles descendent en droite ligne des salons, des théâtres ou des orgues de Barbarie. On les a entendu fredonner par quelque officier; souvent c'est un des serviteurs de la grand-chambre qui les a transplantées au-delà du grand mât. Rien n'empêche d'ailleurs qu'un vieux grognard ait récolté lui-même l'ariette de la première chanteuse au théâtre de Toulon. Il y a enfin des cabarets consacrés au culte philharmonique de romances que les matelots savourent chaque soir tout en *prenant leur café*. *La Dame blanche, Gentille Annette, l'Andalouse, le Nom de celle que j'aime* et mille autres florissent ainsi entre tribord et babord, adornées des plus charmants hiatus et d'une foule d'autres agréments non moins pittoresques.

Mais les rondes, les vraies rondes de l'avant, voilà le chant populaire. On ne les roucoule pas d'une voix de rogomme, on les hurle à gorge déployée, à pleins poumons, on les répète en dansant à la bretonne. Qu'un boute-en-train se lève et qu'il emmène avec lui cinq ou six camarades, dès que la chanson sera commencée, vous verrez le cercle s'agrandir, et quelquefois un second cercle se for-

mera autour du premier; tantôt ils tourneront en rond,
plus souvent ils ne feront que trois ou quatre pas de droite
à gauche et puis de gauche à droite, sautant en cadence
au moment du refrain.

L'on a dit que les airs de matelots n'étaient que des airs
de cantiques ou de complaintes défigurés; pour ma part,
j'ai observé le contraire; la majeure partie de ces mélo-
dies sont simples, mais originales.

Voici d'abord la chanson des trois marins de Nantes :

LES TROIS MARINS DE NANTES.

Nous étions trois marins,
Tra-la-ra! tan-ta liranla !

Nous étions trois marins,
Tous les trois en voyage.
Tous les trois en voyage,
Oh ! gai !
Tous les trois en voyage.

Le vent nous a jetés
Sur la côte d'Espagne.

Près d'un moulin à vent
Nous avons fait naufrage.

Dans ce moulin à vent
Etait une Nantaise.

Sitôt qu'elle m'a vu,
A dit : « J'en suis bien aise. »

Je lui ai demandé :
« D'où vient la connaissance?

— Ne t'en souvient-il plus
Que nous étions à Nantes

A Nantes, au marché,
Pour acheter un' bague,

Bague d'argent doré.
Parlant de mariage;

Parlant de mariage,
Oh ! gai !
Parlant de mariage.

— Marions-nous tous deux.
Tra-la-ra ! tan-ta liranla !

Marions-nous tous deux,
Pour entrer en ménage. »

Écoutez maintenant la ronde du maître d'équipage :

LE MAITRE D'ÉQUIPAGE.

Le maître d'équipage,
    Bon ! mirlifa !

Prend en main son sifflet,
    Bon ! mirlifa !

La boutique est par terre ;
En main prend son sifflet,
    Bon ! mirlifa !
La boutique est en bas.

Le coup de sifflet précède ou traduit tout commandement à bord d'un navire de l'État. — Mais d'abord il faut un couplet qui peigne vigoureusement l'état du ciel.

Le diable est *en bordée*,

C'est-à-dire en vacances.

Qui fait son mardi-gras.

La mer est mauvaise, le gros temps augmente, le maître embouche donc son sifflet, et dit :

« En haut, en haut, le monde !
Le bas ris tu prendras. »

Prendre le bas ris, c'est réduire les huniers à leur plus petite surface, opération toujours dangereuse qui oblige les hommes à s'exposer à toute la fureur du vent, sur une vergue mobile qu'ébranlent le tangage et le roulis ; ils n'ont pour point d'appui qu'une simple corde où reposent leurs pieds, et la vergue où porte la poitrine ; les deux mains sont employées à la manœuvre. Qu'on ne s'étonne pas, d'ailleurs, de voir le maître tutoyer la masse de ses gens, *le monde*, comme il dit, c'est l'usage.

Cependant les matelots se précipitent dans la mâture, et la chanson, toujours ornée de ses *Bon ! mirlifa !* continue ainsi :

Le fils à maître Jacques

Au grand hunier monta.
Il va-t-à l'empointure,

C'est-à-dire à l'extrémité de la vergue, au poste le plus périlleux.

> En revenant en bas,
> Le maître d'équipage
>
> Fit l'appel et compta :
> Un et deux, trois et quatre !
>
> Son fils n'y était pas.
> « Qui me rendra mon *fisse* (fils),
>
> Mon fils qui me rendra ?
> Fait un vœu à sainte Anne.
>
> Le grand mât vient en bas.
> Le fils tirait la brasse.

Du bout de la vergue il était tombé à la mer et nageait ; la tourmente est telle qu'il est impossible d'expédier un canot à son secours ; mais la chute du mât va causer son salut, il se raccroche aux cordes de l'espar qui flotte maintenant le long du navire :

> Les haubans il crocha.
>
> V'là qu'à bord il remonte,
> Le long des pataras.

Les haubans et les pataras sont de gros cordages destinés à étayer et maintenir la mâture.

> « Quand nous serons en France,
> Écoute bien, mon gas.
>
> Nous irons à Sainte-Anne,
> A pied, comm' des soldats,
>
> Pour y brûler un cierge
>   Bon ! mirlifa !
>
> Plus gros que le grand mât.
>   Bon ! mirlifa !
>
> La boutique est par terre ;
> Plus gros que le grand mât,
>   Bon ! mirlifa !
> La boutique est en bas !

Passons à une troisième :

TITI LARITI !

> Quand j'étais chez mon père,
> Quand j'étais chez mon père,
> Petite à la... titi lariti ;

> Tonton lariton ,
> Petite à la maison.
>
> On m'envoyait à l'herbe (*bis*)
> Pour cueillir du... titi lariti,
> Tonton lariton,
> Pour cueillir du cresson.

La suite des paroles est plus qu'insignifiante; elles se terminent à la plus grande gloire

> De tous ces gens de *mer-re* (*bis*)
> Qui sentent le... titi lariti ,
> Tonton lariton ,
> Qui sentent le goudron !

Mon père a fait bâtir maison , l'une des rondes du gaillard d'avant les plus connues, a évidemment été faite pour être chantée en ramant, comme le refrain l'indique :

> Mon père a fait bâtir maison,
> Tire, va donc sur les avirons,
> Par quatre-vingts jeunes maçons.
> Tire , tire, marinier, tire, tire, va donc
> Sur les avirons.

Ici, c'est une jeune fille qui parle; elle demande à son père pour qui est cette maison. — Pour toi, ma fille Jeanneton, répond le bonhomme; mais à cette condition que tu n'épous'ras pas d'garçon.

Jeanneton n'entend pas renoncer ainsi aux douceurs de l'existence conjugale; du ton le plus énergique et le moins respectueux, elle répond à l'auteur de ses jours :

> J'aime mieux brûler la maison
> Et vous, mon père, sur le pignon !

L'invention n'est pas brillante, mais la morale de la fable n'en est pas moins philosophique; l'air a de l'entrain, et le refrain : *Tire, tire, marinier, tire,* rendra de l'ardeur aux plus fatigués.

QUATRIÈME PARTIE.

LE FOND DE LA MER.

Les profondeurs inexplorées de la mer ont toujours excité l'imagination des hommes et les recherches de la science, car rien n'est aussi séduisant que l'inconnu pressenti. Ce ne sont pas, on l'a reconnu depuis long-temps, de froides et sombres solitudes dont les sables mouvants, tombeaux toujours ouverts, engloutissent pour jamais les débris des naufrages, et où la mort règne en souveraine. La nature, partout si féconde, qui répand le mouvement et la vie jusque sur les terres australes, n'a point abandonné les vallées sous-marines aux ténèbres et au silence. La lumière y pénètre, des plantes magnifiques en garnissent les contours, des animaux de toutes sortes y peuvent voyager à de très-grandes profondeurs. Elle nourrit à la fois des êtres dont la grandeur nous effraie et d'autres dont la petitesse échappe à notre vue : la baleine et le narval, les polypes et les cyclides. Mais, hélas! il nous est impossible de pénétrer dans son sein. Soit en élévation, soit en profondeur, l'homme ne peut guère s'éloigner de la superficie moyenne du globe.

Quand nous voulons plonger au-dessous des eaux de la mer, le danger nous atteint rapidement. A vingt mètres de profondeur, nos organes sont déjà comprimés avec un poids trois fois plus considérable que celui de notre atmosphère; passé ce terme, il devient dangereux de se soumettre à une nouvelle pression. A quatre atmosphères, notre sang, trop comprimé dans nos membres, se retire vers les organes profonds : la peau devient livide; le cœur engorgé ne bat qu'avec peine, et l'engourdissement précurseur de la mort nous avertit qu'il serait dangereux de prolonger cet état quelques moments de plus. D'ailleurs, au fond de l'eau, c'est avec bien de la peine que l'on peut passer une minute sans reprendre sa respiration. Avec la cloche à plongeur, on emporte, il est vrai, une petite provision d'air, qu'à l'aide d'un

mécanisme ingénieux on peut renouveler encore de temps
en temps ; mais, quoique remarquable, cet appareil, au
moyen duquel un homme peut demeurer sans danger
deux ou trois heures au fond de l'eau, n'empêche pas la
pression d'agir ; l'air s'y comprime de même à mesure
qu'on descend. On peut avec cette cloche réparer les
digues des ports ; travailler sans inconvénient à la profondeur de cent vingt pieds ; mais il ne serait pas possible
de descendre plus avant. Nous n'avons donc aucun moyen
de pénétrer dans les dernières profondeurs de l'Océan ;
mais l'astronomie nous a permis d'en calculer les limites,
et la sonde nous en rapporte les produits.

Aussi inégal que la surface des continents, le fond de
la mer présente de grandes chaînes de montagnes dont
les îles sont les véritables sommets. Ce monde, comme le
nôtre, a de riches vallées, des plaines fertiles, d'incultes
déserts, mais avec des forêts, des animaux et un ciel à
part. On y voit d'immenses cratères, foyers toujours
ardents, d'où s'échappent des laves bouillantes et des
roches enflammées qui vont jusqu'à la surface soulever
des masses liquides. Puis, souvent, loin de toutes les
terres, les voyageurs rencontrent d'énormes colonnes
d'eau douce et brûlante, qui s'échappent à grand bruit,
après avoir traversé sans mélanges d'épaisses couches
d'eau salée. Enfin, soumis aux mêmes révolutions que
la surface des terres, le fond de l'Océan tremble souvent
aussi, s'élève en îles nouvelles, ou bien engloutit les anciennes, et la nature toujours en travail y pourrait offrir
au regard des cataclysmes aussi terribles que ceux qui
trop souvent viennent ravager quelques parties des continents. Que de choses intéressantes ne découvririons-
nous pas sur le fond de la mer, s'il nous était permis d'y
voyager librement ! Nous verrions, comme la sonde peut
nous l'apprendre, d'immenses déserts de sable sur lesquels viennent se déposer les épaves de tous les naufrages,
les restes ignorés des générations mortes, les témoignages
les plus curieux de l'industrie humaine. Nous pourrions
suivre d'étroites vallées, artères de ce monde, conduisant
comme des fleuves les courants rapides qui, du pôle à
l'équateur, mêlent les eaux de toutes les mers pour en

équilibrer la température. Puis de grandes lignes de rochers nus, montrant à vif leurs arêtes de jaspe, de granit, de micas argentés, leurs cristallisations métalliques, dont les mille facettes reflètent les couleurs de l'arc-en-ciel, et forment, en maints endroits, comme des grottes enchantées. Nous passerions sur des plaines de nacre, de corail rouge, d'arbustes aux formes bizarres, dont les rameaux pétrifiés ne portent point de feuilles. Il nous faudrait traverser des prairies de hautes fougères, et d'immenses forêts de floridées, qui vont respirer l'air à la surface, bien qu'elles enfoncent leurs racines à cinq cents pieds de profondeur.

Nous aurions au-dessus de nos têtes un ciel liquide cent fois plus bleu que le nôtre, sillonné dans toutes les directions par des animaux fantastiques; des baleines énormes y nageant avec autant d'aisance que les vautours planent dans les airs, et se reposant comme ces derniers sur les rochers à pic des plus hautes montagnes. Mais la nature ne laisse pénétrer qu'à regret les grands mystères qu'elle accomplit chaque jour autour de nous, comme pour inviter l'homme à vaincre, par l'activité croissante de sa raison, la faiblesse de ses organes.

De même que les végétaux terrestres ne peuvent pénétrer sous les neiges éternelles, les plantes marines n'atteignent pas les cavités trop profondes. Les unes, aimant les endroits calmes où nul courant n'arrive, étendent leurs longues branches au sein d'une eau tranquille dont nul souffle extérieur ne peut troubler l'immobilité. D'autres, au contraire, se cramponnent avec force aux rochers que la mer bat avec violence, et semblent ne pouvoir vivre qu'au milieu de la tourmente. Quelques-unes s'établissent dans les courants, dont elles aiment à suivre les ondulations. C'est au milieu des eaux transparentes de l'Océan Pacifique et de la Méditerranée que la végétation sous-marine déploie toute sa richesse.

Sous l'équateur, où la mer est calme et le vent faible, une fois engagés dans les réseaux serrés de ces forêts à fleur d'eau, les bâtiments n'ont plus qu'à mettre en panne pour attendre, quelquefois des mois entiers, qu'une forte brise les dégage.

Parmi les plantes marines avoisinant les côtes, il s'en trouve beaucoup qui fournissent un aliment agréable; d'autres sont exploitées par l'industrie. Enfin, la plupart des débris végétaux rejetés par la mer pendant les tempêtes, en fertilisant les terres sur lesquelles on les répand, sont pour les habitants des côtes une source gratuite de richesse et de bien-être. La végétation sous-marine n'a pas encore dévoilé toutes ses merveilles; les recherches persévérantes de ceux qui se livrent à cette curieuse étude amèneront sans doute à de grandes découvertes; car c'est un champ que la science commence seulement à explorer.

Les chimères et les dragons grimaçant dans les voussures de nos vieilles cathédrales; les monstres inventés par les peintres du moyen-âge pour peupler l'enfer et tourmenter les morts; en un mot, tout ce que l'imagination des poètes a rêvé de plus fantastique, la nature semble avoir pris plaisir à les réunir au fond de l'Océan. Elle y a combiné les formes les plus horribles, associé les couleurs les plus opposées, renversé l'ordre des organes, dissimulé le mécanisme de la vie, comme si elle eût voulu créer un monde à part, sans analogie avec le nôtre, et donner à l'homme le spectacle d'une fécondité presque infinie.

C'est une chose magnifique à voir que les coquilles marines revêtues de mille nuances, et brillantes comme les métaux. Il y en a de tant d'espèces, que la vie d'un homme ne suffit pas à les classer.

Quelquefois, au fond de la mer, au lieu des belles coquilles, au lieu des forêts de corail et de madrépores, on voit des poulpes monstrueux, animaux abominables, dont les longs tentacules s'appliquent comme des ventouses sur la proie vivante dont ils font leur nourriture; des ommastrèphes géants qui, avec leurs dix bras, munis d'un millier de petites bouches, sucent le sang avec une incroyable promptitude; des physalies chevelues, des holoturies, des phyllosômes armés de griffes, des crabes dont les serres broieraient aisément les os d'un homme; puis enfin, au milieu de ce monde que l'imagination conçoit à peine, des hydres aux corps allongés, gélati-

neux, verdâtres; des méduses que l'on peut couper en
morceaux, dont chacun forme aussitôt un animal complet, se promènent lentement sur la vase rendue glissante
par leur bave.

Si du fond de la mer, où ces animaux sont presque
tous confinés, nos regards pouvaient pénétrer la masse
d'eau qui forme comme le ciel de ce monde, nous serions
frappés de l'étrangeté des formes des poissons qui y
nagent à peu près comme les oiseaux volent en l'air. Il
y en a d'ailés comme des dragons, et qui peuvent s'élancer hors de l'eau; d'autres ressemblent à des flèches, à
des porcs-épics, à des hippogriffes, à des licornes; nous
les verrions se rechercher, se poursuivre, se livrer des
combats et se transporter plus facilement encore que nos
oiseaux de passage d'un hémisphère à l'autre. L'empire
de la mer appartient, sans contredit, aux baleines et aux
cachalots. Les animaux marins prennent la fuite devant
ces énormes cétacés, qui d'un coup de leur queue ren-
versent des navires et font jaillir l'eau de la mer en écume
à cinquante pieds d'élévation. La baleine semble un reste
vivant échappé au cataclysme qui a détruit les êtres du
monde primitif, car on ne peut guère lui comparer que
le mastodonte, ce quadrupède antédiluvien qui broyait
un palmier dans ses puissantes mâchoires. Elle atteint
quelquefois cent pieds de longueur, et ne pèse souvent
pas moins de quatre cent mille kilogrammes; rien que
de sa langue, longue de vingt-cinq pieds, on peut tirer
cinq tonneaux d'huile. C'est dans son palais, semblable
à la cale d'un navire, que l'on trouve rangées transversalement, à un pouce les unes des autres, seize à dix-
huit cents lames longues chacune de vingt-cinq pieds,
que l'on appelle fanons ou baleines, et qui forment comme
une râpe flexible au moyen de laquelle elle retient sa
proie. Les baleines engloutissent par le remous que produit dans l'eau l'écartement de leurs énormes mâchoires,
une immense quantité de petits poissons. Elles suivent
les bancs de harengs dans leurs migrations annuelles,
en dévorent par jour plusieurs millions, sans que pour
cela les rangs de ces derniers paraissent s'en éclaircir,
tant leur nombre est considérable. L'eau qu'elles avalent

en même temps est ensuite violemment lancée par l'orifice des évents, et forme à la surface des vagues des gerbes de vingt pieds d'élévation. Un cuir dur, épais de deux pouces, recouvre le corps des baleines; au-dessous, une couche de graisse remplie d'une huile qui s'en sépare à la moindre pression, atteint quelquefois plus d'un pied sur le dos, et forme sous la mâchoire une sorte de collet trois fois plus considérable. On dit qu'on peut tirer de ce tissu jusqu'à cent trente quintaux ou treize mille livres d'huile. Il est tellement élastique, qu'un homme peut faire par son propre poids un sillon assez profond sur la peau glissante d'une baleine pour s'y tenir debout et s'y promener. Constamment dans l'eau, les baleines, que leur volume empêche d'approcher des côtes, ne quittent pas les mers profondes; mais douées de poumons, comme les mammifères, elles viennent fréquemment respirer à la surface, et c'est pour cela qu'à l'approche de l'hiver elles quittent les parages du Nord, où l'Océan glacé forme une voûte impénétrable sous laquelle elles seraient bientôt asphyxiées. On peut dire que la vaste étendue des mers est leur patrie. Toujours en voyage, elles parcourent toutes les latitudes, ne paraissant pas souffrir des températures extrêmes, et se jouant aussi bien sous les glaces des pôles qu'aux rayons ardents du soleil de l'équateur. S'il faut en croire les récits des voyageurs et des naturalistes, on pourrait aujourd'hui pêcher des baleines contemporaines de Charlemagne, car elles vivent, dit-on, près de mille ans.

Le cachalot est le digne rival de la baleine : aussi grand, il est plus agile, poursuit ses victimes à travers tous les obstacles, attaque sans provocation, et exerce sa férocité sans besoin. Mugissant comme une bête féroce, et sifflant comme le serpent, c'est à lui qu'appartient l'empire absolu de l'Océan. Ils poursuivent les phoques, les squales, les requins, et même une certaine espèce de baleine, qui fuit à leur approche sans même essayer le combat.

Les pêcheurs attaquent aussi le cachalot pour en extraire l'ambre gris, dont tout le monde connaît le parfum, et une substance blanche que les savants appellent *adipoire*, avec laquell e on fait aujourd'hui les bougies. La tête

d'un cachalot peut fournir 2,880 livres d'adipocire et 8,640
pintes d'huile. La baleine et le cachalot semblent, comme
nous l'avons dit, des créatures antédiluviennes échappées
aux derniers cataclysmes, pour nous donner une idée des
premiers habitants du globe. Le grand nombre de leurs
débris, que l'on rencontre dans les couches d'alluvions
marines, dans les argiles sablonneuses, à des profondeurs
peu considérables sur le penchant de nos collines, viennent chaque jour fournir à la science de nouveaux témoignages de l'immersion ancienne des continents actuels.
A Paris, au pied de la montagne Sainte-Geneviève, on a
trouvé des fragments irrécusables d'un squelette de baleine, et des fouilles pratiquées en 1779 rue Dauphine,
mirent au jour un os de cachalot ne pesant pas moins de
227 livres. On en rencontre aussi de curieux restes en
Angleterre, en Russie, en Allemagne et en Italie.

Dans leur chute rapide, les torrents arrachent à nos
montagnes des fragments de rochers, que l'effort persé-
vérant des eaux brise et réduit en cailloux. Entraînés à
leur tour dans le courant des rivières, ces cailloux, de
plus en plus amoindris par le frottement, deviennent des
parcelles de sable que les fleuves ne tardent pas à transporter jusqu'à la mer. Les terres, dissoutes par les pluies,
descendent la pente des collines, sont charriées par les
rivières, et coulent elles-mêmes dans les vallées qu'elles
se sont autrefois creusées. L'œil exercé du géologue cal-
cule aisément ce que chaque fleuve enlève de sable à ses
rives, de combien il creuse et rétrécit son lit dans l'espace
d'un siècle. Il sait la quantité de terre que le Nil arrache
tous les ans aux grandes vallées qu'il traverse, pour en
exhausser le fond de la mer à son embouchure, et partout il voit les roches primitives réduites en poussière
par le concours de l'air et de l'humidité, suivre les cas-
cades des ravines jusqu'aux fleuves qui les dispersent à
leur tour dans l'Océan. Mais tandis que la nature offre à
l'homme superficiel un spectacle désolant de désordre et
de destruction, le savant contemple à chaque pas la magnificence de ses plans et l'harmonie de ses vues. En
même temps que les marées ébranlent les falaises, que
l'effort des vagues en réduit les cailloux en sables impal-

pables, la mer est le grand réceptacle où viennent se réunir et s'élaborer tous les débris du sol que nous habitons, et c'est là que sans relâche la nature prépare et reconstruit un monde avec les restes de l'ancien. Ces débris n'y sont pas livrés au hasard d'un mélange arbitraire; c'est avec un ordre admirable que, suivant leur pesanteur spécifique, leur degré plus ou moins grand de solubilité, leurs affinités diverses, ils se séparent ou se rassemblent pour former des combinaisons nouvelles; les uns, lentement amenés dans les cavités profondes, vont s'amasser en dépôts, que le temps rend compacts, et forment de nouveaux bancs de pierres comparables à ceux que nous exploitons aujourd'hui ; d'autres sont absorbés par les mollusques testacés qui en construisent leurs élégantes coquilles; quelques-uns entrent dans les tissus de certaines plantes, dont l'industrie humaine les extrait ensuite sous d'autres formes par l'incinération, tandis qu'une grande partie sert aux merveilleux travaux des polypes. Les polypes sont de petits animaux gélatineux, munis de tentacules au moyen desquelles ils retiennent leur nourriture. On sait fort peu de chose sur leurs habitudes; ils sont d'ailleurs si imparfaitement définis, qu'on les a longtemps considérés comme des plantes.

C'est dans les mers équatoriales, sous l'influence du calme et d'une chaude température, que les espèces de polypes, connus sous le nom de madrépores, se livrent à des travaux gigantesques. C'est là que, en absorbant les sels calcaires, tenus en suspension dans les eaux marines, la caryophillie, la méandrine, l'astrée, forment des bancs solides qui n'ont souvent pas moins de huit cents lieues d'étendue, et dont la plupart sont déjà presque à fleur d'eau. Ne pouvant vivre sous une trop forte pression, les madrépores établissent de préférence leurs demeures sur les plateaux élevés et les sommets des montagnes sous-marines; ils construisent d'abord un premier rang de cellules, qu'une génération suivante recouvre d'une seconde assise, qui sert de base à son tour aux constructions futures, jusqu'à ce que tout l'édifice ait atteint le niveau de la mer. Alors le travail des madrépores est terminé; une série d'actions nouvelles se charge de compléter l'œuvre et d'élever le sol au-dessus

des eaux. Les vagues rongent incessamment les bords de
ces nouveaux récifs ; elles en transportent les débris vers
les parties moyennes, qui s'y augmentent à leurs dépens.
Les plantes marines que les marées arrachent aux côtes,
les branches et les troncs d'arbres que les grands fleuves
déracinent et entraînent dans leurs cours, tout ce qui
peut flotter à la surface de la mer s'embarrasse et s'arrête
dans ce vaste réseau de pierre, pour former en se cor-
rompant les premières traces d'une terre favorable à la
végétation. De toute part viennent échouer sur ce sol
nouveau les graines diverses que la mer y apporte ; des
fougères, des graminées, des mousses, des lichens, re-
couvrent de verdure les parois des rochers, puis des haies
d'arbres à fruit, quelques noix de cocotiers jetées peut-
être par un enfant du haut d'une falaise à cinq cents
lieues de là, germent tout à coup au milieu des herbes :
bientôt, comme une fraîche oasis au milieu de l'Océan,
s'élève une île nouvelle où les oiseaux de mer construisent
leurs nids, où les phoques viennent dormir au soleil, et
qui n'attend plus enfin que l'homme pour s'animer tout
à fait, lui livrer ses trésors et en recevoir un nom.

Pour édifier ces continents nouveaux aux dépens des
anciens, la nature ne se borne pas au seul secours des
madrépores : les commotions violentes qui agitent si souvent les profondeurs de la mer, viennent mettre la dernière main à l'œuvre si bien commencée. On sait qu'en
pleine mer on voit quelquefois s'élever du milieu des
eaux, comme des colonnes de flammes, les laves de volcans
sous-marins. La terre tremble au fond de la mer beaucoup
plus fréquemment encore que sur les côtes, et quelquefois
des îles nouvelles apparaissent, tandis que d'autres sont
tout à coup submergées. Quand de semblables secousses
ont lieu sous le sol des madrépores, elles en ondulent la
surface, la relèvent en collines, en véritables chaînes de
montagnes. Les couches horizontales, se redressant brusquement jusqu'à devenir perpendiculaires, dessinent alors
de pittoresques reliefs qui se couvrent de verdure, brisent
l'action des vents, arrêtent les nuages et préparent la
source des torrents dont les eaux, réunies plus tard en
rivières, vont creuser leur lit au milieu des vallées qu'elles

fertilisent. Un jour viendra peut-être, où des milliers d'î-
les, réunies par les constructions des madrépores, s'élè-
veront au milieu de l'Océan Pacifique comme une vaste
terre, sur laquelle les habitants du vieux monde, après
avoir quitté leurs rivages que la mer menace à chaque
instant, viendront, au sein de nations aujourd'hui sau·
vages, apporter les fruits salutaires de la civilisation.

PÊCHE DE LA BALEINE.

On pêche des baleines sur la côte d'Afrique, autour
des îles Tristan d'Acuna, vis-à-vis les grèves de la Pata-
gonie, au sud du cap de Bonne-Espérance, aux atterris-
sages de la Nouvelle-Hollande, depuis le cap Hewin jusqu'à la terre de Van-Diemen, aux îles Aukland, dans les
baies de la Nouvelle-Zélande, aux îles de Chatam et dans
cette vaste portion de l'Océan, dit Pacifique, qui s'étend
depuis la Nouvelle-Zélande jusqu'à la côte du Chili.

Les lieux de pêche de Chiloë offrent un coup d'œil
vivant et animé; trente ou quarante trois-mâts y sont
presque toujours en vue; tantôt ils courent sous les
mêmes amures, tantôt à contre-bord, puis se rapprochent, s'éloignent ou luttent de vitesse à voiles égales;
souvent une douzaine de pirogues s'acharnent à poursuivre
la même baleine. C'est alors qu'il faut voir tous les rameurs patiner leurs avirons, et chaque officier qui les
commande se pencher en avant, pour pousser avec sa
main droite sur l'aviron du rameur qui est à ses pieds,
en imprimant à son corps un mouvement de balancement
régulier, qui aide à l'accélération du vol de la pirogue.
Cet officier parle, il rit, il chante, il pleure de rage, soit
que ses rivaux le devancent, soit qu'il les devance lui-
même. Il n'est pas de promesses qu'il ne fasse à ses
canotiers s'il tue la baleine... Et la pirogue file, file, file
si rapidement, que du bord du navire on voit apparaître
l'horizon au-dessous de sa quille, quand elle passe de la
cime d'une vague à la cime d'une autre.

La vie de mer, vie hargneuse, somnolente, monotone

La Messe à bord.

Mer Polaire.

La tempête.

Chûte du Niagara.

Après le naufrage.

Pêche à la baleine.

Naufragés sauvés.

Navire échoué.

La vie de mer, vie hargneuse, somnolente, monotone

et assombrie par l'incertitude de l'avenir, serait une vie insupportable, si elle n'était accidentée et égayée par les chances et les événements de la pêche.

Enfin la vigie signale au loin deux colonnes d'eau rejetées en l'air par les évents d'une baleine franche, retombant en deux parties, une à droite, l'autre à gauche, car ses évents sont doubles, c'est à quoi on la distingue de loin d'avec la baleine à bosse ou à aileron, qui ne fournissent pas d'huile. Jamais le branle-bas des pirogues n'est exécuté avec tant d'enthousiasme. La baleine tout à coup élève la tête au-dessus de l'eau et semble écouter avec anxiété le bruit des avirons qui s'approchent. Ce bruit, elle le reconnaît; bien souvent il a retenti à son oreille. L'orifice extérieure du conduit auditif de la baleine a le diamètre d'une tête d'épingle ordinaire. L'oreille est dépourvue de pavillon, imperceptible presque pour la vue de l'homme, mais douée d'un tact exquis... C'est un bruit de mort, et elle comprend que son salut n'est que dans la fuite. Alors, renonçant aux méduses, galères, cirousets infusoires, que la lame qui déferle dans sa gueule abandonne comme dans un filet à ses fanons, l'animal fouette l'air de sa queue, plonge, disparaît, et la houle le suit un instant et tourbillonne après lui comme l'eau dans un entonnoir.

Mais les rusés pêcheurs connaissent la direction de sa course sous-marine à la courbe qu'a décrite sa queue en plongeant; puis la surface des endroits qu'il parcourt, à quelques brasses de profondeur, se recouvre d'une teinte huileuse et verdâtre. Alors les embarcations se placent aux quatre points d'une grande circonférence et piquent; les officiers se tiennent debout en vigie sur leurs gaillards d'avant et d'arrière. Cinq, dix minutes, un quart d'heure se passent, et la baleine ne paraît pas encore.

Mais il faut qu'elle respire ou qu'elle meure; il faut qu'elle donne de l'air à ses poumons. Alors ses évents mugissent tout à coup à la cime des vagues et rejettent l'eau qui les emplit, et les canots bondissent vers cette source jaillissante.

La baleine, serrée de près par un canot, change sa route; un autre lui coupe le chemin, et elle va plonger

encore une fois pour échapper à la mort, quand l'avant
d'un boat l'accoste... Le piqueur saisit le manche en bois
de son harpon, s'arcboute sur ses pieds, étend et raidit
les bras... Un rayon de soleil illumine le dard fraîche-
ment aiguisé du harpon... puis un éclair tombe et disparaît sur le dos du cétacé... et la pirogue est un instant
voilée par les flots d'écume que soulève l'animal furieux
en secouant sa blessure et en cherchant à broyer avec sa
queue l'ennemi qui ose venir s'attaquer à lui.

Le canot reparaît, le plat de ses avirons ne coupe plus
la houle; leur bois reluisant se sèche au soleil; les hommes un instant peuvent se croiser les bras, et cependant
le canot parcourt l'immensité de la mer avec la rapidité
d'un albatros.

Mais bientôt la puissante locomotive diminue la rapidité de sa course qui, continue, fournirait douze lieues
à l'heure. Elle s'affaiblit, son instinct de conservation
l'abandonne, et au lieu de chercher à épuiser la ligne des
pêcheurs en s'éloignant toujours, elle revient sur elle-
même et décrit follement de grands cercles. Le canot
amarre, hâle sa ligne et se rapproche d'elle. Les autres
forcent d'aviron pour avoir l'honneur de lui porter le
coup fatal. Chaque officier saute au gaillard d'avant de son
embarcation, prépare son louchet (sorte de pelle tran-
chante), regarde si les extrémités de sa lance ont bien le
fil d'un rasoir, et en redresse la tige dans une rainure de
la liste (rebord supérieur du canot). Enfin l'un d'eux,
que la fortune favorise, arrive le premier dans les eaux
du géant. La frêle pirogue voltige sans peine sous les
lobes de sa queue qui se mâte hors des vagues, s'abat
avec fracas, se mâte encore et retombe comme un fléau
sur les épis à broyer. Un coup de louchet intrépidement
appliqué tranche les tendons de ses muscles, et la rend
presque inoffensive, puis la pirogue remonte le long des
flancs de la baleine, l'officier saisit la lance, vise au cœur,
et frappe.

Le fer de la lance est entré jusqu'au bois; il reparaît
droit et sanglant; son tranchant ne s'est pas émoussé, il
n'a pas rencontré d'os. C'était bien visé! Le coup est-il
mortel?

Oui..., car elle pousse un mugissement terrible et vomit vers le ciel une épaisse colonne de sang.

Et mille hourras accueillent ce certificat d'un bon coup de lance, et le pavillon tricolore, hissé soudain à la corne d'artimon, salue par trois fois le dernier combat de la pêche.

La baleine promène quelque temps encore son agonie, en laissant après elle une longue traînée de sang que balaient les vagues... Elle plonge et revient s'ébattre au grand air avec un reste de fureur; puis, tournant sa tête vers le soleil, elle ouvre la gueule, respire pour la dernière fois, se couche sur le flanc, et ne présente plus qu'une masse noirâtre, presque ensevelie entre deux eaux, et que de loin on aurait prise pour la carène d'une goëlette chavirée, si sa nageoire, raide et inerte n'eût dépassé le niveau de la mer.

La voilà donc morte, et, bientôt après, amarrée avec une forte chaîne. De la hune de misaine à la hune du grand mât s'embranchent de puissants cordages qui descendent s'enrouler d'un côté autour du guindeau (manivelle qui remplace un cabestan), et, de l'autre, s'accrocher à la nageoire du cadavre. Les matelots, animés par le plaisir et le grog, chantent et répondent aux refrains des chanteurs patentés; leurs bras nerveux font ployer les anspects (barres en bois), le guindeau tournoie avec fracas, les poulies gémissent, les câbles se raidissent à se rompre, la mâture s'incline, et le museau de la baleine, garni de ses fanons et que le louchet du capitaine a séparé du corps, monte le premier sur le pont, puis vient ensuite, par tranches de vingt ou trente pieds de longueur sur cinq de large, la riche et épaisse enveloppe de l'animal, qui, parfois, vaut dix mille francs. Ensuite, on abandonne aux oiseaux de mer et aux poissons voraces la carcasse flottante qui disparaît sous les eaux.

LA PÊCHE DE LA MORUE.

Fidèles à leur rendez-vous habituel, les poissons des différents parages viennent périodiquement payer à l'homme leur tribut, et les pêcheurs vont attendre ou poursuivre, dans certaines parties de l'Océan, les espèces qui s'y réunissent de préférence. Tel est le motif qui attire vers les côtes d'Islande , à Terre-Neuve et sur le grand banc ces flottes nombreuses qui partent tous les ans de nos ports de l'Ouest. C'est au milieu des tempêtes de ces mers orageuses que le jeune matelot reçoit le baptême du métier ; c'est à cette école de dangers et de privations que s'exercent les forces vives de notre marine. De tout temps, les puissances maritimes ont trouvé dans la grande pêche les éléments de leur prospérité. Venise et la Hollande, ces républiques qui ont pesé d'un si grand poids dans la balance des nations , partirent un filet sur l'épaule et commencèrent leur fortune dans une barque de pêcheurs. Ces peuples de marins devinrent riches et forts, et leur prépondérance sur la mer leur assura le commerce du monde. La puissance maritime de la France s'est agrandie aussi par la pêche ; ses escadres ne se formèrent qu'à l'époque où les pêcheurs purent se réunir en grandes flottes : ce fut au commencement du seizième siècle, lorsque le Portugais Corte Réal , qui avait observé l'affluence extraordinaire des morues sur le grand banc de Terre-Neuve, signala cette mine inépuisable aux pêcheurs européens , et que François Ier eut fait explorer ces parages par Jacques Cartier, de Saint-Malo, le meilleur marin de son temps. Toutefois on ne tira pas d'abord un bien grand parti des ressources que le hasard avait fait découvrir dans ces latitudes. Le Vénitien Jean Cabot, envoyé par Henri VII d'Angleterre à la recherche d'un passage qu'on présumait devoir conduire à la Chine par le nord-ouest, avait reconnu, en 1497, un île qu'il appela *Prima-Vista*, et dont les nations maritimes, qui ont envié tour à tour la possession de cette nouvelle contrée, ont traduit chacune le nom dans leur langue. En 1501 , Juan Ayamonte, marin catalan, recevait licence de la reine d'Espagne pour aller faire des investigations sur la *Tierra-Nueva* (*para ir a saber el secreto de la Tierra-Nueva*), et il lui était recommandé de prendre avec lui deux pilotes bretons. Les Anglais la nommèrent *New-Fundland*, et ils ne pensèrent guère à la coloniser que cent ans plus tard. Les chartres octroyées par Henri VII pour y fonder des pêcheries ne produisirent d'abord aucun résultat, et la marine anglaise n'acquit quelque prépondérance dans ces mers qu'après que le célèbre Drake en eut chassé les Espagnols. Leur prise de possession à Terre-Neuve ne date réellement que de 1585 ; l'île ne comptait encore que soixante-deux colons en 1642, et le nombre des navires pêcheurs s'élevait à peine à une cinquantaine. Nous ne commençâmes nous-mêmes à nous adonner à la pêche de la morue qu'en 1540. Les établissements sédentaires que nous fondâmes sur le littoral n'eurent pas, dans le principe, tout le succès qu'on s'était promis, et ce fut seulement sous le règne de Henri IV que le ministre Sully favorisa de tout son pouvoir la pêche de la morue, en la plaçant sous la protection du gouvernement.

Ainsi cette industrie, qui s'exerce dans la haute mer à plus de six cents lieues de nos côtes, cette pêche qui, depuis plus de trois cents ans, a employé tant de bras et nourri tant de populations, ne marcha d'abord qu'avec lenteur. Il lui a fallu le secours des primes et l'appui soutenu de l'Etat pour s'élever au rang des grands commerces. Alors les stations poissonneuses des côtes et du banc de Terre-Neuve attirèrent les pêcheurs de diverses nations. La France et l'Angleterre, qui s'étaient disputé longtemps la possession de l'île et des mers adjacentes, finirent par fixer les divers parages où les pêcheurs pourraient dorénavant se livrer à leur art sous la garantie des traités. Avant 1713, les pêcheries que nous possédions fournissaient aux besoins de presque toute l'Europe, et suffisaient à l'armement de nos vaisseaux, mais le traité d'Utrecht, celui de Versailles (1783) et la cession du Canada vinrent changer notre situation. Nous perdîmes successivement tous les riches établissements que nous avions formés au loin, et qui avaient porté la grande pêche au plus haut degré de prospérité ; les colonies de l'Arcadie et du Canada, l'Ile-Royale, l'île Saint-Jean, l'île de Terre-Neuve cessèrent de nous appartenir.

Réduits maintenant aux droits de pêche sur les côtes d'Islande, au grand banc et sur la bande orientale et occidentale de Terre-Neuve, sans pouvoir y établir aucune habitation, si ce n'est des échafauds et cabanes pour sécher le poisson; ne possédant plus pour s'abriter que les petites îles de Saint-Pierre et Miquelon, rochers nus et misérables qu'il faut approvisionner de toutes les choses nécessaires à la vie, nos navires sont obligés de partir chaque année des ports de France qui doivent servir aux opérations de la campagne. Et pourtant, malgré cet état de choses, et grâce aux encouragements de l'État, nos pêcheurs ont soutenu la concurrence avec ceux de l'Angleterre, établis et à demeure sur la partie sud de l'île de Terre-Neuve, et avec ceux des Etats-Unis, qui jouissent de tous les avantages de la proximité de leurs côtes.

FIN.

PARIS. — IMPRIMERIE DE POMMERET ET GUÉNOT, RUE MIGNON, 2.

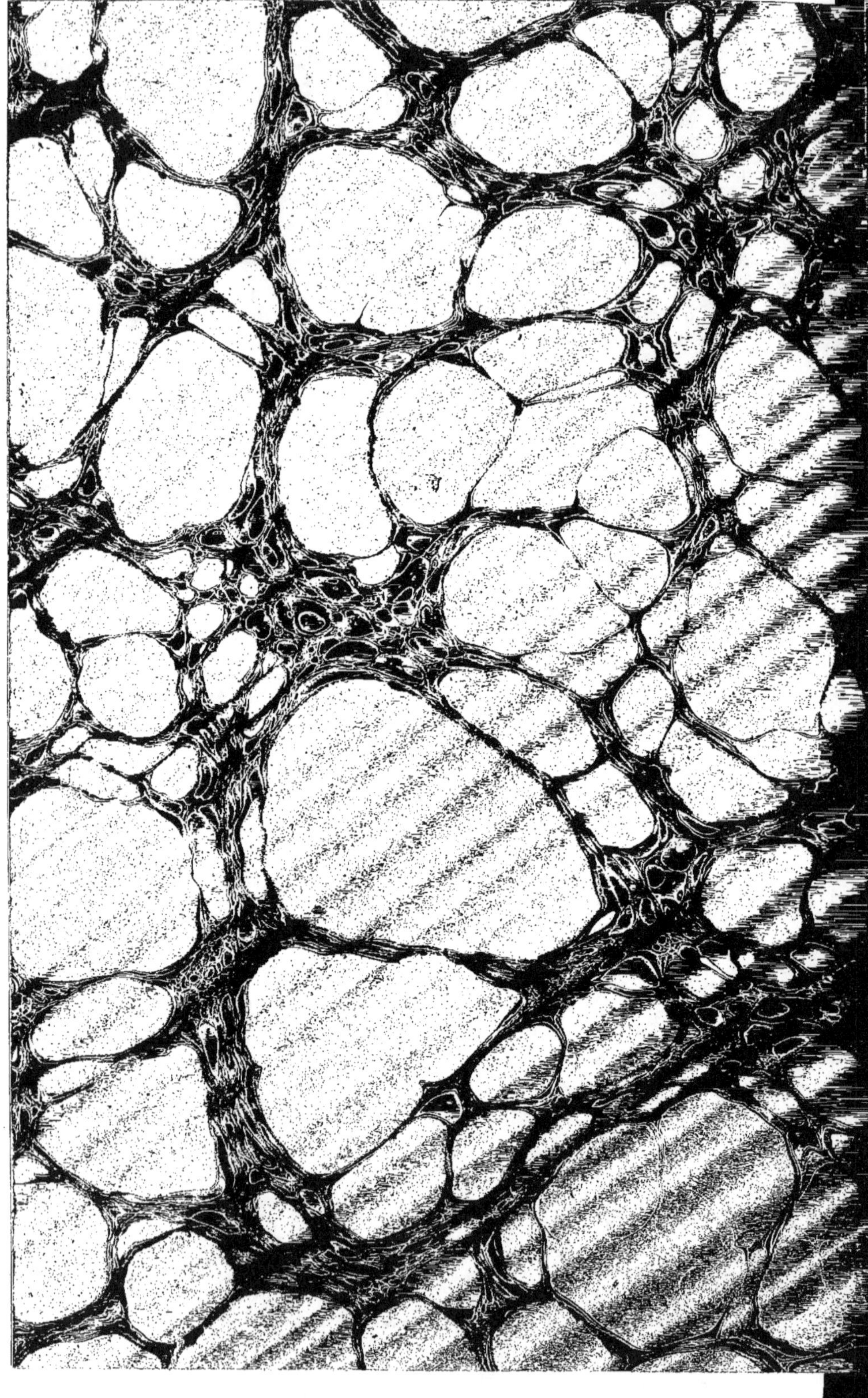

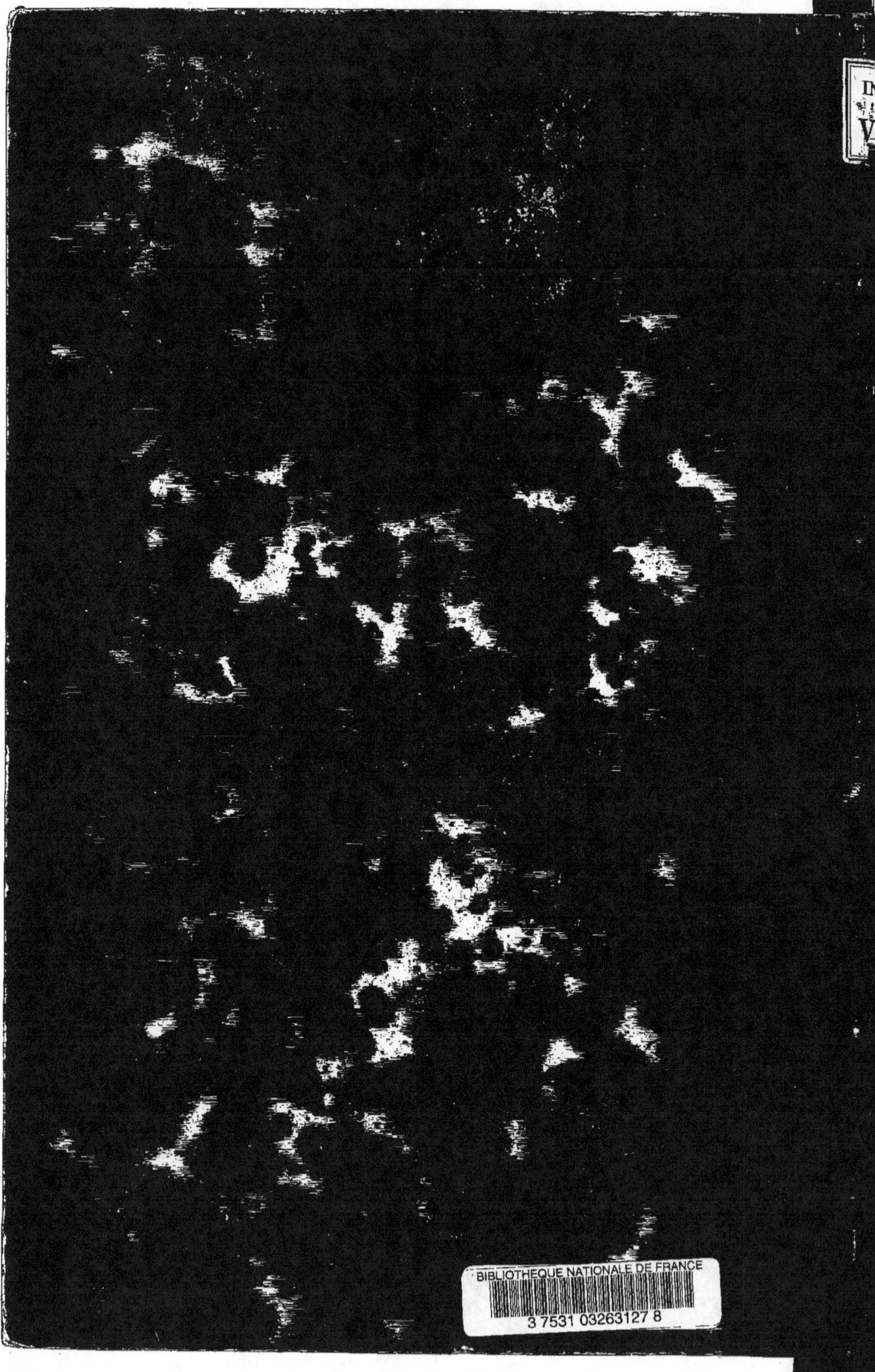